MundoBraz

Giuseppe Cocco

MundoBraz
O devir-mundo do Brasil e o devir-Brasil do mundo

EDITORA RECORD
RIO DE JANEIRO • SÃO PAULO
2009

Copyright © Giuseppe Cocco, 2009

Capa
Gabinete de Artes/Axel Sande

Imagem de capa
Rosácea Humana II, do Projeto Rosáceas Humanas, de Martha Niklaus

Diagramação de miolo
Abreu's System

                CIP-Brasil. Catalogação-na-fonte
           Sindicato Nacional dos Editores de Livros, RJ

       Cocco, Giuseppe
C592m MundoBraz: o devir-mundo do Brasil e devir-Brasil do mundo / Giuseppe Cocco. – Rio de Janeiro: Record, 2009.

       Inclui bibliografia
       ISBN 978-85-01-08906-9

       1. Globalização. 2. América Latina - Política econômica. 3. América Latina - Política e governo. 4. Poder (Ciências sociais). I. Título.

09-3966.   CDD: 338.9
                                              CDU: 338.9

Todos os direitos reservados. Proibida a reprodução, armazenamento ou transmissão de partes deste livro, através de quaisquer meios, sem prévia autorização por escrito.

Este livro foi revisado segundo o Novo Acordo Ortográfico da Língua Portuguesa.

Direitos exclusivos desta edição reservados pela
EDITORA RECORD LTDA.
Rua Argentina, 171 – 20921-380 – Rio de Janeiro, RJ – Tel.: 2585-2000

Impresso no Brasil
ISBN: 978-85-01-08906-9

Seja um leitor preferencial Record
Cadastre-se e receba informações sobre nossos lançamentos e nossas promoções.
Atendimento e venda direta ao leitor:
mdireto@record.com.br ou (21) 2585-2002

Impresso no Brasil
2009

SUMÁRIO

AGRADECIMENTOS 9

INTRODUÇÃO 11

1. MUNDOBRAZ 19

1.1 O DEVIR-BRASIL DO MUNDO E O DEVIR-MUNDO DO BRASIL 21
   Para além da "brasilinização" do mundo 21
   A "brasilianização" do mundo 26
   A apologia reversa do poder: Planeta favela 37
   Para além da "brasilianização" do mundo: MundoBraz! 42
   Objetos-mundo, cidades-mundo: MundoBraz 50

1.2 O DEVIR-AMAZÔNIA DO BRASIL 60
   O DEVIR-AMAZÔNIA DO BRASIL E O CAPITALISMO GLOBAL DAS REDES 69
   INTERMEZZO 1: PASOLINI SOBRE "SVILUPPO E PROGRESSO" 80
   INTERMEZZO 2: RESISTÊNCIA, CRIAÇÃO E TRABALHO 85

1.3 OS IMPASSES DAS VELHAS CATEGORIAS: O EXEMPLO DO DEBATE SOBRE POLÍTICA SOCIAL 93
   Direita e esquerda se confundem na crítica do "assistencialismo" 96
   Entre o assistencialismo "tolerado" e a redução da desigualdade 101

NOTAS *105*

2. O QUE O MUNDO SE TORNOU *111*

ECLIPSE DA POLÍTICA, EXCLUSÃO E TRABALHO NA ERA DA SUBSUNÇÃO REAL *113*

2.1 O ECLIPSE DA POLÍTICA? *113*

2.2 BIOPODER E BIOPOLÍTICA *123*
    Entre Autonomia e heteronomia:
    a "governamentalidade" *125*

2.3 TRABALHO E SOCIEDADE DE CONTROLE NA ERA DA SUBSUNÇÃO REAL: DO PLENO EMPREGO À PLENA ATIVIDADE *135*
    a. A era da subsunção real: não há mais fora *144*
    b. Trabalho, exclusão e irrelevância da política *148*
    c. Exclusão e dispositivos de controle *151*
    Intermezzo 3: A insurreição das periferias francesas e brasileiras contra os "campos" *158*
    Intermezzo 4: O trabalho de luto *161*

NOTAS *164*

3. DAS MÁQUINAS ANTROPOLÓGICAS PARA UMA ONTOLOGIA MAQUÍNICA *167*

3.1 A CRÍTICA DAS MÁQUINAS ANTROPOLÓGICAS DA MODERNIDADE OCIDENTAL *169*

3.2 A CRÍTICA AMERÍNDIA ÀS MÁQUINAS ANTROPOLÓGICAS DO OCIDENTE *180*

3.3 ONTOLOGIA CONSTITUINTE: A VESPA E A ORQUÍDEA *197*

CONCLUSÃO INTERMEDIÁRIA *214*

NOTAS *216*

SUMÁRIO

4. HIBRIDIZAÇÕES, ANTROPOFAGIAS, RACISMO E AÇÕES AFIRMATIVAS *221*

4.1 HIBRIDIZAÇÕES *223*

4.2 A ATUALIDADE DO MANIFESTO ANTROPÓFAGO *229*

4.3 OSWALD E A VALORIZAÇÃO DA MESTIÇAGEM: COMO LINHA DE FUGA E CONSTITUIÇÃO DA LIBERDADE *236*

4.4 RACISMO E MESTIÇAGEM NO BRASIL CONTEMPORÂNEO *245*

MUNDOBRAZ, O DEVIR-SUL DO MUNDO, CONTRA "O SUL QUE VENCEU" *257*
   DO IM-MUNDO AO MUNDO, DO LIXO AO LUXO *262*
   O DEVIR-MUNDO DO BRASIL E O DEVIR-BRASIL DO MUNDO *272*

NOTAS *274*

BIBLIOGRAFIA *279*

Agradecimentos

Algumas das conclusões e das aberturas deste ensaio se devem aos diálogos produtivos com um sem-número de amigos e colegas, sobretudo no âmbito da Rede Universidade Nômade. Que aqui sejam todos agradecidos. Às discussões com Barbara Szaniecki devo, além das muitas e preciosas observações gerais, o desenvolvimento da noção de monstro como espaço do conflito que qualifica a mestiçagem. Peter Pál Pelbart fez uma leitura generosa das primeiras provas e, sem abrir mão de sugerir algumas nuances, enfatizou a perspectiva "pós-humana" da crítica das máquinas antropológicas. Michael Hardt insistiu sobre a necessidade de se pensar a oposição entre a cosmologia ameríndia e o pensamento ocidental como um conflito que atravessa o próprio Ocidente. A Yann Moulier Boutang devo a reflexão sobre a dimensão constituinte da mestiçagem como luta contra a escravidão. Antonio Negri chegou a ler o capítulo sobre antropofagia e racismo (por ter sido traduzido em francês) e colocou algumas objeções importantes quanto à noção de "devir-Sul". Oscar Vega apontou alguns problemas da dinâmica boliviana. Com Raul Sanchez tive a oportunidade de discutir o conceito de "devir sul do mundo" do ponto de vista das lutas dos migrantes ilegais na Espanha. Com Jean Tible compartilhei a ideia de samplear o marxismo negriano com a antropologia imanentista de Eduardo Viveiros de Castro. Salvador Schavelzon colocou à disposição sua paixão libertária e a experiência da etnografia do processo constituinte boliviano. Adalton Marques mobilizou a inteligência criativa de sua etnografia do ambiente prisional de São Paulo. Parte da literatura mobilizada aqui foi objeto de leituras e discussões seminariais onde pôde ter as valiosas contribuições de Gilvam Vilarin, Pedro Barbosa Mendes, Francini Guizzardi e Felipe Cavalcanti. Este trabalho conta também com a cumplicidade intelectual e política de Alexandre Mendes, Gerardo Silva, Ivana Bentes, Leonora Corsini, Alexandre Nascimento, Tatiana Roque, Rodrigo Guéron, Fábio Malini, André Barros, Marta Peres, Geo Brito, Adriano Pilalti, Francisco de Guimaraens, Mauricio Rocha, Henrique Antoun, José Lima, Elisa Pimentel, Camillo Osório e, enfim, com a leitura cuidadosa e uma primeira revisão do português de Caia Fittipaldi.

Introdução

Podemos resumir os objetivos deste livro ao longo de duas grandes linhas de reflexão.

A primeira visa a aprofundar a discussão de algumas das teses que apresentamos, em cooperação com Antonio Negri, em outro livro, *GlobAL: biopoder e luta em uma América Latina globalizada* (Negri e Cocco, 2005), apenas esboçadas. Trata-se, aqui, de trabalhar para articular nossa reflexão sobre a globalização a partir do Brasil e sobre o Brasil a partir da globalização. Como diria a antropologia perspectivista e relacionista de Eduardo Viveiros de Castro, queremos continuar trocando os pontos de vista sobre os pontos de vista, fazendo circular as perspectivas: "troca de trocas, metamorfose de metamorfoses (...)" (Viveiros de Castro, 2007:126).

O nome do híbrido monstruoso é *MundoBraz: o devir-Brasil do mundo e o devir-mundo do Brasil*.[1] Uma tentativa que já fizemos em *GlobAL* e que aqui pretendemos desdobrar, extraindo todas as consequências do que antes foi um pouco uma heterogênese — produtiva e rica — com relação aos objetivos que inicialmente nos tínhamos prefixado: aplicar à América Latina — tomando seus três gigantes (Brasil, Argentina e México) como referências prioritárias — as teses elaboradas por Negri, em colaboração com Michael Hardt, em *Império* (2000).

O híbrido que queremos problematizar, o Brasil, constitui como que um enigma para os estudos *mainstream*, mas também para os estudos pós-coloniais e os da "colonialidade" do poder. Isso porque o Brasil é, desde logo, pós-colonial, metrópole na colônia. Um poder terrível que desde o início da colonização se articula por dentro dos fluxos da hibridização, ao passo que a própria hibridização se constituiu no Brasil como o terreno privilegiado de enfrentamento. De maneira paradoxal, portanto, o Brasil se constituiu originariamente numa das maiores experiências coloniais e escravagistas, sem com isso se encaixar no que os estudos pós-coloniais definem como o paradigma do "confinamento".

A segunda linha de reflexão diz respeito às possibilidades que esses aprofundamentos nos oferecem para preencher algumas das lacunas do trabalho de reconstituição histórica das dinâmicas do biopoder e do contrapoder (da biopolítica) que realizamos em *GlobAL*. Em particular, visamos a ampliar e a estruturar melhor seja a crítica seja o uso que fizemos das teorias (inclusive dos discursos) da mestiçagem. Isso não significa que compartilhemos as análises que se preocupam — demasiadamente — com dissociar-se das retóricas apologéticas das identidades nômades e híbridas da contemporaneidade. Muito ao contrário, queremos avançar na direção oposta: no sentido de dissipar qualquer ambiguidade que tenha subsistido na crítica que construímos ao que chamamos de "racismo em fluxo", no que diz respeito à dimensão potente das dinâmicas de hibridização. No escopo de *GlobAL*, as aberturas históricas visavam apenas a assentar com mais firmeza nossas posições teóricas e políticas em relação aos embates atuais sobre as questões do racismo e do antirracismo (para apoiar os movimentos e as políticas de ações afirmativas). Aqui, voltamos a esses temas, para recuperar elementos potentíssimos de antecipação que, naquele momento, acabamos por não mobilizar: em particular, o movimento antropófago de Oswald de Andrade.

Com efeito, durante a redação de *GlobAL* tínhamos um objetivo prioritário: apontar para o horizonte aberto de possibilidades indicadas pelo esgotamento do projeto neoliberal (então, tanto quanto hoje) e, ao mesmo tempo, reafirmar a necessidade de aprofundar a batalha contra o neoliberalismo, sem com isso cair nas tentações de retroceder aos velhos modelos nacional-desenvolvimentistas.

Focamos a crítica das relações entre Estado e economia, no esforço de afirmar que uma política de transformação social — seja ela dinâmica de movimento ou reformismo dos "novos" governos — implica colocar em primeiro lugar a questão da radicalização democrática: a democratização (e seus maiores instrumentos: as políticas sociais) como terreno de mobilização produtiva, condição necessária para que haja uma mudança de política econômica (e não mais a mudança de política econômica como base para uma outra política social). Nesse sentido, apreendemos as experiências dos novos governos latino-americanos (democratização, bloqueio do processo de privatização, governo da interdependência, políticas sociais) mais como trajetórias de "desconstrução" do Estado (a reforma universitária e a política de cotas, as políticas culturais do Ministério da Cultura — MinC — com a gestão de Gilberto Gil e Juca Ferreira no Brasil, a reconquista da PDVSA[2] na Venezuela depois da tentativa de golpe de 2002 e da greve dos petroleiros daquele mesmo período, as assembleias constituintes na Bolívia e no Equador, as políticas de direitos humanos e as políticas sociais para os "piqueteros" do governo Kirchner, etc.) do que um mero retorno de "políticas de Estado" voltadas à centralidade burocrática das funções planejadoras.

Com certeza, a realidade dos "novos" governos latino-americanos é mais complexa e contraditória. Encontramos neles, ao mesmo tempo, elementos de cego pragmatismo, de empirismo e acentos da velha retórica nacionalista ou socialista — Estadocêntrica, em todos os casos.

Esses paradoxos não deixam de amplificar a necessidade de renovar a crítica, ao passo que as dimensões contraditórias dos próprios governos os confirmam como espaços de conflito e, pois, como referentes abertos à mobilização democrática. Mais ainda, o esgotamento do projeto neoliberal que já se anunciava no continente sul-americano desde o início da década chegou ao auge no início de 2009. Depois da queda do "muro de Berlim", a "rua do Muro" (*Wall Street*) desmoronou de vez. No fogo de uma crise financeira sem precedente, a única salvação possível vem do Estado e da nacionalização dos ativos "podres". Mais uma vez, o "mercado" e o "Estado", o "privado" e o "público" aparecem como duas faces de uma mesma moeda, a moeda cujo valor está indexado nas novas formas de poder e controle imperial. Nossa tarefa se define, ainda mais claramente, como reflexão sobre uma alternativa ao "mercado" e ao "Estado", ou seja, à falsa oposição entre individualismo e coletivismo: uma alternativa que se coloque, como diria Foucault, "em defesa da sociedade"[3], na imanência constituinte da sociedade, na atualidade do projeto de Pierre Clastres de pensar a "sociedade contra o Estado" (Clastres, 2003).

Pretendemos aqui aprofundar as reflexões sobre essas experiências políticas inovadoras, sobretudo desde o ponto de vista dos conflitos que as atravessam. Ao mesmo tempo, queremos sair da análise de curto prazo, ou, melhor, queremos pôr a análise numa perspectiva de longa duração.

Propondo o conceito de MundoBraz, retomamos assim uma linha de reflexão que começamos em meados dos anos 1990, no meio da reação neoliberal, mas também diante da insuficiência das críticas conservadoras e neossoberanistas à globalização: tratava-se (e trata-se ainda) de substituir a defesa neossoberanista da via nacional à industrialização "independente" —, e seus sufixos "BRAS" (EletroBras, PetroBras, RadioBras etc.[4]), pela participação ativa do Brasil na globalização e da globalização no Brasil.

É hora de tomar pelo avesso os debates sobre privatizações, fluxos financeiros e culturais mundiais: em vez de continuar a assustar-nos com os improváveis processos de homogeneização, em vez de continuar apostando na desconexão — em uma nova hierarquia nacional que faria oposição à hierarquia global —, é hora de sair em direção aos fluxos horizontais, rizomáticos, de baixo, irredutivelmente heterogêneos, que as reformas neoliberais se esforçaram (em vão) para capturar e controlar — muito mais do que para determinar. Os desafios concretos, os impasses da integração latino-americana, em particular da América do Sul, mostram e confirmam a urgência de uma radical mudança de referencial político e, até, de referencial simbólico.

Nesse esforço de reflexão transdisciplinar sobre o "devir-Brasil do mundo e do devir-mundo do Brasil", é na antropologia que encontramos contribuições extremamente instigantes, no sentido de permitir que se construa um léxico adequado a uma análise crítica da globalização e da pós-modernidade a partir do que eram e são os lugares mais distantes da própria modernidade. Por um lado, estamos falando dos antropólogos, que entenderam até que ponto a globalização deve ser pensada como uma matriz gerativa que configura todos os fenômenos históricos e se impõe ao conjunto dos atores dessa história — sejam eles hegemônicos ou não, povos "primeiros" ou últimos dos homens, minoritários ou majoritários (Neyrat, 2007). Por outro, de maneira bem mais abrangente, estamos falando dos esforços de renovação que visam a organizar os estudos antropológicos em torno do projeto de mostrar que a oposição entre natureza e cultura não tem a universalidade que lhe é atribuída na tradição ocidental (Descola, 2005:12).

Em suma, parte deste nosso trabalho de reflexão se apoia ou dialoga com aquela que seus próprios autores definem como *antropologia da alteridade*, uma *antropologia imanentista*.[5] Isso porque, nessa antropologia, encontramos uma brecha decisiva para pensar de maneira radicalmente inovadora e subversiva (e não identitária) a relação entre a periferia e o centro, entre o "local" e o "global". A antropologia imanentista nos leva a encontrar formas de pensar que o Ocidente, ao considerá-las "primitivas", tornou invisíveis e subalternas e que hoje aparecem como novas configurações potentes do mundo (Escobar, 2005:137). Em particular, os trabalhos de Eduardo Viveiros de Castro apontam para uma cosmologia ameríndia que nos permite apreender o movimento aberto do que Jean-Luc Nancy define como uma "mundialização" oposta ao processo de globalização (Nancy, 2002). Por sua capacidade de apreender a potência da cosmologia ameríndia, a antropologia imanentista nos permite colocar a produção de significação, de "valor", no cerne da reflexão sobre as relações do Brasil com o mundo dentro do processo de globalização. Com efeito, não apenas o regime de acumulação do capitalismo contemporâneo se define por sua capacidade (ou não) de rearticular a relação entre "valor" e "significação", mas a própria dinâmica do conflito que separa (exatamente nos termos propostos por Nancy) a globalização como um globo que nos oprime (ou que pretendemos dominar... e destruir), de uma mundialização como construção de um mundo dentro do qual podemos nos sentir em casa, está atrelada ao conflito que define a constituição do sentido.

É exatamente nesse mesmo sentido que, nos estudos da socialidade amazônica e dos ameríndios mais em geral, a antropologia imanentista encontra a vitalidade de um "outro projeto", cuja prática é a de desconstruir o "lugar"; em outras palavras, de "desinventar o Brasil". Paradoxalmente, desinventar o Brasil significa pensar "(...) um projeto pelo 'tudo é Brasil', porque o mundo já é o Brasil" (Viveiros de Castro, 2007b). Viveiros de Castro renova assim a antecipação de Lévi-Strauss, que já em 1952 afirmava: "é inexorável, a cultura ocidental vai-se universalizar, mas não pensem que isso vai reduzir as diferenças; elas vão passar a ser internas, em vez de externas" (*apud* Viveiros de Castro, 1992). Foi exatamente assim que Negri e Hardt definiram a forma contemporânea de soberania supranacional que chamaram Império: um não lugar sem fora

INTRODUÇÃO

e portanto atravessado internamente pelas diferenças e os antagonismos mais violentos (Negri e Hardt, 2000).

Era o que Marx definia como passagem da subsunção formal para a subsunção real. Só que a realização da antecipação marxiana carrega uma mudança de peso: o capital subsume toda a vida, mas sem homogeneizá-la em um processo geral de subjetivação. Com efeito, no capitalismo contemporâneo, os processos de subjetivação correspondem aos de dessubjetivação. Essas mudanças paradigmáticas transformam as díades e oposições do discurso sociológico, em particular, como veremos, no que diz respeito à relação entre "exclusão" e "inclusão".

Além disso, há um outro elemento que reforça a centralidade de uma reflexão em termos de MundoBraz. Nossa mobilização das cosmologias ameríndias constitui um contraponto particularmente produtivo aos impasses diante dos quais se encontram alguns dos teóricos mais lúcidos da condição pós-moderna. Trata-se em geral daqueles que Negri (2006:33-4) define como teóricos das margens, para os quais a única resistência se encontra nas margens, é preciso ser marginal.[6] Em nosso breve ensaio, nos referiremos aos trabalhos sobre o conceito de "vida nua" desenvolvidos por Giorgio Agamben, bem como às reflexões críticas de pensadores brasileiros.[7] Por caminhos diferentes, esses autores acabam colocando no cerne de suas reflexões teórico-políticas a crise da política e a crise da clivagem — moderna — que separa cultura e natureza, humanidade e animalidade, civilização e barbárie.

O vasto trabalho de pesquisa de Giorgio Agamben se desdobra em torno exatamente da convicção de que, entre humanidade e animalidade, se produz e reproduz uma zona de indistinção, uma vida em suspensão, uma *vida nua* muito próxima de uma vida meramente biológica e de uma natureza natural. Essa ontologia negativa é, para ele, ao mesmo tempo, o produto do próprio processo de hominização (das "máquinas antropológicas" do Ocidente) e o único terreno possível para que se possa pensar uma resistência ao poder; e aproxima-se perigosamente de um conceito de resistência que corresponderia à negação ou profanação da própria vida. A zona de indistinção que define a vida nua nunca nos permite uma saída nítida da ambivalência dessa condição, de tal modo que a resistência assume um horizonte trágico e catastrófico. Por sua vez, Virno, no desdobramento de suas reflexões sobre as dimensões linguísticas do trabalho no pós-fordismo, acaba enfatizando a linguagem como *faculdade* e, pois, sua dimensão inata, biológica. Chomsky diria, a linguagem como faculdade depende de uma gramática universal porque seria natural. Suas bases biológicas seriam pois inatas. Nessa perspectiva, ele pensa as lutas sociais em termos de justiça, de aproximação a uma justiça dada, algo que estaria inscrito nos códigos biológicos da gramática universal.[8] Para ele, como o explicita Virno, é possível e necessário ter um modelo de sociedade justa a partir de algumas prerrogativas biológicas do animal humano (Virno, 2002:13). Assim, a linguagem funciona como uma distinção biológica entre humanidade e animalidade que continua sempre reaparecendo, inclusive quando uma obra inteira é dedicada à sua negação, como no caso de Jean-Marie Schaeffer, em seu *Fin de l'exception humaine* (2007).

Ou seja, por caminhos diferentes e divergentes, esses autores — em particular Agamben — nos levam para a floresta virgem de uma natureza natural na qual os esforços de construção de um novo léxico adequado às tarefas da crítica das relações de poder no mundo contemporâneo correm o risco de se perder. Estamos na mesma situação do homem sem qualidades de Robert Musil, diante da deriva delirante e nazista da modernidade: impotentes. Com Foucault, procuramos trilhar um caminho diferente: construir o horizonte de uma justiça a ser pensada em termos de luta social, de um fazer mundo oposto à globalização, de um devir-mundo do Brasil, ao qual responde um devir-Brasil do mundo: MundoBraz.

CAPÍTULO 1   MundoBraz

1.1 O DEVIR-BRASIL DO MUNDO E O DEVIR-MUNDO DO BRASIL

Para além da "brasilianização" do mundo

Para apreender as mudanças das linhas de conflito e de produção de subjetividade no capitalismo contemporâneo, precisamos mobilizar de imediato as problemáticas e os enigmas do crescimento e do desenvolvimento. E nada melhor para essa discussão do que articulá-la aos temas do *trabalho*, da *globalização* e do *meio ambiente*. Essa articulação implica discutir o que significam crescimento, desenvolvimento e/ou progresso do Brasil que está virando mundo e do mundo que virou Brasil, ao mesmo tempo que tudo está virando Amazônia.

Pensar as questões do desenvolvimento no Brasil, seja no que diz respeito à Amazônia, seja no que diz respeito aos temas mais gerais da emancipação e da liberação, da luta contra o racismo e a desigualdade, implica apreender a nova relação entre o Brasil e o mundo. Na perspectiva de Viveiros de Castro, diremos que "não é mais possível fazer política sem levar em consideração o quadro último em que toda política real é feita, o quadro da imanência terrestre" (Viveiros de Castro, 2008). É bem na mesma direção que, na trilha de Marx, Jean-Luc Nancy põe a questão da "mundialização" "O mundo tem lugar, e tudo acontece como se nós não so béssemos apreendê-lo. Ele é nossa produção e é nossa ali⌐

ção" (Nancy, 2002:31). A crítica marxista está com certeza também na inspiração de Michel Serres, quando diz que somos vítimas de nossas vitórias, e que assim nos tornamos os objetos passivos de nossas ações como sujeitos (Serres, 2001).

A globalização que acontece é nossa fábrica, aquela mesma que nós criamos e onde trabalhamos, e que encontramos diante de nós como dispositivo de dominação, como uma segunda natureza que nos amedronta e mergulha na mais total insegurança. O mundo como lugar de significações desaparece, eclipsado por um globo insensato de produções. Assim, a globalização se opõe à mundialização: de um lado, nós temos a produção insensata de um mercado integrado globalmente por mecanismos de valoração financeira e amplificação desmedida do risco, e, de outro, a criação possível de um novo horizonte de valores, quer dizer, de um mundo. É nessa perspectiva que a discussão sobre o devir-mundo do Brasil e o devir-Brasil do mundo se abre a uma alternativa radical entre a "catástrofe sem precedente, geopolítica, econômica e ecológica (da) globalização como supressão de toda forma-mundo do mundo" e um "porvir que excede a representação e nos abre o horizonte das possibilidades, de reapreender o mundo segundo o registro da criação" (Nancy, 2002:52-3). A crise do capitalismo global de setembro-outubro de 2008, inadequadamente chamada de crise "financeira", não poderia ser, dramaticamente, mais emblemática desse conflito de tipo novo. A matematização da economia elaborada pelas "melhores" inteligências das mais prestigiosas universidades do mundo, empregadas por bancos e outras instituições do mercado financeiro, tentou a impossível equação de tornar sustentável o aumento estrutural do risco (Fitoussi, 2008). As centenas de trilhões de dólares de ativos líquidos se transformaram inevitavelmente em papel podre, "ativos tóxicos". A impossibilidade da equação não é um enigma matemático. Aquela dos financistas não foi uma temeridade abstrata e desnecessária. Trata-se do próprio mecanismo de exploração, e sua crise apenas desvela que o que os economistas chamam de risco diz respeito às condições de produção e reprodução das formas de vida: a vida é posta para trabalhar sem que essa mobilização seja reconhecida, a não ser na forma do mercado, isto é, na modalidade do "risco" e de suas relações de débito e crédito, confiança e desconfiança. Por trás do risco aparece a sociedade como espaço produtivo controlado pela crescente fragmentação social, pelo não reconhecimento das dimensões produtivas da vida. Na crise, os predadores (as instituições privadas de crédito: os credores) se equivalem às presas (os tomadores de empréstimos, os devedores: por exemplo, para ter sua casa "própria" ou para ser trabalhadores em "próprio"!): exatamente porque a renda dos primeiros (dos predadores) é meramente parasitária, pura vampirização dos segundos (os devedores: trabalhadores precários, informais, imigrantes ilegais ou recém-legalizados etc.). A assimetria da relação aparece em todas as suas dimensões: os chamados "exageros de ganância" dos financistas não tem nada de excepcional, a não ser nos termos de um estado de exceção permanente que diz respeito ao fato de que toda a potência produtiva (de valoração) está tão somente do lado do trabalho que só é possível explorá-lo pela redução das redes a "mercado", da cooperação a "risco", do trabalho a não trabalho (precariedade e desemprego), dos direitos a "créditos" — ora, sabemos que uma outra dimensão emblemática desse risco trazido pela globalização tem o nome de "brasilianização". Cabe perguntarmos: a brasilianização do mundo é o fato da globalização como perda de mundo ou há nela uma brecha para a criação do mundo?

 A relação entre o Brasil e o mundo é uma velha histór' que, com certeza, não data da recente globalização pós-for' ta. Lembremos a dimensão brasileira e latino-american' própria modernidade. Ela diz respeito à relação entre constituição da economia-mundo e a colonização europeia do novo mundo, tal como os estudos da colonialidade do poder o indicam (ver Quijano, 2005). Segundo essa linha, o Brasil e mais em geral o "Novo Mundo" afirmam e constituem a dimensão colonial da própria dinâmica do capitalismo. Contudo, há uma dimensão "mundial" do Brasil moderno que concerne a um de seus mitos fundadores, ou seja, seu encontro marcado com o futuro: "tudo se passa", diz um filósofo paulista, em belo artigo dedicado à *fratura brasileira do mundo*", "como se desde sempre a história corresse em nosso favor" (Arantes, 2001:291).

A afirmação generosa de que o Brasil seria o país do futuro encontra sua expressão, lembra Antonio Candido, em uma das imagens centrais do poema escolhido pela República para a velha melodia do Hino Nacional, quer dizer, "o país deitado na beira do mar, sob a forma de um gigante pronto a entrar em ação através de seus filhos" (Antonio Candido, 2006:205). Na ideologia do país novo, destaca-se a pujança virtual, a grandeza por realizar. Já em artigo de 1969, Antonio Candido atribuiu a Mário Vieira de Mello ter apreendido, em suas reflexões sobre a relação entre cultura e subdesenvolvimento, a alteração de perspectiva vigente desde o decênio de 1930 (Vieira de Mello, 1963). Embora não anulasse completamente a noção de que o Brasil é um "*país novo*" que ainda não pôde realizar-se, essa mudança se articulava agora com a atrofia e a pobreza da condição de "país subdesenvolvido". Começava-se a enfatizar assim, diz Antonio Candido, "o que falta, não o que sobra" (Antonio Candido, 2006:169). O virtual tornava-se uma ausência, quase uma impotência. O "futuro" transforma-se em horizonte longínquo sem deixar, contudo, de sobredeterminar o presente e vira pesadelo, algo que a retórica das "décadas perdidas" retomará com força: teríamos perdido um tempo (precioso) nessa corrida já traçada em direção ao futuro entendido como progresso.

Ao longo das últimas duas décadas, processou-se mais um deslocamento, dessa vez radical, do mito do futuro "brasileiro". Mais uma vez, é uma "provocação" do antropólogo Viveiros de Castro que o resume de maneira contundente: "sempre disseram que o Brasil era o país do futuro. Coisa nenhuma, o futuro é que virou Brasil. (...). Para o bem e para o mal, agora tudo é Brasil" (Viveiros de Castro, 2007b:11). Trata-se dos temas da chamada "brasilianização" do mundo. Aqui eles são apreendidos de maneira aberta e até afirmativa, quase positiva. Ao mesmo tempo, essa abordagem, que pensa pelo avesso os desafios da globalização, é radicalizada e complementada pela constatação de que, se o "Brasil é grande, o mundo é pequeno" (Viveiros de Castro, 2007b). Em outros termos, poderíamos dizer que a descoberta de que o Brasil é o futuro do mundo implica ao mesmo tempo reconhecer que o Brasil contém seu próprio horizonte e, pois, que o "futuro" não constitui mais uma opção para transcender os enigmas do presente.

Nos termos de Arjun Appadurai (2007), a globalização define-se como "uma intensificação de trocas" entre diferentes (maiorias ou minorias) configurações sociais e culturais. Mesmo que as "maiorias" continuem apreendendo (e construindo) as "minorias" como ameaças, de fato essa ameaça é hoje constituída pelo próprio mundo: um mundo cada vez menor. Michel Serres afirma que vivemos hoje um espaço topológico sem distância e isso transforma nosso destino, nossas filosofias, mas antes disso nossa antropologia: "nós não somos mais os mesmos homens!" (Serres, 2001:299). Com isso, ele insiste sobre o fato de que — por exemplo — nas reuniões internacionais sobre aquecimento global, o que dizem os representantes do Estado é menos importante que a tomada de consciência generalizada da "aparição de nosso barco comum que, de repente, se tornou, por suas reações inesperadas, parceiro de nossos atos e nossas inquietações"

(Serres, 2001:211). A apreensão da globalização como abertura a um mundo cada vez mais finito se parece, de uma certa maneira, com o velho paradoxo latino-americano: a "debilidade ou (...) desorganização das instituições (...) em face das grandiosas condições naturais". Algo que levava a afirmar que "na América tudo é grande, só o homem é pequeno" (Antonio Candido, 2006:171). No Brasil, a "humanização" do mundo parece esgotar a pujança virtual da natureza. Retomamos o lema de Eduardo: o Brasil é grande. Mas o mundo é cada vez menor!

A *"brasilianização" do mundo*

Por sua vez, notamos que, desde a década de 1980, a referência ao Brasil para qualificar o processo de globalização é sempre pejorativa. Afirma-se que o Brasil está por toda parte. Uma constatação que define a globalização como um horizonte fechado no qual a especificidade brasileira aponta para uma dupla dificuldade: por um lado, a "brasilianização" do mundo define um retrocesso generalizado; por outro, na globalização, o futuro do Brasil pode ser... o próprio Brasil. A transformação social brasileira pode encontrar no seu caminho a reiteração amplificada (globalizada!) dos fenômenos de desigualdade econômica, fragmentação social, segregação espacial e violência que caracterizaram a trajetória da modernização brasileira e que hoje aparecem como as características gerais da pós-modernidade. Assim, o subdesenvolvimento e suas consequências sociais podem encontrar confirmação e aprofundamento no desenvolvimento. Mais uma vez, o desenvolvimento aparece como o pesadelo que os críticos da teoria da dependência definiam como "desenvolvimento do subdesenvolvimento".

Em seu posfácio ao livro de Mike Davis (2006) sobre a favelização do mundo, Ermínia Maricato enumera e atualiza os determinantes do fenômeno, e estes não poderiam ser mais contraditórios: "(...) o crescimento das favelas provocado por guerras, expulsões, catástrofes, recessão econômica (como no caso da América Latina)" encontra a expansão urbana caótica impulsionada pelo alto crescimento econômico e urbano (como no caso da Índia e da China)" (Maricato, 2006:211). Qualquer que seja a trajetória macroeconômica, de crescimento ou estagnação, uma única dinâmica parece incontornável: a periferização como homogêneo (e paradoxal) processo de heterogeneização.

A conotação fortemente negativa da "brasilianização" do mundo já estava presente nas imagens terríveis e ácidas do filme *Brazil* (1985), dirigido por Terry Gilliam, animador do Monty Phyton. *Brazil* é o teatro de uma desutopia orwelliana, onde um governo burocrático associa o totalitarismo à sua patética incompetência. Em *Brazil*, a miséria e o abandono são mascarados pelos *outdoors* de propaganda que estriam as apocalípticas paisagens urbanas compostas de gigantescas extensões de favelas e miséria.[9] Não estamos muito longe das visões catastrofistas desenvolvidas vinte anos depois por Mike Davis, em seu *Planet of Slums* (*Planeta favela*), nem das imagens do trabalho do Harvard Project on the City (equipe de pesquisa dirigida pelo arquiteto holandês Rem Koolhaas) sobre Lagos, a capital da Nigéria.[10]

No final da década de 1980, a metáfora da "brasilianização" passou a ser usada pelos economistas franceses da "Escola da Regulação"[11] para descrever a fragmentação social e a perda de direitos trabalhistas que a flexibilização do fordismo e de seu sistema de *welfare* acarretava e acarreta. Alain Lipietz parece ter sido o primeiro a usar essa noção — em uma conferência pronunciada justamente no Rio de Janeiro, em 1988 —, na tentativa de demarcar duas distintas trajetórias na flexibilidade pós-fordista: uma definida como flexibilidade "ofensiva" (modernizadora e negociada); e outra dita "defensiva" (imposta e desagregadora). Nesse segundo caso, dizia Lipietz, estaríamos diante de "um regime (de acumulação flexível) que engendrará sem dúvidas cidades pós-fordistas e pós-modernas *'flexíveis'*... e, por que não? Casas flexíveis. O bairro de lata, a favela, como horizonte intransponível do nosso tempo".[12]

O que era próprio do Brasil estar-se-ia generalizando no Ocidente "civilizado" por uma dupla crise de seu sistema de segurança: crise civil e social, ou seja, violência civil e enfraquecimento da proteção social. Eis a outra face do "risco" que as finanças pretendem "regular". A insegurança torna-se a nova condição: "a delinquência e a violência", afirma Jacques Donzelot, "foram multiplicadas por dois ou por três segundo os países [ao passo que] a precarização do emprego fragiliza a condição dos trabalhadores assalariados" (Donzelot, 2004:16-7).

Por sua vez, vários autores brasileiros assumem a "brasilianização" do mundo como sendo o fato da própria globalização, inclusive no que diz respeito a seus impactos sobre as condições sociais e de trabalho brasileiras: "O processo de flexibilização implantado no Brasil foi decisivo para o surgimento de um novo paradigma do mercado de trabalho brasileiro, mais fortemente acentuado na década de 1990. Várias mudanças estruturais importantes estão em andamento e afetam, em cheio, a sociedade brasileira: "(...) crescimento do trabalho informal, progressivo desassalariamento, decrescente participação do trabalho na renda nacional e crescimento do fenômeno chamado sobretrabalho" (Langer, 2004:9).

Na realidade, o conceito de "brasilianização" foi cunhado, em 1995, pelo norte-americano Michael Lind. Para Lind, "o perigo principal com o qual os Estados Unidos confrontar-se-ão no século XXI não é a balcanização, mas o que se poderia chamar de brasilianização. "Por brasilianização não compreendo", diz Lind, "a separação das culturas pela etnicidade, mas a separação da etnicidade pelas classes" (Lind, 1995:14, 215-6).[13] Naquele momento, o livro de Lind constituiu uma referência do debate norte-americano sobre o futuro da América. Richard Bernstein, do *New York Times*, definiu-o como um "Manifesto Americano para um Futuro Desejável" (Bernstein 1995). Na *Foreign Affairs*, David Hendrickson afirmava que, embora seus remédios não fossem muito claros, "o diagnóstico de Lind é (...) convincente (...)" (Hendrickson, 1995).[14] Lind apontou dois grandes riscos para a América do futuro: o multiculturalismo e a plutocracia (o governo dos ricos). Para Lind, o multiculturalismo seria uma verdadeira calamidade em suas ações afirmativas racialmente determinadas. Quanto à "plutocracia", manifestar-se-ia por uma oligarquia branca que atravessou as diferentes "repúblicas" americanas mantendo-se sempre no poder por meio de sucessivas conciliações e compromissos: entre o Norte e o Sul, para discriminar os escravos na era da nação Anglo-americana, logo depois da independência; entre a oligarquia branca e os trabalhadores brancos, para continuar mantendo os negros à margem da sociedade na era da Euro-América, depois da guerra de secessão. Em seguida, teria sido o multiculturalismo a funcionar como base do grande compromisso conservador da terceira república: a oligarquia branca teria assim conseguido manter sua supremacia por meio da cooptação dentro de um novo status social de segmentos negros e de outras minorias.

Ora, é exatamente à armadilha do multiculturalismo que Lind chama "brazilianization": "uma anarquia feudal de alta tecnologia, articulada em um arquipélago de brancos privilegiados sobre um oceano de pobreza branca, negra e mulata". Temos aqui o paradoxo de uma crítica americana da ação afirmativa; o caso do Brasil é apresentado como ameaça. Apesar de, no Brasil, a ação afirmativa não existir na década de 1990 e de seus opositores considerarem que a especificidade brasileira de uma real mestiçagem correria sérios riscos se aqui se adotassem políticas inspiradas no multiculturalismo norte-americano. Discutiremos no capítulo 4 as questões do multiculturalismo e da luta contra o racismo. O que nos interessa anotar desde já é que aqui a "brasilianização" é completamente negativa: uma metáfora destinada a explicitar o futuro do mundo globalizado e pós-moderno como amplificação da insegurança e do risco. Um cenário, como veremos, bastante consensual.

Com efeito, Michael Lind desenvolveu pelo avesso — desde o ponto de vista norte-americano — uma metáfora mais antiga, que na era da Guerra Fria e da "Aliança para o Progresso" colocava o Brasil como um dos pilares da estabilidade da hegemonia norte-americana. O controle imperialista do hemisfério Sul dependia, pelo menos em parte, do que era chamado de processo de "brasilianização": um fenômeno articulado com a atribuição ao Brasil — pelo imperialismo norte-americano — de um papel subimperialista no subcontinente. Em 1974, Paul E. Sigmund dizia que a política de Nixon tinha como "protótipo" o Brasil, uma liderança subcontinental que substituía "a ação direta dos Estados Unidos contra a liberdade, a democracia e a liberação nacional e continental."[15] Porém, já na conclusão de Sigmund encontrávamos uma conotação negativa, na medida em que ele indica a necessidade de a diplomacia norte-americana evoluir para além do marco da Guerra Fria, apostando nos processos de democratização e na diversidade das trajetórias nacionais do continente, não mais aceitando vê-lo sob o prisma das alternativas fechadas entre "cubanização, americanização ou brasilianização" (Sigmund, 1974).

Já na segunda metade da década de 1990, a metáfora funcionava como horizonte total. Em uma entrevista concedida ao ativista da *web* Geert Lovink, o indiano Ravi Sundaram (1996) afirmava que o risco para a Índia contemporânea é sua "brasilianização". Estamos na perspectiva oposta à das impressões de viagem de Claude Lévi-Strauss, para quem "[o] Europeu que vive na América tropical (...) observa as relações originais entre o homem e o meio ambiente geográfico; e as próprias modalidades da vida humana lhe oferecem sem parar sujeitos de reflexão. Mas as relações de pessoa a pessoa não afetam uma forma nova; elas são da mesma ordem daquelas que sempre o circundaram. Na Ásia meridional, ao contrário, lhe parece estar aquém ou além do que o homem está em direito de exigir do mundo e do homem" (Lévi-Strauss, 1955:153). Naquele momento (1955), era o tornar-se Ásia do mundo que assustava o jovem etnógrafo: "O que me dá medo na Ásia é a imagem de nosso futuro, antecipado por ela" (Lévi-Strauss, 1955:171).[16] Com efeito, para Sundaram, é o Brasil que constitui um futuro ameaçador não apenas para os modos de integração social oriundos do *welfare state* das economias centrais do Ocidente, mas também de outros grandes países continentais que lidam com os quebra-cabeças do subdesenvolvimento. No caso da entrevista, a referência ao Brasil diz respeito à tremenda desigualdade e às derivas que atravessam as cidades, com sua energia elétrica, ar-condicionado e segurança privada: "O espaço está gerando uma cultura de elite híbrida, uma elite que se emancipou de qualquer diálogo sobre questões que falam do espaço público", uma elite também profundamente ancorada ao Ocidente, diz Sundaram (1996). Aquele mesmo Ocidente que, também segundo o teórico da sociedade do risco, o alemão Ulrich Beck, correria o risco de brasilianização (Beck, 1999, 2000).[17] O que é um risco ocidental para a Índia aparece como um risco... exótico para o Ocidente. Também na Austrália, fala-se de "brasilianização" das condições de inserção dos jovens no mercado de trabalho (Furlong e Kelly, 2005).

Como apontamos acima, a tese da "fratura brasileira do mundo" é usada e criticada também no Brasil, em artigo no qual o filósofo Paulo Arantes discute o "laboratório brasileiro da mundialização". A definição que ali se lê, do discurso da "brasilianização", não poderia ser mais adequada: "Deu-se (...) uma surpreendente reviravolta — resta a ver quanto imaginária ou real. (...) durante essa segunda década perdida de ajustes subalternos, ao longo da qual nos debatemos com nosso fim de linha nacional, nos vimos transformados numa espécie de paradigma, algo como uma categoria sociológica para o buraco negro da globalização". O tornar-se Brasil do mundo constitui uma ameaça, sublinha o autor, ainda mais assustadora, na medida em que não se trata de "uma remota África", mas de uma realidade moderna e economicamente estratégica: "de sorte que, na hora histórica em que o país do futuro parece não ter mais futuro algum, somos apontados, para o mal ou para o bem, como o futuro do mundo" (Arantes, 2001:295-6).

Segundo sugere Vladimir Safatle em resenha do artigo de Arantes, a ideia da "brasilianização" da sociedade dos países centrais estaria "amplamente aceita". Pois ela aponta para a consolidação de estruturas sociais duais que indicam a coexistência e determinação recíproca do Centro e da Periferia no mesmo espaço social; algo que qualquer habitante de alguma metrópole brasileira conhece muito bem. Para Safatle, a "brasilianização" da sociedade passa pelo desmonte dos próprios processos de modernização. Ao mesmo tempo, ela é acompanhada por um astuto esquema ideológico de legitimação (Safatle, 2004). Aqui a "brasilianização" corresponde ao *Brasil Delivery* da economista Leda Paluani. O Brasil é entregue ao que ela chama, usando um adjetivo péssimo, de "capital cigano" (Paluani, 2008:20). Nele, a dependência se agrava em servidão financeira à qual corresponde a "decretação de um estado de emergência econômico" (Paluani, 2008:11) cuja definição está fortemente inspirada no debate sobre o Estado de exceção que dá título à coleção ("Estado de Sítio", coordenada por Paulo Arantes) e na qual foi publicado o livro da economista.

Arantes apreende com precisão a tese de Lind, sobretudo quando este indica a condição "brasileira" como caracterizada pelo poder de uma oligarquia à qual não se opõe uma outra classe subalterna solidamente ancorada na privação, porém a desarticulação permanente dos estilhaços sociais do mundo desestruturado do trabalho" (Arantes, 2001:306). Voltaremos a discutir no capítulo 2 a correlação dialética que vários autores mantêm entre exploração e lutas, em que se pressupõe a necessidade, para que a classe lute, de que ela esteja ancorada em uma visível, massificada e homogênea condição de privação que somente o trabalho assalariado, e sobretudo o chão de fábrica, saberiam proporcionar. O horizonte dessa dialética interliga os processos de subjetivação e os de dessubjetivação e a ideia de que a verdade das lutas precisaria fundar-se na não verdade dos processos de dessubjetivação (da exploração assalariada própria do chão de fábrica).

Cabe contudo enfatizar a lucidez da leitura que Arantes constrói sobre o pensamento de Lind, quer dizer, sobre o impacto das políticas neoliberais e da reestruturação, em termos de nova organização, da produção como fluxo de fragmentos. Essa leitura lhe permite apontar para o fato de que esses "estilhaços" somente encontram seu sentido dentro do novo poder do capital global. Segundo essa literatura sociológica, esse deslocamento faria com que as novas figuras do trabalho fossem incapazes de reproduzir a organização e as lutas que eram próprias do movimento operário e, mais em geral, do conflito social típico da modernidade industrial. O que não fica claro, nessa leitura, é o quanto essa incapacidade seria fruto de um novo marco cultural e/ou o quanto ela deve, ao contrário, a uma profunda transformação material da relação entre capital e trabalho e, pois, da própria composição técnica das forças produtivas.

Assim, nessas abordagens, assumem-se as teorias das redes e da flexibilidade como produções essencialmente ideológicas, funcionais para as novas relações de poder e de exploração, como se essas acontecessem dentro de uma dinâmica material inalterada. A crítica contundente ao conceito de globalização em rede desenvolvido por Manuel Castells (1999) resume assim uma abordagem da retórica gerencial da flexibilidade que muito se aproxima ao trabalho de Luc Boltanski e Eve Chiapello — aliás devidamente citado — sobre o "novo espírito do capitalismo" (Boltanski e Chiapello, 1999). Corretamente, uma atenção especial é dedicada aos desdobramentos espaciais (urbanos, em particular) da fenomenologia geral da "brasilianização". Mobilizando Saskia Sassen (2001), Arantes lembra que sua narrativa da "Cidade Global, dualizada ou brasilianizada, não é apenas, e nem de longe, complacente e compassiva com a exclusão" (2001:310). Com efeito, o debate sobre a dualização das cidades (globais) permite uma primeira, extremamente instigante, requalificação da noção de brasilianização: como já apontamos, se o mundo se brasilianiza, a "brasilianização", por sua vez, aparece com sinal contrário. Nas palavras de Arantes: "Ocorre que a tal '*brasilianização*' do mundo (...) indica justamente a contaminação da polarização civilizada em andamento no núcleo orgânico do sistema pelo comportamento selvagem dos novos bárbaros das suas periferias internas, que se alastram propagando a incivilidade dos subdesenvolvidos, de sorte que a grande fratura passa a ser vista também como a que separa os que são capazes e os que não são capazes de policiar suas próprias pulsões (...)" (Arantes, 2001:317). Com efeito, diante das revoltas das *banlieues* francesas (em 2005) ou do incêndio de Los Angeles (em 1992), o filósofo Bento Prado Junior afirmava: "o Terceiro Mundo (as favelas do Rio ou a periferia de São Paulo) explod(em) no coração do(s) país(es) mais rico(s) do mundo" (Bento Prado Júnior, 2005).

Como nos diz Peter Pál Pelbart em seu belo artigo sobre o *Kafka* de Deleuze e Guattari (1977), os bárbaros novos já estão dentro da cidade, atravessaram as muralhas chinesas da pós-modernidade em mil brechas, dentro de um êxodo constituinte (Pelbart, 2001). Dessa vez, a referência à China não é meramente metafórica, pois é atualizada pelo novo papel geoeconômico do "império do meio" (ver Arrighi, 2007).

No âmbito da sociologia urbana, a metáfora está sendo utilizada para apontar a degradação da relação salarial e sobretudo do tecido urbano atravessado, por um lado, pelos processos de gentrificação e, por outro, pelas dinâmicas perversas da segregação espacial: favelização e ao mesmo tempo "condomínios fechados" (*Gated Cities*) bem nos moldes dessa paisagem impressionante que nos fornece o bairro carioca de São Conrado. Ali se opõem, frente a frente, os prédios luxuosos ao longo da praia e o monumental anfiteatro natural como molde da imponente favela da Rocinha — imagem terrivelmente bela, que ilustra a capa da edição brasileira do livro de Mike Davis dedicada aos *Slums* globais: Planeta Favela! Espaços de segregação (marginalização imposta) e autossegregação (secessão ativa) articulam as diferentes faces do que Lúcio Kowarick chama de "civilização morna e cidadania privada". Algo que o próprio Lévi-Strauss narrava em 1955, sobre suas impressões de viagem ao Rio de Janeiro em 1935: "(...) no Rio de Janeiro, o lugar ocupado por cada um na hierarquia social se mensura com o altímetro: quanto mais baixo (socialmente) tanto mais alto o domicílio. Os miseráveis vivem pendurados nos morros, nas favelas, onde uma população de negros, vestidos de trapos bem desgastados, inventam no violão essas melodias vivas (*alertes*) que, no momento do carnaval, descem das alturas e invadem a cidade com eles" (Lévi-Strauss, 1955:95).[18] Fala-se, pois, de um dualismo renovado ao qual se juntam as dinâmicas da difusão do crescimento caótico das periferias metropolitanas que caracterizam todas as grandes cidades brasileiras e que, nos Estados Unidos, é definido como "*urban sprawl*" e, na França, como *périrubanisation*.

A cidade-dual seria na realidade caracterizada por "muitas velocidades" e inserida em uma economia global cuja principal característica é que funciona como um arquipélago. Dentro dela, escreve Cynthia Ghorra-Gobin, "a conjunção da marginalidade econômica e do isolamento espacial e social explica pobreza e comportamentos violentos (violência, droga) das populações dos bairros desqualificados" (Ghorra-Gobin, 2004:153). Assim, haveria um eclipse da política, determinado, em suas várias escalas, pelas mutações que se concretizam na multiplicação das grandíssimas cidades: megalópoles, cidades tentaculares, *megacities*. Uma tendência que leva Olivier Mongin a perguntar-se: qual é o destino desse "arquipélago megalopolitano mundial e de suas dinâmicas de fragmentação"? (Mongin, 2004:180). Aí Mongin aponta o risco de que surja uma rede de cidades globais altamente segmentadas e interconectadas. Nessa perspectiva, a rede funcionaria, paradoxalmente, por mecanismos de exclusão de tudo o que está fora.

A política dessas cidades globais é a obsessão pela segurança, onde a conexão se faz pela perda das capacidades de acolhimento e abertura (Mongin, 2004). Aqui, a "brasilianização" aparenta-se a uma "balcanização", quer dizer, a um fenômeno composto por "associação de fragmentos, explosão multipolar e dessolidarização". A cidade-mundo que corresponderia à "brasilianização" do mundo seria a "cidade genérica" teorizada por Rem Koolhaas, com sua "ausência de singularidade, extensão indefinida de espaços parecidos" (Koolhaas et al., 2002). Voltaremos a discutir essas dinâmicas no próximo capítulo. O que nos parece interessante aqui é aprofundar o debate sobre a relação entre dinâmicas metropolitanas e os temas da "brasilianização".

A apologia reversa do poder: Planeta favela

Retornamos, pois, à mais recente revitalização do estigma brasileiro. Paradoxalmente, nós a encontramos no livro de Mike Davis sobre o *Planeta favela*, embora aqui não se fale de "brasilianização", mas de "favelização": "generalização das favelas" (Davis, 2006). A tradução para o português do Brasil constitui por si só uma "brasilianização": o *Slum* genérico do inglês vira a brasileiríssima Favela! Trata-se de um livro denso de dados, muitos deles oriundos dos escritórios de pesquisa das grandes instituições de governança global: FMI, Banco Mundial, UN-Habitat e até a Central Intelligence Agency (CIA).

O autor está convencido de proporcionar um estudo sociológico capaz de responder adequadamente ao problema que propõe. Eis-nos diante de uma colcha de retalhos de estudos e relatórios que veiculam afirmações genéricas e por vezes bastante paradoxais: já na década de 1990, o Banco Mundial "advertiu" — quase no estilo dos comunicados do Ministério da Saúde — que "a pobreza urbana se tornaria o problema mais importante e politicamente explosivo do (novo) século" (Davis, 2006:31). Depois disso, podemos encontrar uma classificação das favelas baseada em seu tamanho por número de habitantes (Davis, 2006:38). A preocupação com um tom denuncista leva a abordagem a um certo paroxismo, sobretudo com a afirmação de que na década de 1970 "os governos do Terceiro Mundo abdicaram da batalha contra a favela", ao passo que "as instituições de Bretton Woods" iam assumindo o "papel (...) predominante na determinação de parâmetros para a política habitacional urbana" (Davis, 2006:79). O que os movimentos de moradores viram como uma conquista contra as remoções, que até então constituíam a única política estatal no que dizia respeito às favelas, aqui aparece como uma virada somente conservadora! Claro,

Mike Davis denuncia também as remoções, com particular atenção às que aconteceram durante a era das ditaduras militares (Davis, 2006:114ss.), mas evita estabelecer qualquer relação entre o esgotamento dessas políticas (justamente em meados dos anos 1970) e a potência dos movimentos dos próprios favelados, nem com o processo de abertura democrática que — no Brasil — começava naquele momento. A favela permanece para ele como um campo de concentração, uma condição totalizante sem saída possível: "as favelas, apesar de serem funestas e inseguras, têm um esplêndido futuro", esclarece ele ironicamente para, logo em seguida, complementar: "por um breve período, o campo ainda conterá a maioria dos pobres do mundo, mas essa honraria às avessas será transmitida para as favelas urbanas por volta de 2035" (Davis, 2006:156). Os pobres passarão, assim, do campo ao "campo de concentração" que seriam as "favelas". Nisso, Davis utiliza um determinismo estatístico que pouco tem a ver com o método materialista. Por exemplo, é incapaz de vislumbrar o impacto das políticas de distribuição de renda do governo Lula que permitiram um sensacional crescimento das regiões mais pobres do país (Norte e Nordeste) e proporcionaram, juntamente a uma radicalização popular da base social do presidente e de seu governo, uma transformação — embora moderada e insuficiente — da qualidade social das regiões e dos bairros mais pobres bem como das dinâmicas habitacionais.

Essa ambiguidade é confirmada — mesmo que apenas indiretamente — num capítulo dedicado à "ecologia de favela". Nele se lê que "local de risco e perigoso para a saúde é a definição geográfica do típico assentamento de invasores" (Davis, 2006:127). Aqui o "concreto" estudo de casos aparece como concretamente insuficiente, quando não devidamente refém de um viés vitimizador. Mike Davis só cita o que interessa, num claro desmando de sua suposta cientificidade crítica: os casos brasileiros mobilizados são a favela de Cubatão (SP) e o município de Belford Roxo no Rio de Janeiro. Por que não falar das localizações invejáveis, bem no meio dos bairros mais valorizados da zona sul da capital carioca, de favelas como o Chapéu Mangueira (no Leme), Pavão-Pavãozinho (entre Copacabana e Ipanema), Vidigal (Leblon), Rocinha (São Conrado e Gávea), sem contar o sem-número de favelas que circundam o charmoso bairro de Santa Teresa? Localizações que poderiam transformá-las em localidades turísticas (que em parte já são: bem embaixo do Corcovado, nas beiradas da Floresta da Tijuca).[19] Aliás, por que não lembrar que favelas mundialmente conhecidas, como a Cidade de Deus, têm como origem a construção de um conjunto habitacional destinado a abrigar os moradores de uma favela removida na zona sul do Rio? Cabe lembrar que estamos falando do teatro bem real e concreto, dentro de outras dinâmicas criativas e trágicas, do que o crítico literário Roberto Schwarz definiu como uma "das mais importantes obras literárias da década de 1990, o romance *Cidade de Deus*, de Paulo Lins, sobre a expansão e mutação histórica da criminalidade no Rio de Janeiro" (Schwarz, 1999:163-4). Por que não apontar para um outro conjunto habitacional, a Cruzada São Sebastião, encravado entre dois bairros "nobres" da "zona sul" carioca (Leblon e Ipanema) e atravessado pelas mesmas dinâmicas socioeconômicas das favelas: desemprego, narcotráfico e violência? As mesmas dinâmicas que Paulo Arantes assume, não sem ironia, como paradigma de uma flexibilidade e precariedade ocupacional brasileira cujos campeões "sociológicos" são os "bichos soltos", assim tipificados na hierarquia "dos bandidos na sociedade *relacional* da Cidade de Deus" (Arantes 2001:334).[20]

Enfim, Mike Davis ataca violentamente os programas de urbanização — movidos por administrações progressistas como o Partido Comunista da Índia de Kolkata ou o próprio governo Lula (Davis 2006:88-9) — que preveem a regularização fundiária e imobiliária das favelas com a entrega da posse às famílias que construíram suas casas. Para ele, é mais importante distanciar-se de Hernando de Soto (2000) e de seu "capitalismo popular" que prega, justamente, a regularização dos títulos de propriedade das habitações oriundas de favelas e outras ocupações irregulares.

Em vez de observar que, muitas vezes, as forças de esquerda, mais preocupadas com os elementos de planejamento centralizador, não souberam apreender esse terreno fundamental de construção democrática e reconhecimento do esforço realizado por gerações de retirantes (imigrantes) em sua autoconstrução do espaço urbano, Davis reproduz uma lógica simplória do "quanto pior, melhor". Para ele, "a concessão de títulos de propriedade (...) acelera a diferenciação social na favela e nada faz para ajudar os locatários, verdadeira maioria dentre os pobres de muitas cidades". Além de apoiar-se nas avaliações de um (sic) "especialista" em posse da terra, Davis cita o estudo de Suzana Taschner sobre o impacto das políticas habitacionais da administração petista de Luiza Erundina no município de São Paulo. "Terrenos e casas tornam-se bens de consumo e o preço dispara. Um dos resultados é o surgimento de uma '*favela dentro da favela*' (...)"

O fato é que as favelas nunca constituíram um conjunto homogêneo. Qualquer pesquisador que entrasse na Serrinha, favela de Madureira (RJ), seria imediatamente informado sobre a existência — dentro da favela — de uma região extremamente pobre, que os favelados chamavam de "biafra"![21] Por sua vez, Mike Davis não procura sujeitos, "nem dá a mínima" para apreender os processos. Só um *Deus ex Machina* resolve! Ou temos solução total, pronta e coerente com a visão ideológica do autor, ou qualquer política pública é necessariamente neoliberal ou, seja como for, fracassada!

Para Mike Davis, a "revolução" é uma utopia longínqua; não alcançada essa utopia, nada vale. A não ser que não se trate de reforçar o Estado. Com efeito, ele não gosta de dinâmicas que apostam na mobilização de baixo, na radicalização democrática. Só o Estado faz sentido: "a estratégia de concessão de títulos promete grande ganho social com um simples gesto de pena [e] combina perfeitamente com a ideologia neoliberal e antiestatal predominante" (Davis, 2006:88-9). O problema é que, apesar do livro de De Soto (2000) os neoliberais não implementaram nenhum programa de regularização fundiária (no Brasil). Só as administrações progressistas (municipais e agora federais) o fizeram e o fazem. Aliás, a dita "regularização" está longe de se reduzir a uma "canetada". Infelizmente, a imagem da suposta oposição entre Estado e mercado não dá conta da realidade de uma burocracia de Estado que funciona somente segundo o ponto de vista do mercado. Além do mais, o mercado imobiliário e fundiário já existe nas favelas, e, por causa da não regularização, esse mercado, na maioria dos casos, fica sob os "auspícios" das várias articulações do monopólio ilegal ou até criminal do uso da força (ou melhor, no entrecruzamento do monopólio legal e criminal que caracteriza o uso da força nas metrópoles brasileiras). Nas favelas, há uma estratificação social muitas vezes bastante violenta.

Afinal, nos parece que Mike Davis só imagina a emancipação da pobreza em um mundo ideal que não corresponde minimamente às práticas de resistência e produção dos pobres. Por trás do empirismo, encontramos muito pouca análise material e nenhuma capacidade para apreender as linhas do conflito de classe no qual o autor pretende inspirar-se com a pureza de um moralista impotente.

Assim, não lhe resta nenhum instrumento político para resolver a mistura que faz sistematicamente entre a fenomenologia da pobreza, como sobredeterminação do poder (com suas misérias materiais e morais), e as lutas e a potência dos pobres. Sua análise da exclusão tem como parâmetro a sociologia do poder: recorre a um relatório da Central Intelligence Agency (CIA) para embasar sua definição mistificada e mistificadora do fenômeno da "exclusão". "Além do informalismo flexível à moda De Soto", afirma ele, "não há roteiro para a reincorporação dessa enorme massa de mão de obra excedente na corrente principal da economia mundo" (Davis, 2006:199). E fica-se sem saber para que serviria essa incorporação.

A crítica vacila entre a pureza moralista e a ambiguidade política do culto das vítimas e do determinismo economicista. O que acaba tornando bem inadequada a crítica que o autor dirige aos trabalhos de Negri e Hardt. Mike Davis sentencia sumariamente — e inexplicavelmente — que esses trabalhos seriam "especulações pós-marxistas pomposas". Ele próprio, contudo, não indica nenhum desenho, nenhum *patchwork* alternativo ao *network* "diabólico", nenhuma ontologia da resistência que não seja uma *apologia reversa do poder* do capital global. Ironicamente, os esforços negrianos para conciliar o materialismo histórico (quer dizer, uma determinada leitura não dialética de Marx) com o pensamento da multiplicidade muito contribuiriam (e contribuem), desfazendo-se de um referencial teórico engessado no tempo e de um empirismo moralista e impotente. A filosofia negriana da práxis não pratica o culto da miséria e da pobreza, mas uma ética da potência dos pobres!

Para além da "brasilianização" do mundo: MundoBraz!

Várias são as linhas ao longo das quais podemos apreender a potência desses deslocamentos. Em geral, elas são desenhadas pela generalização dos processos de hibridização e mestiçagem e as dimensões biopolíticas do poder. Aliás, uma terceira referência negativa à "brasilianização" do mundo poderia ser encontrada nas formas de governo da população que misturam os elementos biopolíticos do poder com elementos arcaicos do direito de vida e de morte. Essa via nos leva a uma série de debates e reflexões sobre a modernidade diante, por um lado, de suas dimensões coloniais e eurocêntricas, e, por outro lado, frente às bases antimodernas da condição pós-moderna e que alguns chamariam de pós-colonial.

O próprio Viveiros de Castro fornece uma outra bem sugestiva imagem do duplo movimento do devir-mundo do Brasil como intenso processo de hibridização entre as mil folhas que constituem os múltiplos planos da globalização. Relatando a cobertura pela grande imprensa nacional de um conflito entre duas tribos indígenas, ele observa: "(...) no mesmo jornal, você pode ler as platitudes político-literárias do Sarney; um empresário discorrendo sobre as propriedades miraculosas da privatização; um astrofísico falando sobre o *big bang* — e um Kayapó acusando os Kamayurá de feitiçaria! Tudo no mesmo plano, na mesma *Folha*"[22]* (Viveiros de Castro, 2002:482).

Nesse sentido, pensar o devir-Brasil do mundo e o devir-mundo do Brasil nos leva diretamente a uma determinada abordagem dos estudos pós-coloniais, bem como das reflexões latino-americanas sobre a "colonialidade do poder". A inversão proposta nessas abordagens rompe com a dimensão eurocêntrica de um futuro mecanicamente produzido pela linha evolutiva do "progresso". Um progresso que, por um lado, é necessariamente ocidental e, pelo outro, nada mais que o resultado do crescimento econômico, do desenvolvimento entendido como crescimento e industrialização. Colocar o Brasil no cerne do devir-mundo do mundo pode vir a significar a construção, bem nos termos que sugere Edgardo Lander, de um ponto de vista de ruptura com a tradição colonial e pós-colonial segundo a qual "as sociedades ocidentais modernas constituem a imagem do futuro para o resto do mundo" (Lander, 2005:36). Ao mesmo tempo, precisamos não esquecer que uma dessas imagens é aquela do multiculturalismo, quer dizer, de um governo da diferença pela sobreposição de conjuntos homogêneos, exatamente como os retalhes de um *patchwork* ou as ilhas de um arquipélago. Numa outra perspectiva, diferente da do multiculturalismo, a hibridização abre-se a uma troca de pontos de vista bem mais criativa e adequada. Nesse caso, pode-se mobilizar a imagem da advogada Joênia de Carvalho, da tribo wapichana, vestida com toga e com a cara pintada com as cores de guerra, que, como advogada e na tribuna do STF, defende que se mantenha a demarcação contínua da Reserva Indígena da Raposa Serra do Sol em Roraima.[23] Algo que encontramos na foto de "índios nhambiquaras de Mato Grosso (tirando) fotos com seus telefones celulares durante ato em Brasília".[24]

Estamos no mesmo deslocamento que diz respeito à crise do sistema de hierarquias próprio do período imperialista. A impressão superficial de que o desmoronamento do muro de Berlim generalizaria uma ordem subordinada a um único centro escondia, de fato, a passagem em direção a um mundo multipolar. Assim, com o muro de Berlim, caiu um conjunto de visões do mundo, poderíamos até dizer de uma determinada visão do futuro do mundo, e não significou a afirmação linear da hegemonia de um dos modelos — o modelo neoliberal personificado pela "última" superpotência: os Estados Unidos. Se inicialmente os Estados Unidos pareciam ter se tornado um único centro imperialista e, pois, ter ocupado o horizonte de um futuro que assim coincidiria com o fim da história, não é difícil averiguar que o processo de transformação que arrastou o "muro" levou com ele todo o sistema que o sustentava. O parêntese Bush filho está fechado e a eleição de Barack Obama, quaisquer que sejam os limites de seu governo, já se coloca em uma nova perspectiva.

A visão linear do futuro mantinha os dois blocos muito mais próximos do que a competição entre eles permitia supor. Quase duas décadas depois, são inúmeras as evidências desse deslocamento. O dólar enfrenta a concorrência de uma outra moeda internacional (o euro), a qual, por sua vez, evidencia uma soberania monetária supranacional (o Banco Central da União Europeia). A ex-estatal Renault tornou-se um grupo franco-japonês (com a Nissan) presidido por um libanês nascido no Brasil e que, logo antes da crise, estava tentando ocupar o mercado dos países emergentes lançando um modelo de carro *low cost* concebido e produzido na Índia. A ex-estatal brasileira Companhia Vale do Rio Doce é hoje empresa global, que opera — dentre outros países — no Canadá e na Polinésia francesa e realiza investimentos em parceria com a China e a alemã Thyssen-Krupp. Mais ainda, a imprensa paulista relata uma ação pública do Ministério Público do Trabalho do Rio de Janeiro contra a multinacional alemã por estar empregando na construção da Companhia Siderúrgica do Atlântico (CSA) "120 chineses (que trabalham) como pedreiros" (Menchen, 2008). Simetricamente, como não pensar no acidente de trabalho que, em setembro de 2008, matou um operário brasileiro empregado por uma empresa romena em uma obra italiana, na cidade de Verona, onde o recém-eleito prefeito da *Lega Nord* discrimina os imigrantes em geral e os romenos em particular?

Por sua vez, grupos siderúrgicos indianos (Mittal e Tata Steel) tomaram o controle, respectivamente, dos europeus Arcelor e Corus; ao passo que o também indiano Infosys parece estar lançando uma oferta para comprar o francês Capgemini, para constituir a quinta empresa mundial de serviços informáticos.[25] "Em um mundo globalizado", diz o historiador britânico Eric Hobsbawm (2008) "a dominação cultural dos EUA é cada vez menos sinônimo de dominação econômica. Sim, eles inventaram o supermercado, mas foi o grupo francês Carrefour que conquistou a América Latina e a China, por exemplo". Como o reconhece Perry Anderson, "a maior mudança dos últimos sete ou oito anos, sob todos os parâmetros, (...) é a emergência da China como a nova fábrica do mundo: não se trata apenas de uma rápida expansão de uma grande economia nacional, mas da alteração estrutural do mercado mundial" (Anderson, 2007:6).[26] O fato é que "a China não é mais somente a 'fábrica do mundo', ela tornou-se o banqueiro dos Estados Unidos. E se levarmos em consideração as outras potências da região — Hong Kong, Coreia do Sul e Cingapura —, concluiremos que a Ásia absorve mais da metade da dívida pública norte-americana acumulada no estrangeiro".[27] Na verdade, afirma Bulard, "os Estados Unidos não podem mais abrir mão dos financiamentos da China e Pequim também não pode se desvincular da sorte do gigante norte-americano. O que também vale para Tóquio e (...) para a Rússia". As cooperações sul-sul dentro do processo de constituição latino-americana se articulam com China e Índia, deslocando o horizonte da independência para o lado do governo da interdependência.[28] Mais da metade do comércio interasiático desemboca nos mercados de Estados Unidos, União Europeia e Japão.

Na guerra do Iraque, o exército norte-americano ficou anos a fio isolado e atolado, sem que contudo tenha tido de enfrentar um exército de libertação nacional "armado" por outra superpotência; por sua vez, a aliança atlântica (a Otan) está nas montanhas afegãs às voltas com uma guerrilha "talibã" cada dia mais incontrolável. A América Latina, da Patagônia à América Central, é atravessada por um ciclo político formidável marcado por novos governos, todos eles ligados a processos constituintes cuja diversidade (até a moderação e a ambiguidade) não diminui a dinâmica radicalmente inovadora de cada um deles e — sobretudo — do processo continental em seu conjunto.

O conjunto dessas mudanças define um marco completamente novo, de crise da tradicional soberania nacional em direção a um novo tipo de soberania supranacional. Negri e Hardt (2000) a definiram como uma soberania imperial: uma soberania sem centro e sem fora, articulada em torno da monarquia militar norte-americana, da aristocracia de multinacionais e instituições supranacionais (FMI, BM, OMC, UE etc.). Em face dessas novas formas de soberania "imperial", afirma-se a potência democrática dos movimentos globais: de Seattle até Rostock, passando por Gênova e as diferentes edições do Fórum Social Mundial e os fluxos de migrações que afirmam uma outra globalização. Em 2006, a população global de migrantes foi estimada em 150 milhões de pessoas e suas remessas para as famílias nos países "em desenvolvimento", em mais de 300 bilhões de dólares. O impacto geral interessa — segundo as estimativas do Ifad — cerca de 10% da população mundial.[29] Ou seja, as dinâmicas das migrações contêm potentes elementos de libertação, a potência dos pobres e não apenas as formas de subordinação e rebaixamento que veiculam os discursos que as estigmatizam, como no caso da análise que Mike Davis faz do êxodo rural em direção às metrópoles.

São as políticas de regulação dos mercados "nacionais" do trabalho que inferiorizam os migrantes dentro da condição de impotência típica da pobreza. Não é por acaso que, mergulhando na crise da retórica neoliberal e na própria crise financeira global, os governos neoconservadores de Bush, Sarkozy ou Berlusconi multiplicam os esforços para criminalizar e inferiorizar os migrantes. Um exemplo disso é o programa de Sarkozy na presidência rotativa da União Europeia (a partir de julho de 2008). Por um lado, ele promove a "preferência europeia" por meio da retomada dos subsídios à agricultura com base em critérios que supostamente a associam à "segurança" sanitária dos alimentos. Por outro, a preferência "europeia" diz respeito ao controle dos fluxos de imigração. O objetivo é extremamente nítido: eliminar os elementos de autonomia dos fluxos. Isso passa, por um lado, pela "escolha" dos migrantes, e, por outro, pela criminalização dos ilegais: por um lado visa-se a eliminar os elementos de autonomia dos fluxos ao torná-los funcionais (o que, ademais, é improvável que aconteça); por outro, trabalha-se para consolidar a miséria dos ilegais.

Então, não há por que o Brasil preocupar-se com a perda de identidade e soberania determinada pela globalização. Pelo contrário, o mundo que fique bem atento à "brasilianização" do mundo. O Brasil deve preocupar-se com aprofundar essa dinâmica, para manter-se dentro desse movimento. Para tanto, precisamos substituir de vez a noção de "futuro" pela noção de "devir". É preciso, pois, construir um ponto de vista que nos permita dar qualificação ao tempo — o tempo, em sua ontologia de produção da vida.

Ensaiamos, até aqui, uma antecipação da proposta que desenvolvemos ao longo deste trabalho. Deslocamos nosso ponto de vista em direção ao horizonte do desejo — um ponto de vista que define o devir a partir do "desejo". *Devir-Brasil do mundo e devir-mundo do Brasil*: temos de pensar os desafios presentes na perspectiva desses planos de consistência, sabendo que não cessamos de passar de um ao outro, ao passo que também os planos desdobram-se na superfície e na profundidade. Não se trata de imitar o mundo a partir do Brasil, nem o Brasil a partir do mundo. Nenhum processo de identificação nos interessa. "Devir é, a partir das formas que se tem, do sujeito que se é, dos órgãos que se tem (...), extrair partículas, entre as quais instauramos relações de movimento e repouso, velocidade e lentidão, as mais próximas do que já estamos devindo e pelas quais a gente *devém*. Nesse sentido diz-se que o devir é o processo do desejo" (Deleuze e Guattari, 1982:334).

Avançamos, pois, a ideia de que a globalização está atravessada por uma alternativa radical, que se articula em suas dimensões temporais. De um lado, ela se apresenta como novo despotismo de um mundo reduzido a um único e inevitável futuro. Futuro que pode coincidir com a catástrofe anunciada. Seu tempo é unívoco e linear e se apresenta como um progresso que modula a série infinita dos fragmentos sociais e espaciais nas representações abstratas do mercado. Nesse caso, falaremos de "brasilianização" do mundo como globalização de uma cidadania do "consumo", os "consumidores-cidadãos" de Nestor Garcia Canclini (1995). Aqui, como sugere Jean-Luc Nancy, "o mundo perde sua capacidade de fazer mundo: parece ter apenas a capacidade de multiplicar o poder de seus meios de proliferação do im-mundo" (Nancy, 2002:16). Por outro lado, a globalização abre-se à multiplicidade dos mundos possíveis. Sua temporalidade é aberta ao devir, MundoBraz: um devir-mundo do Brasil que é ao mesmo tempo um devir-Brasil do mundo. Nesse segundo plano, a flexibilidade social e econômica é manifestação de uma plasticidade cuja dinâmica se alimenta da hibridização incessante, para dentro e para fora, para além do dentro e do fora. A mestiçagem brasileira se apresenta aqui como uma potência de diferenciação e, pois, de produção ilimitada de novos valores, constituição do tempo, produção de novo ser. Nela, a cosmologia ameríndia das terras baixas qualifica socialmente a floresta como artifício natural potentíssimo, ao passo que o sincretismo cultural das metrópoles as constitui como a nova terra a desbravar, o novo povo a constituir, a capacidade de fazer-mundo.

Mas não podemos esquecer as cores de guerra pintadas na cara da advogada wapichana. A passagem do tempo linear do futuro para o tempo intensivo do devir é passagem de cisão, uma ruptura atrelada à conquista do devir. É na ruptura da temporalidade que se situa a produção do ser. Carlos Augusto

Peixoto Jr. (2008), a partir de Negri, enfatiza que "nessas condições, o corpo reage à ruptura produzindo um ser novo. Inserido no domínio da materialidade do eterno, o corpo conduz à ruptura, e revivifica a eternidade, experimentando-se como práxis do tempo". A ruptura do tempo linear do poder, em multiplicidade aberta do devir, passa, como diz o próprio Negri, por uma "imersão ontológica que ativa o eterno mediante a abertura deste eterno, sobre a borda do ser, sobre o *ponto do porvir*" (Negri, 2003:82).

Objetos-mundo, cidades-mundo: MundoBraz

Michel Serres atribui o processo de globalização ao aumento quantitativo dos objetos-mundo, algo que começou com as técnicas do calor. "Podemos ainda chamar objeto as coisas que o constituem e ainda sujeitos às pessoas que se servem deles? Nossas redes de comunicação são objetos? Nem têm a presença, nem a realidade de objetos, pois os canais e as fibras óticas transportam números, símbolos e virtualidades. Nós os habitamos!" (Serres, 2001:206). MundoBraz é ao mesmo tempo a cosmologia ameríndia do artifício natural que é a Amazônia e a produção cultural da natureza-artificial que são as grandes cidades brasileiras e latino-americanas e em geral as cidades-mundo que nós habitamos.

Edouard Glissant fala da globalização como processo constituinte alimentado pela *"créolisation"* universal. Essa mestiçagem global está na base do que ele chama de *Tout Monde* (Todo Mundo), que de fato é um arquipélago, um arquipélago e um pensamento "arquipelágico" que tem em suas raízes a multiplicidade das identidades-relação produzidas pela reversão constitutiva do sistema da escravidão. Aqui o arquipélago é um elo da rede, é teatro de hibridização. O *Tout Monde* é, assim, o fato do devir-*créole* do mundo — e tem o Brasil como sua referência prototípica: "O Brasil é um exemplo potente, que com certeza palpita como continente mas pensa e avança como arquipélago" (Glissant, 2007:108). O devir-Brasil do mundo diz respeito à reversão potente da significação geral do sistema da escravidão como alicerce do sistema-mundo. Como lembram os estudos sobre a "colonialidade do poder" como alicerce do racismo moderno, a escravidão nas Américas foi a primeira especialização entre condição do trabalho compulsório e determinadas populações: os indígenas e os africanos (Quijano, 2005). Essa reversão é exatamente a da marcha da liberdade, que juntou escravos libertos e imigrantes internacionais, travando para sempre o processo de proletarização (ver Negri e Cocco, 2005; Boutang, 1998).

Mignolo atribui a Glissant a noção de um "imaginário" definido como "construção simbólica mediante a qual uma comunidade (racial, nacional, sexual etc.) se define a si mesma". Essa noção é desenvolvida em termos geopolíticos, para dar conta da "formação do imaginário do sistema-mundo moderno colonial". A imagem desse mundo como imagem de uma civilização ocidental que é o resultado, por um lado, de um "longo processo de construção do *'interior'* (...) assim como (da) *exterioridade*; e essa exterioridade não era um verdadeiro fora, mas um 'exterior interno'" (Mignolo, 2005:72). Ao mesmo tempo, o próprio Glissant apreende essa dinâmica de maneira mais afirmativa e aberta. Com efeito, ele define o africano capturado no trato dos viventes (o tráfico escravo) como um "migrante nu" que conseguiu "recompor, com a onipotência [de sua] memória *désolée,* as pegadas de suas culturas de origem e, pô-las em conivência com os instrumentos novos cujo uso lhe foi imposto. Assim criou, fez surgir ou contribuiu para que se reunissem [nas Américas] consistentes culturas de *créolisation*, de mestiçagem. Culturas ao mesmo tempo fecundas, de procura de verdade específica, e ricas, porque valiosas para todos no atual panorama do mundo, a raiz em rizoma sendo a mais aberta e talvez a mais sólida. Disso são ilustrações o *jazz* e o *reggae* e as literaturas e as formas de arte desse mundo finalmente tão realmente novo" (Glissant, 2007:109).

Nessa perspectiva, a globalização é um fenômeno cognitivo, a "consciência comum" alcançada pela sociedade humana em nível mundial: global-mente, territórios desenhados por redes de cérebros. Repetimos: como o Janus, a globalização é dupla. Por um lado, a perspectiva cosmopolítica que sustentaria a ação multilateral em favor da paz, da proteção do meio ambiente. Por outro, o medo da homogeneização dissolvente das singularidades e da segregação-exclusão de vastas populações subglobalizadas. Por um lado, a mundialização, o devir-mundo do Brasil e o devir-Brasil do mundo como criação do mundo; por outro, a "brasilianização" como futuro do mundo e do Brasil, ou seja, como globalização do im-mundo. Usando a metáfora homérica, podemos dizer que a globalização não é um cavalo de Troia que ameaça a soberania dos Estados. O enfrentamento acontece não contra o "cavalo" mecânico que estaria levando a globalização para dentro dos muros da cidadela, mas dentro do próprio cavalo; e, isso, na medida em que esse é o mundo globalizado! Os bárbaros já estão na cidadela, dentro dos muros. A cidade como terreno político do comum se opõe à cidadela (cidade-Estado), como dizem Deleuze e Guattari (1982): "a revolução urbana e a revolução estatal podem coincidir, mas não se confundir".[30] É o que reconhecem os próprios documentos estratégicos elaborados pelo governo norte-americano, logo depois do 11 de setembro de 2001: "Hoje em dia, redes escondidas na sombra podem trazer às nossas terras o sofrimento e o caos, por custo inferior ao preço de um único tanque. Os terroristas foram formados para infiltrar as sociedades abertas e voltar contra nós a potência das tecnologias modernas. (...) O maior perigo que ameaça nosso país se situa no entrecruzamento do radicalismo e da tecnologia". Isso se completa por uma análise bem instigadora do futuro papel do Estado diante dessas "ameaças". Depois de elogiar as transições democráticas (da Rússia) e de mercado (da China), o documento alerta para o perigo que constituem os Estados fracos: "a pobreza não transforma os indigentes em terroristas ou em assassinos. Mas a pobreza, a fraqueza das instituições e a corrupção podem expor os Estados fracos a abrigar dentro de suas fronteiras redes terroristas ou cartéis da droga".[31] A miséria e a pobreza são toleráveis pelo poder. Mas o poder não pode tolerar que haja Estados incapazes de exercer seu papel de polícia contra os pobres, quando os pobres se organizam e lutam. A pobreza é o norte da reflexão geoestratégica da CIA, mas também de todos os moralismos. Intoleráveis (ou ignorados) são os pobres!

Isso significa que se o mundo virou Brasil, o enfrentamento que atravessa o mundo é o mesmo que atravessa o Brasil, e vice-versa (mesmo que em graus altamente diferenciados). É o exército de Israel "policiando" o muro da Faixa de Gaza palestina e a Polícia Militar do Rio de Janeiro "guerreando" na "faixa de Gaza" da zona norte da cidade.[32] O conflito é o mesmo e sua característica geral é a crescente heterogeneidade dos sujeitos. Entre esses dois movimentos não há simetria, mas síntese disjuntiva. A distância entre o ponto de vista do mundo sobre o Brasil e o ponto de vista do Brasil sobre o mundo é "ao mesmo tempo indecomponível e desigual a si mesma, pois o trajeto não é o mesmo nos dois sentidos" (Viveiros de Castro, 2007:102). Devir-mundo do Brasil e devir-Brasil do mundo se opõem à tese da "brasilianização" do mundo e do Brasil. Se essas linhas podem evoluir de maneira complementar e interligada, podemos também diferenciá-las a partir da oposição entre dois tipos de planos que Deleuze e Guattari propõem.

Por um lado, um plano de imanência, onde não há mais formas e desenvolvimento de formas, mas apenas relações de movimento e repouso, de velocidade e lentidão, entre elementos não formados, moléculas e partículas de todo tipo (Deleuze e Guattari, 2007:326). Pelo outro, um plano de organização e desenvolvimento que diz respeito às estratificações, às formas e aos sujeitos, aos órgãos e às funções que são os "estratos". O plano de imanência (ou de consistência) distingue-se, pois, do plano de organização, porque implica uma desestratificação de toda a Natureza, inclusive pelos meios mais artificiais. O plano de consistência é o "Corpo sem Órgãos", ao passo que o Plano de Organização é o corpo orgânico! (Deleuze e Guattari, 2007:330). É na perspectiva desses planos que precisamos pensar os desafios contemporâneos, sabendo que não cessamos de passar de um para o outro, ao mesmo tempo que os planos desdobram-se na superfície e na profundidade — ou seja, não cessam de "devir".

Na primeira linha, a do plano de organização que definimos como vertical e organicista, a bifurcação "hominescente" de nosso século aparece como uma máquina mortífera de exclusão: fragmentação social e segregação espacial, o "estado de exceção" como regra e marco da proliferação do im-mundo. As democracias das sociedades ocidentais funcionam como a mais feroz das aristocracias. A mais "implacável de todas", pois investe diretamente os corpos. "Diante de cada obeso da plenitude, os esqueletos do terceiro mundo gritam a morte. Amanhã, uma guerra inexpiável, *à la* Darwin, oporá esses bilhões de corpos famintos aos milhões de dólares cujas dádivas se juntam aos milhões que alimentam as pessoas que já são obesas" (Serres, 2001:43). Serres continua: "Nós temos os meios para transformar os desertos em matos e jardins, nós poderíamos nutrir os famintos da Terra com nossos excedentes, nós poderíamos curar suas doenças; e nós lhes vendemos as armas para que se matem entre eles. Nós asfaltamos o inferno deles com nossas facilidades miraculosas" (Serres, 2001:72-3). Podemos dizer que essa linha corresponde àquele movimento extensivo que "consiste no decaimento das diferenças de potencial ou de intensidade na medida em que essas se desdobram (se ex-plicam) (...) e se encarnam em estados de coisas empíricos" (Viveiros de Castro, 2007:105). Estamos no plano de organização (o segundo), sua linha é aquele segmentar da "brasilianização", do bloqueio das linhas de fuga e dos movimentos de desterritorialização que dessa maneira são estratificados e reconstruídos ao longo da linha vertical de hierarquização: e criminaliza-se o imigrante. Estamos dentro dos processos gerais de precarização do estatuto do trabalho: a "tradição" brasileira de informalidade e precariedade dos sistemas de proteção do trabalho se torna a condição geral do trabalho dentro do capitalismo das redes. Aqui, prevalece a repetição. O devir aparece travado, hipotecado pelo passado, expressando um retrocesso geral: é o debate sobre o neoliberalismo. O plano horizontal de consistência é puxado na verticalização de um plano de organização. Seu tempo é linear, tempo do *futuro* — de um futuro que está travado. Nessa condição, perdemos todas as experiências que nos permitiriam justificar o mundo. Apenas sobra "uma dor tão profunda que é uma inversão extrema; é, enfim, causa negativa do mundo" (Negri, 2007:32). A ontologia aparece nas suas dimensões completamente negativas: a vida nas favelas e nas periferias se parece assim com a situação de suspensão do ser da qual fala Agamben. Os jovens negros e favelados são as figuras do *Homo Sacer*, matável mas não sacrificável: as dezenas de execuções diárias dos suspeitos (pelas forças de polícia, tanto quanto pelos comandos do narcotráfico e das milícias) tornam efetiva uma pena de morte que o sistema político e judiciário brasileiro (preocupado em vetar o uso de algemas nos casos de prisões por crimes do "colarinho branco") não conseguiria legitimar.

A nosso ver, o livro de Mike Davis sobre a "favelização" do mundo exprime exatamente esse primeiro plano vertical.

E, é preciso enfatizar também, nele fica preso: "Que cidade será Los Angeles no ano 2000, se não conseguirmos atender às necessidades de habitação? Uma cidade segregada entre regiões de riqueza e de pobreza, como o Rio de Janeiro? Uma cidade de comunidades sitiadas e de grupos de pessoas sem teto, vagando pelas ruas com os milhões de meninos de rua no Brasil?" (Davis 2006b) Nessa mesma linha, encontramos outras reflexões aparentadas, embora bem mais sutis: "O *nosso* trabalho informal em metástase anuncia o futuro do setor formal mundo afora, está aqui um dos grandes laboratórios em a Terceira Revolução Industrial. Regime financeiro de acumulação etc. precipitaram a universalização do trabalho abstrato" (Arantes, 2007a:223). Não por acaso, o autor aqui referido também se inspira em Mike Davis — que é quem descreve esse "panorama avassalador como um mundo-favela atravessado pelo tumulto de um gigantesco proletariado informal" (Arantes, 2007a:223). Tomando-a emprestada a Leda Paluani, Arantes aponta a "melhor imagem" desse novo mundo do trabalho, ou seja, "a brasileiríssima empregada doméstica vivendo da mão para a boca, sem registro e direitos quase nenhum, jornada de trabalho elástica e indefinível, porém proprietária de um celular" (Arantes, 2007a:223). No mesmo tom se exprime Roberto Schwarz: "(...) o desenvolvimento das forças produtivas desgraça uma parte da humanidade, em lugar de salvá-la; o subdesenvolvimento deixa de existir, não assim suas calamidades; o trabalho informal, que havia sido um recurso heterodoxo e provisório da acumulação, transforma-se em índice de desagregação social, e assim por diante" (*in* Oliveira, 2003:17). Biopoder: poder sobre a vida.

Com efeito, o urbanismo progressista é incapaz de ver que a favelização e/ou proliferação megalopolitana é/são um movimento potente, mesmo que dramático, de ruptura da ordem espacial do poder. Ao contrário, para Rem Koolhaas e sua equipe do Harvard project on the city, a dinâmica de Lagos deve ser "entendida ao mesmo tempo como o paradigma e a forma extrema e patológica da cidade da África do Oeste. [Lagos] coloca um enigma fundamental: ela continua existindo e mantendo sua produtividade, apesar da ausência quase total de infraestruturas, sistemas, organizações e planejamentos que definam a noção de '*cidade*' no sentido ocidental. (...). Assim, Lagos é realmente uma cidade e uma cidade que funciona" (Koolhaas, 2002:652). Mais ainda, a equipe de Koolhaas insiste: "(...) Lagos criou um urbanismo elástico, intensamente material, descentralizado e engarrafado. Essa cidade bem poderia representar o urbanismo mais radical dos dias de hoje, mas esse funciona" (Koolhaas et al., 2002:718). Claramente, há uma dimensão apologética extremamente ambígua nas afirmações de Koolhaas. Mas ele e sua equipe sabem apreender que há uma potência nas favelas e nas megalópoles e é daí que temos que enxergá-las, sem nenhuma apologia ou esteticismo.

Na terrível imagem da imponente favela da Rocinha (no Rio de Janeiro) há uma beleza sublime que atrai — talvez morbidamente — os turistas europeus que, ao mesmo tempo, mostram menos interesse pela previsível geometria dos prédios de luxo que ocupam a linha da praia, no bairro de São Conrado.[33] No mundo que se torna Brasil e no centro que se torna periferia acontece um deslocamento de pontos de vista. Mas esses movimentos não são apenas espaciais. Há neles uma transformação das próprias noções de mundo e Brasil, de centro e periferia. Como o enfatiza Hermano Viana, "cerca da metade (da enorme) população favelada do mundo tem menos de vinte anos. Quase todo mundo, com trabalho informal. É muita gente, jovem (...). Essa gente toda vai fazer o que com sua energia juvenil? Produzir a catástrofe anunciada? É só isso que lhe resta fazer? Sumir do mapa, para não produzir mais problemas para os ricos?" (Viana, 2007). De repente, podemos dizer: não precisamos mais nos dirigir ao centro e mergulhar em seus "valores"; podemos pensar a "transmutação de todos os valores"!

Temos, pois, um segundo plano, horizontal. Nesse, o devir abre um horizonte de constituição da liberdade atrelado a uma nova dinâmica da produção de valores, quer dizer, de criação mais do que de produção instrumental. Nele, podemos pensar uma nova prática da relação entre o homem (a cultura) e a natureza, para além da dialética sujeito-objeto. O devir-Brasil do mundo e o devir-mundo do Brasil correspondem, pois, a um plano de consistência que não preexiste aos movimentos de desterritorialização que o desdobra, às linhas de fuga que o desenha e o faz subir à superfície, quer dizer, aos devires que o compõem (Deleuze e Guattari, 1982:330). Um movimento profundamente ligado às dinâmicas do êxodo e do nomadismo.

Somos uma espécie de nômades, nos diz Michel Serres: "Nós abandonamos o nicho para cachorros (e) *inventamos* porque nós nos transformamos nessa besta nômade que partiu à descoberta, primeira invenção. A primeira invenção, pois, corresponde à própria dinâmica do evento como *écart* do equilíbrio, ruptura com a necessidade, partida em direção aos possíveis" (Serres, 2001:154,158), produção desejante. Lembremos a bela homenagem de Peter Sloterdijk a Derrida, quando fala da aventura do transporte e de seu mito judaico: o êxodo do Egito. Nele, a atividade de diferenciação aparece como um fenômeno de transporte — êxodo. Um povo inteiro se transforma em um bem mobiliário, propriedade alheia que se puxa ela mesma. É a primeira revaloração de todos os valores. Trata-se de uma inversão dos valores: desde as pedras dos monumentos, Deus passa para o pergaminho dos documentos; dos arquitetos, para os arquivistas. A pertença se torna uma "itinerança" (Sloterdijk, 2006:52-4). Franco Farinelli lembra que a história inteira dos processos de povoamento pode ser apreendida como um processo constelado por expansões ou ondas a partir da África e da Ásia ocidental. Encontramos a antropologia moderna, cujo sujeito não mais está dentro de um âmbito circunscrito por fronteiras, mas numa zona de contato mais ou menos extensa, composta de relações, interações e comportamentos temporários e interconectados. Estamos, pois, falando das migrações, do nomadismo (Farinelli, 2003:110).

A crise da relação entre o centro e a periferia aparece como possibilidade de ultrapassar suas dimensões hierárquicas e deterministas: é o centro na periferia, ou melhor, como o sublinha Hermano Viana, são as dinâmicas que se constituem "na periferia para a periferia sem passar pelo centro: em lugar de sumir, as periferias resistem — e falam cada vez mais alto, produzindo mundos culturais paralelos (...) dentro dos quais passa a viver a maioria da população dos vários países, inclusive do Brasil" (Viana, 2007). Ivana Bentes nos fala de "imagem e música de '*protesto*' criadas por jovens vindos das favelas e periferias e comercializadas pelo mercado, que funcionam simultaneamente como produto e contradiscurso. (...) Da moda ao ativismo, da '*atitude*' à música e ao discurso político, vemos emergir novos sujeitos do discurso, que saem dos territórios reais, morros e periferias, guetos (...)" (Bentes, 2002:89, 90).

Nesse segundo plano, pois, a resistência se torna ontológica, ontologia prática. Nas palavras de Negri: "A libertação é um impulso que surge no início da fenomenologia do ser. A libertação não é um fim, mas um começo": o "pobre" é esse ponto de partida potentíssimo. MundoBraz corresponde à "descoberta da miséria mais total que explode em direção à luz, ao Messias" (Negri, 2007:32). MundoBraz, na medida em que a cosmologia da libertação encontra a materialíssima "nova imanência" da cosmologia ameríndia, com sua "internalização" de uma natureza que "não pode ser o nome do que está fora, pois não há fora, nem dentro" (Viveiros de Castro, 1992:15) e abre-se ao terreno da criação, da significação do mundo!

1.2 O DEVIR-AMAZÔNIA DO BRASIL

Um ponto de vista amazônico sobre a crise do conceito de desenvolvimento

Se o mundo virou Brasil, insiste Viveiros de Castro, "a Amazônia hoje é o epicentro do planeta. Do Brasil, certamente que é. (...) O Brasil se amazonizou" (Viveiros de Castro, 1992:15). Realizou-se a previsão de Euclides da Cunha, que antecipava que "[na Amazônia] mais cedo ou mais tarde, se há de concentrar a civilização do globo" (Cunha, 1966). O devir-Amazônia do Brasil é como uma qualificação do devir-mundo do Brasil, um devir-"Zona B" da "Zona A": "A *B-Zone* (Franke, 2007) da Europa", escreve Barbara Szaniecki, "se define com relação a uma *A-Zone*, esta sim 100% europeia, a Europa eugênica e higiênica tal como a imaginamos desde criancinhas: França, Itália, Alemanha, Inglaterra... Ou seja, nada daquela Europinha furreca, a Europa do menor, a Europa dos Bálcãs, a Europa dos judeus e dos ciganos, a Europa dos eternos migrantes, a Europa de todos os nômades. Essa *B-Zone* pode ser pensada como aquilo que a *A-Zone* não quer ver, mas que se faz cada vez mais visível. Pode ser entendida também como o devir-Zona B da Zona A, (...) a zona de experimentação da Zona A: a '*zona*', literalmente, onde é possível a criação radical de uma outra Europa",[34] diremos: de uma outra ou de uma contramodernidade. MundoBraz é um devir-Zona B, é devir-Amazônia, zona de experimentação e criação, horizonte de uma cosmologia radical da alteridade. O Sertão não virou mar... mas o mundo virou Brasil e o Brasil virou Amazônia!

Por um lado, esse deslocamento apenas define um novo horizonte de possibilidades, denso de desafios e contradições diante do esgotamento da miragem da industrialização ou, mais em geral, da velha correlação entre taxas de crescimento industrial (industrialização) e desenvolvimento. Por outro lado, o esforço para enfrentar as contradições e paradoxos dessa "amazonização" do mundo pode nos permitir avançar para além dos impasses criados pelo desmoronamento dos antigos paradigmas. Como indicamos, o esgotamento dos modelos de crescimento industrial como mecanismo fundamental de desenvolvimento (e integração social e/ou de "progresso") implica a própria crise da noção de desenvolvimento e, mais em geral, da relação entre homem e natureza à qual ela está atrelada. Jean-Luc Nancy (2002:15) nos fala da suspensão da certeza de um progresso histórico: "a convergência do saber, da ética e do viver-bem-juntos se desagregou; e afirmou-se a dominação de um império conjunto de poderio técnico e da razão econômica pura". Esse é o motivo pelo qual a Amazônia se encontra no cerne do debate atual; esse é também o motivo pelo qual nela podem processar-se inovações fundamentais. Mais uma vez, Eduardo Viveiros de Castro antecipa: "para o bem ou para o mal, a Amazônia virou o Lugar dos lugares, natural como cultural" (Viveiros de Castro, 2007b). Nela podemos encontrar a potência e o desafio dos processos de "*créolisation*" que caracterizam o devir-Brasil do mundo. A identidade em rizoma que a mestiçagem implica e determina nos permite falar de "memória da coletividade Terra" — e é tudo que aproxima os membros de uma comunidade ou de uma nação em sua relação comum ao outro. Uma relação ao outro que podemos pensar como elemento da globalidade Terra. Essa memória é, pois, totalmente voltada ao porvir, aberta às preocupações ecológicas. Esta memória, diz Glissant, "vê realizarem-se as fontes alternativas de energias ou por exemplo o sonho preguiçoso dos robôs domésticos, ou (...) o milagre dos poços furados no limite dos desertos, ou as crianças enfim vacinadas contra as epidemias". Isso porque a "memória da coletividade Terra" é um pensamento arquipelágico "que inventa a cada momento os efeitos da relação" (Glissant, 2007:165-6). A nosso ver, é um pensamento da relação que desloca o horizonte do arquipélago e o transforma em rizoma.

Em artigo destinado aos eleitores franceses na ocasião das eleições presidenciais de 2007 na França, o sociólogo da ciência Bruno Latour alertou para a necessidade de uma "mudança radical das mentalidades" diante das ameaças ao porvir da Terra: "a ameaça ecológica, essa guerra quente que travamos (...) contra Gaia, essa guerra que não podemos ganhar sem determinar nossa própria ruína, modifica totalmente a antiga repartição das formas de coragem". Latour refere-se, quando fala de "coragem", às formas tradicionais de ação política: "Até os dias de hoje, a radicalidade em política significava dizer que íamos '*revolucionar*' (...) o sistema econômico. Ora, a crise ecológica nos obriga a uma transformação tão profunda que, em comparação, (...) torna a tomada do poder uma brincadeira, diante da (necessária) mudança radical de nosso *train de vie*" (Latour, 2007). Aí está explicitado o desafio político atual, nesses termos: não se trata mais de se apropriar dos meios de produção, mas de "mudar todos os meios de produção de todos os ingredientes de nossa existência terrestre!". Nesse breve texto, Latour sintetiza de maneira eficaz os desafios políticos da questão "ambiental". Diz que a crise do conceito de crescimento que o tema geral do "aquecimento global" parece resumir e simbolizar é, na realidade, uma das faces mais evidentes da crise da própria modernidade ocidental, de sua racionalidade instrumental, de seus coeficientes de legitimação social: determinados níveis de emprego e determinados padrões de consumo e, pois, determinados níveis de acumulação. Ao mesmo tempo, precisamos não cair no neomalthusianismo dos descrescimentistas que jogam a questão ambiental no colo do desenvolvimento da periferia. Não é pelo discurso conservador do "Clube de Roma" sobre os "limites do crescimento" que conseguiremos fazer uma crítica adequada à identificação capitalista entre crescimento e desenvolvimento. Não esquecemos que, como o enfatizam Fitoussi e Laurent, "é o desenvolvimento com desigualdade que nutre a ilusão que a igualdade de desenvolvimento ameaçaria os recursos do planeta" (2008:10). O que está em questão é o sentido do desenvolvimento, sua significação. Não é a igualização das economias periféricas dentro de novos padrões de desenvolvimento que ameaça o planeta — é a desigualdade do desenvolvimento que, mantendo e reproduzindo a clivagem cultura *versus* natureza, se constitui na maior ameaça à imanência terreste.

Como dissemos, Michel Serres articula essas problemáticas mediante a noção de "objetos-mundo", característicos do processo de globalização. Os "objetos-mundo" nos põem desafios novos: "quando só havia escravos e servos, e o trabalho mantinha-se frio, os preços passavam por lucros e perdas. A partir do momento em que o calor passou a ser parte do trabalho, foi preciso calcular o rendimento da máquina a fogo. A partir do momento em que os objetos-mundo funcionam, o preço se torna comensurável a uma dimensão-mundo: então, por exemplo, o mar sobe!" (Serres, 2001:212). Aqui se questiona o próprio conceito de desenvolvimento e, junto com ele, também o conceito de "produção" como categoria concebida como ato de subordinação da matéria ao desígnio humano. É nessa separação entre sujeito e objeto que prosperam os "dois polos esquizofrenicamente divorciados: uma celebração (da natureza) puramente retórica, de um lado; e uma realidade de devastação impiedosa, do outro" (Pádua, 1987). Nas palavras de Roberto Schwarz: "Fomos habituados a considerar a massa trabalhadora do ponto de vista da industrialização, o que corresponde às relações correntes de poder. Em caso porém de a massa exceder de muito o raio das possibilidades industriais e em caso sobretudo de ela pesar efetivamente, é a industrialização que será considerada do ponto de vista dela, o que abre uma área de problemas e um prisma analítico originais: as formas de dominação da natureza não são progresso puro e simples: são também formas de dominação social" (Schwarz, 2006:51).

O próprio Lévi-Strauss já afirmava que em nome da subordinação da natureza os homens subordinam os homens. "Começou-se por separar o homem da natureza (...); acreditou-se, assim, encobrir seu caráter mais irrecusável, a saber, que ele é, primeiro, um ser vivo. E, permanecendo-se cego para essa propriedade comum, deu-se total liberdade a todos os abusos. (...) O homem ocidental, ao arrogar-se o direito de separar a humanidade da animalidade, e ao conferir a uma tudo o que retirava da outra, abria um ciclo maldito, cuja própria fronteira, constantemente recuada, serviria para desviar os homens dos outros homens e para reivindicar, em proveito de minorias sempre mais restritas, o privilégio de um humanismo que já nasceu corrompido, por ter buscado no amor-próprio seu princípio e sua noção" (Lévi-Strauss, 1973:31-32). As reflexões de Walter Benjamin sobre a relação entre homem e natureza iam no mesmo sentido: "A dominação da natureza, dizem os imperialistas, é o sentido de toda técnica. Mas quem confiaria em um diretor de Colégio que visse na dominação dos rapazes pelos adultos o sentido da educação? A educação não é ela, antes de mais nada, a regulação indispensável da relação entre as gerações e, por consequência, se queremos falar de dominação, o controle das relações entre gerações, e não a dominação dos meninos pelos adultos? E, pois, a técnica, ela também, não é dominação da natureza, mas aprendizagem da relação entre natureza e humanidade" (*apud* Agamben, 2002:125). A defesa da escravidão escrita por José de Alencar, em 1867, explicita de maneira nítida as implicações políticas, sociais e culturais de um pensamento ocidental que é um antropocentrismo: "o direito caminha. Deus, criando-o sob a forma do homem e pondo a inteligência ao seu serviço, abandonou-o à força bruta da matéria — a luta gigante do espírito contra o poder físico dos elementos, do sopro divino contra o vigor formidável da natureza irracional, é a civilização" (2008:62).

Nas culturas e nas práticas *ameríndias* encontramos uma alternativa potente: para os ameríndios, as relações com a natureza aparecem como relações sociais, entre sujeitos. A descrição etnográfica dos Achuars da Amazônia peruana proposta por Descola indica uma relação com a natureza que ultrapassa a dialética sujeito-objeto: "Dentro desse modo de identificação, os objetos naturais não constituem, pois, um sistema de signos que autorizam transposições categoriais (...), mas uma coleção de sujeitos com os quais os homens tecem no dia a dia relações sociais" (Descola, 2005:178).[35] Isso significa que "a natureza não é, absolutamente, '*natural*', isto é passiva, objetiva, neutra e muda". Há, pois, uma história comum, "onde sociedade e ambiente evoluem em conjunto". Viveiros de Castro, parafraseando Marx, sublinha que a própria "floresta amazônica, em seus aspectos fitogeográficos, faunísticos e pedológicos, condicionou tanto a vida humana quanto foi condicionada por esta" (Viveiros de Castro, 1992:22). "Dizer dos povos que vivem da caça e da colheita que eles percebem seu ambiente como '*selvagem*' (...) vem também a lhes negar a consciência de que eles modificam a ecologia local ao longo do tempo, por meio de suas técnicas de subsistência" (Descola, 2005:62). Descola cita um líder dos Jewoyn do Northern Territory da Austrália, que fala da transformação de uma parte de suas terras em '*reserva natural*': "O parque nacional Nitmiluk", afirma ele, "não é um espaço selvagem (...), é o produto da atividade humana. É uma terra trabalhada por nós ao longo de dezenas de milênios (...) por meio de nossas cerimônias e de nossas ligações de parentesco, pelas queimadas e pela caça" (Descola, 2005:63). Mas em geral, a floresta mais fechada não apresenta para os índios o mínimo vestígio de selvageria. É o que indicam também os processos de sua antropização indireta, bem como os estudos de ecologia histórica. Ou seja, é a paisagem humana que determina a figura de uma polaridade entre os selvagens e os '*domésticos*'. Não se trata nem de uma propriedade das coisas, nem de uma intemporal natureza humana. Enfim, a questão da natureza é um fetiche ocidental (Descola, 2005:88-90).

Com efeito, a dialética cultura *versus* natureza (sujeito-objeto) é um dos principais mecanismos de produção da transcendência. Não por acaso, lembra Descola, é o cristianismo que faz com que os humanos tenham de se tornar externos e superiores à natureza. O cristianismo afirma, pois a ideia de uma transcendência do homem à qual se junta a de um Universo que teria sido criado a partir do nada pela vontade divina. "A criação vem de Deus, mas ele não está presente. É dessa origem sobrenatural que o homem tira o direito e a missão de administrar a terra (...). A criação é uma cena provisória para uma peça que continuará depois de os *décors* terem desaparecido, quando a natureza não existirá mais e só continuarão os protagonistas principais: Deus e as almas, ou seja os homens sob um outro avatar" (Descola, 2005:102-3). Disso deriva a ideia de que "o humano produz contra o não humano" (Descola, 2005:14), ou seja, a ideia de um progresso que seria, como pensava Hegel, mas também Freud, uma contínua espiritualização do mundo, uma negação da matéria primeira que define a produção como uma separação da natureza. Sabemos que, paradoxalmente, essa separação é a "base do "naturalismo" moderno. Gilbert Simondon atribui aos "padres da Igreja" ter feito aparecer o dualismo que usa o animal (e a natureza) como um não humano, um "pseudosser vivo que é antes de tudo o que não é o homem". Mas, diz ele, é com Descartes que o dualismo (entre o animal, *res extensa*; e o homem, *res cogitans*) chega ao auge para, nos séculos seguintes (XIX e XX), passar por uma reviravolta inesperada: o conteúdo que o dualismo ocidental colocava, até então, na noção de animal vai ser usado para caracterizar o homem. "Quer dizer, é pela universalização do animal que a realidade humana encontra sua descoberta." A dialética liga os vários momentos da "evolução" do pensamento ocidental: "O cartesianismo representando a antítese da teoria dos antigos segundo a qual a realidade humana e a realidade animal estariam em continuidade". O naturalismo contemporâneo constitui como que uma síntese, pois ele reafirma que o que é verdadeiro para os animais o é também para o homem, inclusive no que diz respeito aos fenômenos sociais (Simondon, 2004:20-3). Diante disso, a "emancipação" do homem, sua liberdade, dizia Hegel, está em sua separação da natureza, em sua espiritualidade: "a distinção da natureza", isto é, a "reflexão do espiritual em ele-mesmo", permite alcançar a liberdade.[36] José de Alencar (2008) explicitava o paradoxo: a liberdade do homem, conquistada contra a natureza, significava o cativeiro dos escravos!

No devir-Amazônia do Brasil, a cosmologia ameríndia pode ser mobilizada em prol de uma fundação radicalmente materialista, imanentista. Não por acaso, Lévi-Strauss — enfatiza Viveiros de Castro — exemplifica a clivagem entre materialismo ameríndio e a transcendência europeia, lembrando que, ao passo que os conquistadores se perguntavam se os índios teriam alma, os índios se perguntavam que tipo de corpo seria aquele, dos europeus. Na perspectiva dos ameríndios, a natureza é interna e articula uma "imanência", algo que nos leva à definição ontológica do conceito de produção proposta por Deleuze e Guattari e citada por Gerardo Silva (2007): "a essência humana da natureza e a essência natural do homem identificam-se na natureza como produção ou indústria, isto é, na vida genérica do homem". Para além do dualismo naturalista, podemos afirmar que "a natureza não pode ser o nome do que está fora, pois não há fora, nem dentro". Podemos pensar o conceito marxiano de atividade produtiva: "é no fato de elaborar um mundo objetivo que o homem começa a fazer realmente suas provas de ser genérico", escreve ele nos *Manuscritos de 44* (p. 64, *apud* Fischbach, 2005:58). Entre atividade produtiva natural e produção humana há uma determinação recíproca, bem nos termos de uma natureza *naturans* que coincide com a natureza *naturada* de Spinoza. O "ser genérico" do qual falam Deleuze e Guattari corresponde a um homem que, para suas atividades de produção, não se liberta da natureza (como pretende Hegel), mas forma o saber de seu próprio ser como ser objetivo e natural. Esse ser genérico é o que Marx definia como o *General Intellect* do trabalho imaterial (Lazzarato e Negri, 1999) e sua cidade é aquela genérica, sugerida por Rem Koolhaas. Para Marx, "A universalidade do homem aparece na prática precisamente na universalidade que faz da natureza como um todo seu corpo não orgânico" (*apud* Fischbach 2005:62), um corpo sem órgãos, diriam Deleuze e Guattari. Aqui, o conceito marxiano de produção está longe de incluir a relação dialética entre sujeito e objeto, homem *versus* natureza. Não há natureza para os homens que já não seja humanizada e, pois, não há realidade humana que não seja natural, material e nesse sentido biológica. Nenhum tipo de dualismo subsiste: "A realidade social da natureza", diz Marx nos *Manuscritos de 44*, "e as ciências naturais humanas ou as ciências naturais do homem são expressões idênticas". Como enfatiza Fischbach, em Marx a história não se opõe à natureza, pois não há nem pura natureza, nem pura historicidade. Só existe a unidade da natureza e da história, e essa unidade é social (Fischbach, 2005:65-9), poderíamos dizer relacional e não dialética.

Enfim, isso significa que a valorização das culturas indígenas nada tem a ver com elas serem uma reserva potencial de sabores úteis para o desenvolvimento sustentável da Amazônia (ou do planeta), pois nesse caso nossa relação com a alteridade desses povos seria completamente instrumental, "o fruto de uma atitude utilitarista e etnocêntrica que não dá aos outros o direito de existir senão na condição que possam nos servir para algo" (Viveiros de Castro, 2006:41-52). Não podemos dissociar o destino da floresta do que acontece com os povos da floresta. Como Laymert Garcia dos Santos enfatiza, "a biodiversidade só pode ser salva caso a sociodiversidade também o seja" (2003:59). A "proteção da Amazônia" e dos direitos dos índios não é nem uma questão de exploração instrumental de seus conhecimentos e recursos "naturais", nem uma questão de modelo econômico. Trata-se ao contrário de uma questão de democracia, quer dizer do fato de que cada um tenha o "direito a subsistir". Nesse sentido, "o decrescimento que interessa realmente é o das desigualdades" (Fitoussi e Laurent, 2008:15).

O devir-Amazônia do Brasil qualifica o devir-Brasil do mundo — MundoBraz — na medida em que ele funda um materialismo radical e nos permite colocar a crise da modernidade e agora a crise também da condição pós-moderna (do regime de acumulação global) em uma perspectiva radicalmente anti ou altermoderna. Ou seja, a dimensão amazônica de MundoBraz nos permite aprofundar os temas gerais da alternativa radical entre a globalização como perda-de-mundo e a mundialização como criação-de-mundo, como abertura ao horizonte dos possíveis, algo que não podemos apreender sem uma teoria da multiplicidade, numa perspectiva pós-nacional e pós-soberana. O devir-Amazônia do Brasil e o devir-Brasil do mundo nos levam, dessa maneira, às linhas de fuga do devir-Zona B, devir-periferia da própria periferia.

O DEVIR-AMAZÔNIA DO BRASIL E O CAPITALISMO GLOBAL DAS REDES

Problematizar a mobilização produtiva da Amazônia tendo em vista o processo de globalização e a dinâmica mais geral do capitalismo contemporâneo parece uma operação fadada ao fracasso. Quando associamos à Amazônia as reflexões sobre os quebra-cabeças do crescimento e do desenvolvimento, logo nos deparamos com uma série de questões que parecem sem resposta.

Como inserir a situação social e econômica de um território que ainda lida com as questões básicas do desenvolvimento dentro de uma globalização alimentada por um regime de acumulação capitalista cada vez mais baseado no conhecimento e na circulação? Que sentido teria discutir as transformações do trabalho que estão na base da emergência do que podemos chamar de "capitalismo cognitivo" (Cocco et al., 2005; Boutang, 2007; Fumagalli, 2007) em uma situação em que o capitalismo industrial nunca chegou, nem de longe, a ocupar o horizonte? O encolhimento, cada vez mais dramático e irreversível, da correlação entre trabalho e emprego constitui o futuro do trabalho também nos territórios que nunca conheceram o pleno desenvolvimento da relação salarial? Enfim, os enigmas do subdesenvolvimento, e do crescimento que caracterizam o Brasil e que, na Amazônia, encontram suas maiores expressões, justificam ou não a sobrevida de uma perspectiva de desenvolvimento atrelada ao crescimento da indústria e/ou, com ela e para além dela, da relação salarial? Poder-se-á, pela especificidade da Amazônia, reafirmar que o Brasil pode e deve insistir em uma trajetória neoindustrial diante de um capitalismo pós-industrial e por um modelo de integração social atrelado à relação (salarial) de emprego? O desmoronamento dos fluxos financeiros de final de 2008 e seu imediato impacto sobre a chamada esfera "real" da economia indicam a volta de uma regulação estatal de tipo tradicionalmente keynesiano?

São questões que surgem quase que espontaneamente, dados os gritantes desníveis de desenvolvimento que caracterizam essa região nos contextos nacional e global. A quase espontaneidade das perguntas, contudo, dá mais conta de uma determinada visão, bastante ideológica e linear, dos determinantes do desenvolvimento do que dos desafios atuais para se pensar a mobilização produtiva dos territórios. Ao contrário, pensamos que a globalização insere o Brasil diretamente no *front* das tendências mais avançadas, ao passo que, como já apontamos, o mundo enfrenta questões e problemas que são tradicionais para o Brasil. No âmbito desse deslocamento, que não respeita nenhum estágio "progressivo", nenhuma linearidade, a Amazônia se constitui, paradoxalmente, como "o" território que mais está, desde já, atravessado simultaneamente por temas locais e globais. Por dramáticos que possam parecer seus determinantes e suas consequências, a virada pós-industrial do capitalismo das redes, inclusive a implosão de seu modo de regulação (a financeirização), contém elementos de irreversibilidade e pode oferecer um novo leque de oportunidades para o Brasil e especialmente para a Amazônia. Seja como for, essa virada define um campo material de enfrentamento que é, ao mesmo tempo, novo e inevitável. Um enfrentamento que a crise atual amplifica e torna ainda mais decisivo. Ora, o enfrentamento e os desafios que definem esse novo "campo" fogem de vez das tradicionais clivagens e solapam qualquer possibilidade de se pensarem os embates do desenvolvimento dentro de um horizonte linear e (como dissemos) dos estágios de "progresso" que lhes estariam atrelados. Isso pode parecer terrível, pois desmonta-se dessa maneira a ilusão de que a emancipação passaria por um processo de industrialização independente que permitiria ao Brasil alcançar o "pleno emprego" e, com ele e graças a ele, padrões de consumo comparáveis aos das economias centrais. Mas trata-se de mera ilusão, pois o capitalismo contemporâneo associa dois traços fundamentais: o esgotamento do horizonte do "pleno emprego" e a obsolescência da própria clivagem que separava o centro da periferia e desenhava as tradicionais linhas da divisão internacional do trabalho. A esses dois traços junta-se um outro elemento inovador, e que diz respeito, como apontamos, à crise do sentido da própria noção de desenvolvimento, ou seja, da relação de produção sujeito-objeto, homem-natureza.

No que diz respeito à miragem do "pleno emprego", ficou claro que já não se trata de questão determinada pela insuficiência dos níveis de crescimento. Pelo contrário, quanto mais uma determinada economia se modernizar, quanto mais ela aprofundará a fragmentação da relação salarial. A questão "social" não é uma exclusão crescente — o desemprego. A "questão social" é um modo de inclusão — no trabalho — que já não contém os elementos de integração social que caracterizavam o emprego fordista. O que está desaparecendo não é o emprego tampouco o trabalho, mas um determinado estatuto do emprego, uma determinada forma da relação salarial. Isso significa que, mesmo que o Brasil consiga (como deve) alcançar um ritmo de crescimento superior à média dos últimos 25 anos, este fato não se traduzirá automaticamente em um maior patamar de "integração" social. Esse leque, mais ou menos importante, entre crescimento econômico e "integração social" é determinado, ao mesmo tempo, (i) pela especificidade brasileira (altíssimos níveis de concentração da renda, precariedade das conquistas democráticas,[37] "inferiorização" racista de parte expressiva da população) e (ii) pela generalidade dos moldes cada vez mais precários de mobilização das forças de trabalho que caracterizam o capitalismo contemporâneo: multiplicação dos contratos de duração determinada, intermitente, precária; inferiorização dos trabalhadores imigrantes; desmonte dos sistemas de proteção social. O horizonte da integração pelo "emprego" desmancha-se no ar, pois a própria estrutura precária e informal do emprego no Brasil tornou-se, pelo avesso, o horizonte ameaçador nos territórios que conheceram a relação salarial da era fordista:

como dissemos, o mundo virou Brasil e o Brasil vira... Brasil.

Isso nos leva diretamente para a obsolescência da clivagem centro-periferia típica da era fordista (e do imperialismo). Não apenas o Brasil não encontrará mais a "salvação" em função de sua capacidade de se tornar "mundo" de maneira independente (e soberana), mas o "mundo" está se tornando Brasil, cada país perdendo fatias de sua soberania. Um horizonte se fecha. Alcançar um outro (e urgente) patamar de crescimento não é suficiente. Já não o foi na época do milagre, quando a entrada do Brasil na era da industrialização se fez acompanhar por um brutal aprofundamento da desigualdade. Ainda menos o será hoje em dia. Apesar de tudo, o "milagre" autoritário desabou ante a ofensiva operária do ABC paulista. A tímida e corporativa abertura democrática foi atropelada pela radicalização democrática conduzida por um longo ciclo de movimento que se articulou em rede a partir do novo sindicalismo paulista, atravessando todos os setores do proletariado e expandindo-se em todas as regiões do país. Hoje em dia, a precarização da relação salarial avança pelo centro e pelas bordas ao mesmo tempo: ela associa a informalidade metropolitana ao subemprego — e até a permanência de formas arcaicas de escravidão — das regiões mais periféricas, ao passo que assistimos à multiplicação dos estatutos do emprego formal, inclusive industrial. Assim, uma dramática linha de continuidade reúne o trabalho escravo das empresas da cadeia do ferro-gusa do Pará aos exércitos do trabalho informal de todas as regiões metropolitanas do país, passando pelo trabalho cada vez mais fragmentado das indústrias automotivas, nos moldes do consórcio modular da Volkswagen de Resende, onde uma única linha de montagem mobiliza uma mão de obra organizada em "módulos": empregada pelas empresas fornecedoras dos mesmos "módulos". No capitalismo globalizado, o centro pode estar na periferia, ao passo que a periferia pode estar no centro. Logo, essa clivagem não faz mais sentido: indo para o centro (por exemplo, visando à modernização de um determinado setor), podemos acabar encontrando a periferia; procurando mais soberania, podemos acabar aprofundando a dependência.

Chegamos assim ao terceiro elemento de deslocamento, a crise da própria noção de "desenvolvimento", sobretudo no que diz respeito à sua correlação linear com a curva do crescimento do PIB. Por um lado, o debate sobre "aquecimento global" foi renovando as abordagens em termos de limites do crescimento, assim como tinham sido propostos pelo Clube de Roma. Por outro, a crítica do desenvolvimento envolve suas dimensões ocidentais e modernas e alimenta-se da constituição política das minorias e, em particular, das minorias indígenas. No nível acadêmico, isso proporcionou a multiplicação dos estudos da chamada "antropologia do desenvolvimento". Jean-Paul Olivier de Sardan propõe uma crítica contundente daquilo que ele chama de demonização, por esses antropólogos, do desenvolvimento, ou seja, da afirmação que eles fazem de que este seria sempre algo "ocidental" (ver Sardan, s/d). Por sua vez, o sociólogo Helio Jaguaribe demoniza os próprios antropólogos. Eles seriam responsáveis por "sustar (*sic*) o processo civilizatório" pela defesa da "perpetuação de culturas nativas" pelas quais fundamentam, "no Brasil, a política de Reservas". Para ele, as Reservas são "jardins antropológicos" (Jaguaribe, 2008). É o velho projeto nacional-desenvolvimentista: para que o país avance em direção ao longo prazo, escrevera antes o mesmo Jaguaribe, é preciso um "modelo nacional *neo*desenvolvimentista" (Jaguaribe, 2003).[38] O sociólogo reproduz de maneira grotesca a lógica da transcendência: apenas os humanos podem decidir o que fazer da natureza, e sobretudo os humanos civilizados, aqueles que pensam estar — juntos ao próprio Jaguaribe — na cúpula superior da linha evolutiva do progresso.

Ora, como José de Alencar o explicitava, essa "superioridade" é na realidade uma dominação: a liberdade dos civilizados finca seus pés no cativeiro dos bárbaros, quer dizer, dos índios! A saída do "jardim antropológico" nos leva para a porta de entrada do campo de trabalho, essa instituição moderna que tanto inspirou os campos de extermínio nazistas.

O embate próprio ao segundo mandato do presidente Lula (2007-2008) não poderia ter sido mais apropriado para exemplificar os termos dessa "crise". Ao longo de todos os quatro anos do primeiro mandato (2002-2006), o governo Lula tem sido cobrado, interna e externamente, em função de sua política econômica "tímida" e de políticas sociais chamadas "assistencialistas" (que discutiremos no próximo capítulo). As críticas variam entre os que — pela esquerda — o acusaram de não romper suficientemente com o modelo neoliberal e os que — pela direita — o acusaram de não saber aproveitar as oportunidades oferecidas por uma economia global particularmente favorável. Contudo, essas duas linhas de crítica convergiam (e convergem) em colocar a política econômica no cerne de uma real mudança de modelo e em qualificar a efetividade do "novo" modelo em função do fato de proporcionar ou não um maior ritmo de crescimento. Assim, logo depois de sua reeleição, o presidente Lula anunciava o lançamento de um Plano de Aceleração do Crescimento. O PAC devia, pois, ser a resposta consensual a essas grandes críticas. Mas não aconteceu assim. Rapidamente, um novo conflito emergiu. Dessa vez não foi mais o ministro Palocci (da Fazenda) com suas políticas monetárias ultraortodoxas o grande obstáculo ao crescimento. A Casa Civil enfrentou a resistência do Ministério do Meio Ambiente, na figura militante da então ministra Marina Silva. Mais uma vez, a contradição não está apenas fora do governo, mas o atravessa e, gerando impasses complexos, coloca em xeque a própria noção de crescimento. Se setores do governo afirmam que a solução estaria em substituir o "não fazer" pelo "como fazer", fica evidente que a questão que permanece sem resposta definida é, na realidade, aquela classicamente formulada por Lênin: "*O que fazer?*". Questão que continha sua reformulação subsequente — pelo próprio Lênin — logo depois da vitória revolucionária de outubro. "*O que é o socialismo?*", perguntou Lênin, para responder: "os sovietes somados à eletricidade e ao taylorismo."[39] É precisamente sobre a questão da geração de energia elétrica que novas e antigas tensões se acumulam, com a construção das hidroelétricas do rio Madeira e a de Belo Monte. Para Glenn Switkes, da ONG International Rivers, trata-se de uma "sucessão de tragédias pré-anunciadas (viabilizadas ou licenciadas pelo governo brasileiro)". Switkes é extremamente crítico também com a então ministra do Meio Ambiente, Marina Silva, que, seguindo as ordens de Lula, se tornou culpada de "ter despachado o processo (de licenciamento das hidroelétricas) de uma maneira irregular" (Switkes, 2008).

Em uma crítica ao desenvolvimentismo da Casa Civil, Viveiros de Castro ironiza sobre o fato de que, nos discursos e projetos da ministra Dilma, somente tenha sobrado — da fórmula leninista — ... a eletricidade! (Viveiros de Castro, 2007b:11). Podemos facilmente compartilhar essa crítica, mas com uma ressalva: no mundo de hoje, a equação entre os "sovietes" (ou seja a democracia radical dos conselhos) e o "taylorismo" (os métodos de organização do processo de trabalho) já não pode ser resolvida com base em uma simples hierarquização de trabalho intelectual (vanguarda) e trabalho manual (a massa operária). Organizar a produção (pensar e produzir a eletricidade) e organizar as lutas (a democracia) é hoje a mesma coisa. Mesmo que isso não esteja presente na retórica desenvolvimentista imposta ao governo pelo "capital nacional" e por uma cultura de esquerda presa ao conservadorismo neoindustrial (a centralidade do "emprego", quer dizer, do trabalho assalariado), a relação entre democracia e desenvolvimento deve e pode ser avaliada pelo conjunto das iniciativas e das políticas que envolvem o governo. A questão que o devir-Amazônia do Brasil coloca ao devir-Brasil do mundo é precisamente essa: a proteção da natureza e os direitos dos povos indígenas são questões de democracia, da relação que vincula a produção à luta, à democracia.

Voltamos agora aos três elementos de crise e transformação; e veremos que se, por um lado, eles se afirmam como renovação dramática dos tradicionais bloqueios que "travam" o desenvolvimento do Brasil, por outro, eles acabam colocando o Brasil no cerne das mudanças atuais, e a Amazônia no cerne desse deslocamento.

Se substituirmos ao tempo linear do futuro o tempo rizomático e evenemencial, ao devir-Brasil do mundo corresponde um gigantesco leque de possibilidades.[40] A Amazônia está no cerne dessas possibilidades, pois ela contém — mesmo que de maneira paradoxal — todos os elementos complexos que definem (ou "indefinem") os modos (possíveis) de inserção do Brasil no capitalismo globalizado das redes e ao mesmo tempo a relação deste com a imanência terrestre. Em particular, o debate sobre desenvolvimento na e da Amazônia nos leva imediatamente às questões dos limites do crescimento que por sua vez o Clube de Roma pretendia assumir como dado transcendental e que, hoje em dia, são atualizadas e dramatizadas pela agenda do aquecimento global. Setores consistentes do movimento ecologista global já defendem, por exemplo, a necessidade de uma radicalização no sentido de substituir os temas do crescimento pelos do "decrescimento". Os desdobramentos desses embates, como apontamos anteriormente, já estão embutidos nas polêmicas atuais sobre a construção das usinas hidroelétricas, sobre a política das reservas indígenas, sobre o projeto de expansão dos biocombustíveis e mais em geral do agronegócio que, com a expansão da soja, se tornou um dos principais fatores do desmatamento da floresta e de uso predatório da terra. E tudo isso acontece ao mesmo tempo que a biodiversidade transformou-se em um dos mais importantes recursos produtivos para um capitalismo cada vez mais atrelado à mobilização — na produção e no consumo de conhecimento — da vida como um todo.

É evidente que as discussões sobre os rumos e os modelos de desenvolvimento da Amazônia são impactadas pelo debate global ao passo que elas mesmas têm um impacto global. E, hoje esses temas dizem respeito ao conceito de produção e a suas problemáticas dimensões dialéticas, sujeito *versus* objeto. É na Amazônia (ou com referência a ela) que se travam — e cada vez mais se travarão — as lutas para uma redefinição da *relação* entre homem e natureza. Desde já sabemos que o ponto de vista herdado da civilização industrial, o ponto de vista ocidental, não mais dá conta dessa relação e que, para avançar, temos de reformular as próprias noções de natureza e de homem. A Amazônia está, pois, no cerne do debate global, e, de repente, isso dá um sentido completamente diferente à *crise da relação centro-periferia* e a seus desdobramentos em termos de crise da soberania e redesenho da divisão internacional do trabalho.

O centro está na periferia e a periferia no centro: o que podemos dramaticamente constatar diante das catástrofes sociais e naturais como as de Nova Orleans, das revoltas dos jovens franceses de origem africana: "O terceiro mundo já é, porque sempre foi, parte do primeiro mundo, e está em toda parte. Atravessamos o século XX com a cabeça do século XIX; o choque do futuro promete ser duro para todos" (Viveiros de Castro, 1992:16). Com efeito, as catástrofes naturais são sempre sociais (Fitoussi e Laurent, 2008:68).

No espaço dessa soberania sem lugar, "a grande questão de nosso tempo, [ou seja,] o conflito de interesses entre Estados nacionais", radicaliza Viveiros de Castro em sentido explicitamente clastreano, "deve compor com um outro confronto, que o atravessa transversal e *transnacionalmente, no Brasil* e no exterior: a sociedade contra o Estado". Contrariamente às tentações reacionárias — promovidas pelos "resquícios de desenvolvimentismo modernizador" — de refundar, em face dessa "ameaça", um projeto nacional de "exploração" da Amazônia, a emergência de uma soberania supranacional, "imperial", diriam Negri e Hardt, define-se como um horizonte aberto e denso de contradições novíssimas e produtivas. Mais do que isso, é a própria questão da "dependência" e a perspectiva terceiro-mundista que se encontram deslocadas, no sentido de que não dão mais conta — se é que algum dia deram — dos impasses do desenvolvimento. A relação de dominação exógena não funciona mais como chave interpretativa das desigualdades. Precisamos apreender suas dinâmicas endógenas. Desconstruir a identidade brasileira é passagem fundamental para desmontar a máquina do colonialismo interno que trata os povos indígenas como obstáculos do velho e do "neo" nacional-desenvolvimentismo, e vê a Amazônia como válvula de segurança de uma estrutura agrária iníqua. Aqui, a identidade brasileira é o aparelho da "brasilianização" interna e externa, integração na Zona A da globalização, como perda-de-mundo. Ao contrário, o devir-Amazônia do Brasil é mesmo um devir-Zona B da Zona A, o devir menor da política de integração regional, ao longo de linhas de fuga que atravessam as fronteiras e as culturas, como fica claro no embate sobre a demarcação da Reserva Indígena da Raposa Serra do Sol, no estado de Roraima. Nesse caso, os sociólogos neodesenvolvimentistas encontram eco em determinados setores militares que defendem a suposta convergência de interesses entre o latifúndio (os seis arrozeiros que ocuparam as terras indígenas dentro da reserva) e a defesa da soberania nacional. Aliás, esses mesmos interesses travam, no Senado da República, a entrada efetiva da Venezuela no Mercosul. Especialmente grotescas são as posições de setores da "esquerda" em particular um dirigente do PCdoB, que defendem esta mesma visão instrumental e autoritária do "progresso".

O devir Zona B da Zona A (o devir-Amazônia do Brasil) é também um devir-*Fadaiat*, liberdade de movimento, antena parabólica que atravessa todo tipo de fronteira, liberdade de conhecimento.[41] Em editorial, um importante jornal sentenciava no mesmo momento do debate sobre a Reserva Indígena da Raposa Serra do Sol: haveria "Incompatibilidade" entre a Venezuela e o Bloco Regional sul-americano (*O Globo*, Rio de Janeiro, 27 de julho de 2008). Ora, ao contrário, é a pujança do processo de integração regional, pela sua capacidade de eclipsar as fronteiras, de produzir interdependência econômica e trocas de "trocas de pontos de vista", que estanca a lógica de guerra e faz as fronteiras mais seguras, exatamente pelo fato de torná-las — na tendência — inúteis. Glissant diria que as fronteiras existirão assim só para ser atravessadas! O devir-Zona B da Zona A é um devir-*Fadaiat*, liberdade de movimento enquanto liberdade de conhecimento! O devir-Zona B apreende a crise do conceito de desenvolvimento na dupla perspectiva da crítica da autonomia da esfera econômica[42] e, pois, da radicalização democrática. O que precisa decrescer é a desigualdade. Algo que só pode acontecer na medida em que as esferas da política, do social e da economia se recompõem em uma única dinâmica comum.[43]

INTERMEZZO 1: PASOLINI SOBRE "SVILUPPO E PROGRESSO"

A obra de Pier Paolo Pasolini é atormentada pela reflexão crítica sobre o advento da sociedade de massa na Itália do segundo pós-guerra: por um lado, sua grande indústria e a padronização dos estilos de consumo e, por outro, a hibridização com a herança clerical e fascista do poder. Como o sublinha Alfonso Berardinelli (2007) em sua introdução a *Scritti Corsari*, uma primeira leitura da violentíssima crítica da ideia de "progresso" (Pasolini, 1975a:175-8), de sua revolução conformista, nos dá a sensação de um *déjà-vu*. Depois da sociologia de Frankfurt, tudo o que era preciso dizer sobre a homologação cultural e a mercantilização total da vida tinha sido dito. E o que não tinha sido escrito pelos frankfurtianos foi escrito por Guy Debord, logo antes da "Sociedade do Espetáculo" ser atravessada pela crítica social de "maio de 68". Ao mesmo tempo, a obsessão de Pasolini com as novas formas de fascismo e consenso "democráticos" vinha de uma sensibilidade singular, que vivia com particular sofrimento a mutação antropológica acarretada pela própria dinâmica do desenvolvimento fordista. O sofrimento de Pasolini era atravessado por uma visão trágica que acabou encontrando em sua morte um desfecho não menos trágico. Suas intuições eram plenamente biopolíticas, por exemplo nas posições polêmicas que adotou quando do plebiscito — italiano — sobre a legalização do aborto. Ele, millitante do Partido Comunista, contrariava a mobilização da esquerda e dos movimentos em favor da legalização. Para ele, tratava-se de algo que entregava a vida ao mercado. Ora, o "consumismo era para ele um verdadeiro cataclismo antropológico". Algo, dizia ele, que "eu vivo no meu corpo", pois "minha vida social depende totalmente do que são as pessoas" e as pessoas iam mudando antropologicamente na medida em que a vida perdia a sacralidade que a ela atribuíam os pobres, "pois que cada nascimento era a garantia da continuidade do homem". Hoje, a vida é *Sacer*, ou seja, maldita, uma vida "indigna de ser vivida" (Pasolini, 1975b:105-109). A visão que Pasolini tinha do mundo o cegava ou lhe anunciava uma perda-de-mundo, que se traduzia, em um certo sentido, numa antecipação da obsolescência das tradicionais díades político-teóricas: fascismo e antifascismo, direita e esquerda, progresso e reação. Assim, em um breve texto escrito no ano de seu assassinato, Pasolini faz a distinção entre as noções de "desenvolvimento" e "progresso", tentando reconstruir em torno delas uma clivagem ética. Ele atribui a procura do "desenvolvimento" aos interesses do capital: *"a palavra tem hoje uma rede de referências que dizem respeito a um contexto sem dúvida de* 'direita'". Ao contrário, os que querem o "progresso" são "os que não têm interesses imediatos (...): o querem os operários, os camponeses e os intelectuais de esquerda". Curiosamente, Pasolini atrela os primeiros a uma abordagem material (o interesse imediato de produzir "bens supérfluos"), ao passo que os segundos far-se-iam conduzir por uma "noção ideal" que seria o contrário do pragmatismo econômico dos "industriais". Até aqui, Pasolini associa a visão tradicional do papel dos intelectuais de esquerda (orgânicos) a uma vanguarda portadora de um ideal, da "consciência" crítica diante da constatação sociológica — "frankfurtiana" — de que a produção industrial virou produção de massa para consumo em massa e que, com isso, essas duas dimensões se alimentam recíproca e tautologicamente, destruindo o mundo. Ao mesmo tempo, a ideologia tradicional de uma esquerda fundamentalmente paralisada diante da dinâmica do "americanismo" é atravessada por uma sensibilidade que se abre ao novo.

Pasolini percebe que, aos industriais que visam ao desenvolvimento, junta-se o consenso de uma massa de consumidores de "bens supérfluos que estão, quanto a eles, irracional e inconscientemente de acordo em querer o *'desenvolvimento'* (esse *'desenvolvimento')*". A "massa é, pois, a favor do *'desenvolvimento'*". Dessa maneira, a massa "abjura" tranquilamente os "valores culturais que lhe tinham fornecido os modelos de *'pobres', 'trabalhadores', 'poupadores', 'soldados', 'crentes'*".[44] As noções de desenvolvimento e progresso indicam assim, segundo Pasolini, perspectivas opostas; ao mesmo tempo, essa oposição não é simples. Na realidade, desenvolvimento e progresso têm relações incestuosas. "Qual foi a palavra de ordem de Lênin logo depois de ter vencido a Revolução?", se pergunta Pasolini e responde: "Foi a palavra de ordem convidando ao imediato e grandioso '*desenvolvimento*' de um país subdesenvolvido. Sovietes e indústria elétrica...". Pasolini não abre mão de seu incômodo diante dessa reviravolta e o afirma de maneira ainda mais firme para o contexto italiano, onde nunca houve revolução e o "desenvolvimento" seria sempre "*esse*" desenvolvimento. O paradoxo é enunciado nesses termos: se, no nível de sua consciência, o trabalhador "vive a ideologia marxista e, por consequência, entre outros valores, vive na consciência a '*ideia de progresso*'", no nível de sua "existência [o trabalhador] vive sua ideologia consumista e, por consequência, *a fortiori*, os valores do desenvolvimento". Não há solução da ambiguidade, e Pasolini formula esse impasse afirmando que o "trabalhador é, pois, dissociado".

Agora, essa dissociação atravessa também o poder. Um poder que, na Itália do segundo pós-guerra, o poeta comunista define de maneira bastante violenta: "para nós italianos, tal poder burguês clássico (ou seja, praticamente fascista) é (o partido) da Democrazia Cristiana". A partir daí, Pasolini se reconhece como "artista" e opta por uma mudança de linguagem: não mais as categorias da ideologia marxista e da consciência de classe, mas suas imagens "vivas" (*vivaci*) de "artista". Para essa virada, ele retoma um artigo escrito dois anos antes, sobre um slogan de propaganda publicitária para a marca de jeans "Jesus" (Pasolini, 1973a). A contradição que "parte" o bloco do poder tem a ver com a questão do nome e da imagem de Jesus: por um lado o "Jesus do Vaticano" e, por outro, o "Jesus" de uma marca de jeans, os *Jeans Jesus*! "A Itália", observa ironicamente Pasolini, "está coberta de cartazes representando bundas com a escrita '*Quem me ama me siga*' e vestidas — justamente — pelos *Jeans Jesus*. O Jesus do Vaticano perdeu". A nova forma de poder, aquela do consumo massificado e seu marketing, é mais dinâmica do que a antiga, a clerical-fascista. Por um lado, o referencial da ortodoxia marxista e gramsciana enreda Pasolini dentro das ambiguidades irresolúveis do desenvolvimento; por outro, demonstra grande capacidade de antecipação. Ele vê que o novo capitalismo não sabe mais o que fazer com a Igreja: "com efeito, a alma do novo poder burguês de consumidores é completamente pragmática e hedonista: um universo tecnicista e puramente terreno". O novo capitalismo investe a vida como um todo, o que ele produz e vende são formas de vida, "o nosso" — diz ele — "horizonte mental" (Pasolini, 1973a:15). Já no início dos anos 1970, Pasolini apreendia o novo espírito do capitalismo e sua mutação de valores: o slogan, dizia ele, é algo mais do que um achado desabusado. Ao contrário, "ele (...) conserva (...) os elementos ideológicos e estéticos da expressividade". O novo capitalismo se torna ele mesmo uma religião, mergulhado na iconofilia, no culto das imagens.

Mas o poeta ficava preso nesse deslocamento entre duas formas de poder, a do Jesus do Vaticano e a do Jesus dos Jeans. Ou seja, na ambiguidade de um desenvolvimento que ele não sabia como qualificar, a não ser por meio de uma noção de progresso que implicava valoração tão externa ao processo quanto a valoração proposta pelo poder, fosse o poder da iconofilia cristã ou da iconofilia do marketing. Desenvolvimento e progresso não são dois termos antagônicos, mas as duas faces de uma mesma modernidade ocidental. Na realidade, a brecha para pensar a transvaloração de todos os valores está numa perspectiva radicalmente outra, ou seja, na recomposição imanente da relação entre produção e valores, algo que diz respeito, por um lado, à crítica do dualismo sujeito-objeto que desdobra na produção a separação ocidental de cultura e natureza; e, por outro, à reformulação da própria noção de produção em termos de criação, ou seja, de afirmação dos valores dentro do próprio processo de sua produção do mundo: não mais a produção do valor, mas a criação como valor! Para além do Jesus da transcendência, seja ele religioso (o Vaticano, como soberano) ou laico (a soberania do mercado), há um Jesus mundano, aquele do materialíssimo processo de radicalização democrática que estava no uso criativo e antagonista que os jovens e as mulheres faziam da calça *jeans* nas lutas dos anos 1970! É somente na imanência das lutas que é possível constituir a significação, para além da falsa alternativa entre progresso e desenvolvimento, duas formas da mesma transcendência do poder.

INTERMEZZO 2: RESISTÊNCIA, CRIAÇÃO E TRABALHO

Em conferência de 1987, intitulada "*O que é o ato de criação?*",[45] Deleuze propõe uma abordagem do conceito de criação a partir da distinção que é preciso traçar entre as atividades de informação e comunicação e as que dizem respeito à obra de arte. Ele pensava que a comunicação faz parte do sistema de controle, quer dizer, de um comando organizado a partir das palavras de ordem. Assim, Deleuze afirma, por um lado, que não há nenhuma relação entre informação e arte, e, por outro, que existe uma grande afinidade entre obra de arte e ato de resistência. Só nesse caso há uma relação entre informação e arte; só há relação na medida em que a informação é contrainformação: um ato de resistência. Com efeito, a proposta é circular. Só a resistência permite sua qualificação e a resistência inclui a arte e a comunicação. Nessas reflexões Deleuze liga diretamente a arte à resistência, mas ainda não rompe nitidamente com seu estatuto de exceção.

Mas o que é arte? Como podemos defini-la? Para responder a essa pergunta, naquele mesmo texto, Deleuze recorre a

Malraux, que dizia: "a arte é a única coisa que resiste à morte". Neste caso, continua Deleuze, a questão passa a ser: "O que é que resiste à morte?". A arte resiste, mesmo que não seja a única coisa que resiste. Assim, o filósofo francês afirmava: "nem todo ato de resistência é uma obra de arte, mas tem muita afinidade com ela"; e "nem toda obra de arte é um ato de resistência, embora tenha muita afinidade com ele". Com isso, uma vez considerado que o ato de resistência tem duas características (é ato humano e ao mesmo tempo é ato da arte), Deleuze pode afirmar que só o ato de resistência resiste à morte, seja na forma de obra de arte, seja na forma de luta dos homens. A ambiguidade da formulação inicial é "resolvida", pois a luta é arte e o que interessa da arte é o fato de ela ser uma forma da resistência. A única arte que nos interessa é a arte da luta: nova dinâmica do ser.

Por isso, podemos dizer que não há obra de arte que não faça apelo a um novo povo que ainda não existe; ou seja, ela apela a uma nova dinâmica do ser, a um acréscimo do ser: na luta e na criação produz-se ser, quer dizer, há produção ontológica! O plano da criação é, portanto, como o sugere Jean-Luc Nancy, o da criação de um mundo, pois que o "mundo não é da ordem objetiva ou extrínseca", mas "um espaço dentro do qual ressoa uma certa tonalidade". Assim, um mundo é sempre, pelo menos potencialmente, da ordem da obra de arte e vice-versa. A mundanização (a mundanidade, a imanência) é uma mundialização e vice-versa (Nancy, 2002:34-40). Nesse sentido, Camus dizia que "o homem é uma longa criação", pois que o valor de sua vida diz respeito a seu devir, suas transformações (Bove, 2008:117).

Isso nos leva diretamente às reflexões de Negri sobre as relações entre criação e produção. Acabamos de ver que a resistência é criação, criação de novo ser, produção ontológica. Nessa mesma direção, Negri propõe a seguinte definição do conceito de "belo": "Belo é o produto da ação coletiva de libertação que se apresenta como excedente de ser" (Negri, 1990). Estamos na mesma perspectiva indicada por Deleuze, quer dizer: o "belo" é apreendido como constituição de um novo povo e, pois, de um mundo. Ao mesmo tempo, aqui, o "belo" nos leva diretamente à afirmação segundo a qual "o criativo (a criação do belo) nasce do trabalho". É o conjunto do trabalho humano acumulado que determina valores, formas de vida, novos seres, acréscimos de ser! A arte é apenas um desses valores, mas com a particularidade de ser, ao mesmo tempo, o mais universal (porque coletivo) e o mais singular. A arte é pois o resultado da cooperação entre singularidades que se mantêm tais: multidão em ato. Fazer arte é fazer multidão e vice-versa. Em seguida, Negri desenvolve essas afirmações em uma crítica marxista ao pensamento de Marx sobre a arte. Com efeito, Marx pensava que a arte grega sobrevivera à história por causa de sua dimensão "clássica". Ou seja, Marx atribuía à arte uma certa transcendência, como se ela fosse o misterioso resultado de uma intervenção angélica, uma descida do céu na terra, um relâmpago. Ao contrário, diz Negri, nós temos que pensar — marxianamente — a arte como afirmação a cada vez atualizada de que todos os homens são anjos: anjos plenamente mundanos. A especificidade do trabalho artístico é exatamente ser o indicador dessa inexaurível capacidade do homem de produzir novo ser, de libertar o trabalho. Eis, novamente, a definição do "belo" como "ser novo construído pelo trabalho coletivo", um novo povo que ainda não existe: devir.

Em um belo artigo escrito em 1994, Paolo Virno complementava as reflexões sobre as novas relações entre intelecto e trabalho na época desenvolvidas — a partir da releitura de Marx — por Negri e Lazzarato (em particular Negri e Lazzarato, 2000, sobre o conceito de trabalho imaterial) e por ele mesmo (sobre o conceito de *General Intellect*). Nesse artigo, Virno (2008) mobiliza as análises de Hannah Arendt sobre os conceitos de trabalho e ação e as noções marxianas de trabalho intelectual produtivo e improdutivo. Nos dois casos, ele as usa para explicitar o novo paradigma — o pós-fordismo — como sendo a condição na qual as clivagens entre (i) trabalho e ação e entre (ii) trabalho intelectual produtivo e improdutivo funcionam pelo avesso. A inversão diz respeito, como veremos, às transformações do intelecto: o intelecto, tornando-se público, tem como figura emblemática a figura do executor virtuoso. Com efeito, enfatiza Virno, uma das características fundamentais do mundo contemporâneo é a crise da política. Digamos que já não sabemos o que é, mesmo, hoje em dia, a práxis (ação) política. Com certeza, as dinâmicas políticas tradicionais, ligadas a processos de subjetivação bem delineados pela organização disciplinar da sociedade, já não funcionam. A fenomenologia disso, como sabemos, é a crise da representação: crise dos partidos e dos movimentos sociais organizados. Mas o que é essa ação que entrou em crise? Como poderíamos defini-la? É aqui que Virno recupera Hannah Arendt, que, por sua vez, lembra a filosofia grega.

Nessa tradição, a ação (práxis) se definia por duas linhas de diferenciação: distinguindo-se, por um lado, do trabalho da produção (*poiesis*), e, por outro, do pensamento puro (*bios theoretikos*). Diferentemente do trabalho da produção, que é repetitivo, taciturno, previsível, instrumental, a ação diz respeito não às relações com a matéria (com a natureza), mas com as próprias relações sociais. Ela lida com o possível e o imprevisto, e modifica seu contexto. Diferentemente do pensamento puro, que é solitário e não aparente, a ação é pública, entregue à exterioridade, à contingência, ao murmúrio da multidão.

Sabemos que Arendt afirmava em seu livro que o capitalismo industrial determinava a colonização da ação pelo trabalho: a práxis se tornava *poiesis*, um processo de fabricação cujos produtos são o partido, o Estado, a história. Na realidade, se, por um lado, é verdade que essa hibridação entre práxis e *poiesis* realmente aconteceu, por outro — na passagem do fordismo ao pós-fordismo —, isso aconteceu em direção oposta: a práxis colonizou o trabalho. Ou seja, o trabalho introjetou os traços da ação política; a *poiesis* tornou-se práxis. Ao mesmo tempo, esse deslocamento fica em aberto, como que diante de uma alternativa radical: entre o eclipse da política (apontado, por exemplo, em Agamben, 2006) e a difusão geral de um novo horizonte político. Estamos, pois, diante de uma nova alternativa; e passa a interessar apreender o que faz a diferença, o que qualifica essa alternativa.

É exatamente aqui que entra a discussão sobre o terceiro termo de comparação, quer dizer, sobre a dinâmica do pensamento puro. É das formas de vida relacionadas ao intelecto (*bios theoretikon*) que depende uma alternativa, que opõe um intelecto difuso mas fragmentado a um intelecto público constituído por novas formas de atividade livre. Nesse nível, Virno propõe a metáfora do executor virtuoso, para estruturar essa reflexão, deslocando a distinção que Marx fazia entre trabalho intelectual produtivo e improdutivo. Com efeito, para Marx, o trabalho intelectual produtivo é aquele que se objetiviza em uma obra que existirá independentemente do ato de produzi-la. O ato (práxis) de produzir separa-se do produto. A produção é mais importante do que a práxis. A mercadoria se separa do produtor, em objetos distintos das prestações artísticas. São os livros, os quadros, as estátuas de quem escreve, pinta ou cria. Esse trabalho intelectual, dizia Marx, é produtivo pelo fato que, dessa maneira, ele produz mais-valia, ao contrário de um segundo tipo de trabalho intelectual, que não se objetiviza em obra nenhuma: trata-se das atividades cujos produtos são inseparáveis do ato de produzir. Nesse caso, a práxis coincide com a *poiesis* e a sobredetermina. Estamos falando das atividades que encontram seu cumprimento em si mesmas — como são todas as execuções virtuosas dos oradores, dos professores, dos médicos, dos padres, dos bailarinos etc. Nesses casos, dizia Marx, temos um trabalho intelectual improdutivo. Pode até ser um trabalho assalariado, mas ele não produz mais-valia, por não haver separação entre o ato de produzir e seu resultado. Para Marx, esse tipo de trabalho intelectual não é apenas improdutivo; esse tipo de trabalho também contém elementos de tipo servil, pois funciona com base em prestações pessoais, prestações de serviços! Os executores virtuosos são, pois, improdutivos, embora seu trabalho seja de tipo servil: é uma prestação pessoal que coloca no mesmo patamar o grande músico e... sua empregada doméstica. Ao mesmo tempo, Hannah lembra que, na tradição filosófica, o "virtuosismo" era a arquitrave da ética. Isso exatamente pelo fato de que na ação não há separação entre meios e fins, a própria conduta virtuosa é um fim. Por isso, ela enfatizava: "As artes que não realizam nenhuma obra têm grandes afinidades com a política". Dançarinos, atores e homem políticos precisam de um público para trabalhar, precisam de um espaço público, da presença de outrem. Ora, sugere Virno, o que caracteriza a transformação do trabalho, na passagem do fordismo ao pós-fordismo, à economia do conhecimento e das redes, é que a execução virtuosa — quer dizer, a práxis — se torna o paradigma de todo e qualquer tipo de produção. No capitalismo contemporâneo, a atividade sem obra deixa de ser a exceção e se transforma em protótipo do trabalho em geral. O que a reprodutibilidade técnica da obra de arte — analisada por Walter Benjamin em uma fase inicial — parecia ter mantido, os movimentos do *copyleft*, do *creative commons* e do *peer to peer* estão varrendo.

O que está no cerne da produção é, sempre e de toda maneira, a ação, uma ação que é ao mesmo tempo pública e criativa. A práxis virtuosa torna-se o paradigma do trabalho em geral, pois hoje em dia o trabalho é comunicativo, linguístico, afetivo, relacional: este é o trabalho que encontramos nos serviços. Estamos, pois, muito próximos da condição da criação artística, isto é, da definição proposta por Negri da noção de "belo": produção de excedente de ser, a partir de um trabalho livre. O "belo" é novo ser construído pelo trabalho colaborativo, coletivo: mixagem, recombinação, saque e dádiva generalizados. Ao mesmo tempo, esse deslocamento não é linearmente libertador ou emancipador. Ele apenas define o marco de um novo conflito. Como assinalamos, o próprio Marx tinha intuído que a execução virtuosa contém figuras opostas: as do grande músico, mas também as do mordomo ou... de uma empregada doméstica. Na execução virtuosa temos sempre uma prestação pessoal, quer dizer, os elementos ambíguos próprios da mobilização produtiva da vida: por um lado, abre-se o horizonte de uma atividade livre e criativa; por outro, estamos presos em uma nova condição servil. Por um lado, a execução virtuosa aparece como o máximo de atividade livre e criativa; pelo outro, temos uma prestação pessoal que indica os termos de uma nova escravidão. A clivagem entre esses dois polos não é sempre nítida. Isso porque entre eles há uma infinita modulação de condições que dosam graus diferentes de liberdade e servilismo: entre o trabalhador informal dotado de um telefone celular e o trabalhador intelectual continuamente conectado à rede. Ao mesmo tempo, uma vez que essas dinâmicas correm por fora da tradicional relação salarial, nem sempre fica claro qual é o mecanismo que as separa e hierarquiza, ou seja, que modula o controle.

Ora, é fundamental apreender esse mecanismo, e ele está exatamente nos modos de construção e funcionamento da "partitura" que o trabalhador virtuoso (o prestador de serviços) executa. No capitalismo das redes, do trabalho difuso na sociedade e da produção sampleada com a circulação, a partitura do virtuoso é um Intelecto que se tornou público: saber social geral, competência linguística comum, trabalho compartilhado das redes. Mas esse tornar-se geral do intelecto não é um processo linear, nem unívoco. Quer dizer, a construção da nova partitura, do intelecto público, está completamente aberta em uma alternativa que corresponde à clivagem que separa a prestação virtuosa entre as novas formas de atividade livre e as formas de uma servidão renovada. Ou seja, por um lado, a partitura do intelecto pode ser o fato de uma esfera pública que permita a produção e reprodução (a circulação produtiva!) de suas dinâmicas livres e multitudinárias.

Nessa ponta, o intelecto público é constituinte: é aquele que encontramos no movimento do *copyleft*, do *creative commons*, dos pré-vestibulares para negros e pobres e dos movimentos culturais como o Hip Hop: aqui temos produção do belo, resistência e criação, o excedente de ser de uma vida livre e produtiva.

Pela outra ponta, a dimensão pública do intelecto pode ser capturada — pelo mercado e pelo Estado — pela sua sistemática redução a uma densa rede de relações hierárquicas. Nesse segundo caso, a imprescindível presença de outrem toma uma dupla forma perversa: dependência pessoal e arbitrariedade hierárquica que transformam a atividade produtiva do virtuoso em trabalho servil de novo tipo. Aqui, a esfera pública é constituída e sobredetermina as condições de existência do Intelecto em geral. A arte é capturada e reduzida à comunicação e ao marketing: trabalho fragmentado e precário e nova servidão do *copyright*. A arte de fazer-multidão é reduzida à produção de público-consumidor. Toda a vida é capturada dentro de um processo de produção que barra e estilhaça o ser nas mil formas da segregação espacial e da fragmentação social (a exclusão como horizonte que não pode ser ultrapassado!).

Temos aqui todos os elementos para apreender a importância das políticas que contribuem para a constituição de uma esfera pública de mobilização democrática e produtiva, para além do trabalho assalariado. Essas políticas, muito sem querer, dizem respeito à mudança do próprio modelo de transformação revolucionária. Em Marx, lembra Nancy, o revolucionamento da relação de produção (do assalariamento) continha, no próprio movimento da restituição do valor criado ao seu criador, uma transformação da significação da produção. Hoje em dia, a revolução é imediatamente criação, ou seja, afirmação da significação da transformação. Organizar a luta (a ruptura do tempo como conquista do porvir) é o mesmo que organizar a produção, ao passo que a produção é cada vez mais uma criação e, vice-versa, um devir: troca de trocas de pontos de vista, invenção da cultura dentro da relação.

1.3 OS IMPASSES DAS VELHAS CATEGORIAS: O EXEMPLO DO DEBATE SOBRE POLÍTICA SOCIAL

O primeiro governo Lula foi o teatro, dentre outras, de duas grandes inovações adequadas aos desafios das transformações democráticas diante da lógica de acumulação do capitalismo contemporâneo: por um lado, o Programa Bolsa Família;[46] por outro, o programa dos Pontos de Cultura. O Programa Bolsa Família indica o caminho da construção de um comum (a distribuição de renda) que pode constituir-se como a base da ação das singularidades. Não se trata apenas da necessária redução da desigualdade e do urgente combate à fome, mas de pensar a mobilização produtiva como algo que depende da cidadania — o que substitui a equação que descrevia a integração social como dependente do crescimento econômico. A cidadania que o Bolsa Família prefigura é produtiva, ela implica o trabalho da cidadania e desloca os valores morais do passado, aqueles fundados na cidadania do trabalho, quer dizer, do emprego assalariado. Embora com base em uma escala de investimento ainda apenas simbólica, os Pontos de Cultura aprofundam essa tendência, democratizando radicalmente a política cultural e pondo a cultura como cerne potencial — mais uma vez — da mobilização produtiva. O MinC, com os Pontos de Cultura, não apenas deu sentido público às políticas culturais, mas as democratizou radicalmente, visando a reforçar (e não a determinar!) as dinâmicas próprias dos movimentos culturais. Nesse encontro entre políticas culturais e políticas sociais, podemos afinal pensar a construção de uma partitura pública e radicalmente democrática para o virtuosismo brasileiro do século XXI.

Ao mesmo tempo, a discussão e as polêmicas sobre o Bolsa Família oferecem um campo interessante para analisar os impasses políticos aos quais levam as velhas categorias: isso aparece de maneira nítida na similaridade entre as argumentações mobilizadas pelos setores conservadores e pelos setores de esquerda. Ou seja, na crítica ao Bolsa Família, direita e esquerda misturam-se. O mecanismo dessa mistura escandalosa é a sobrevivência, *super partes*, do trabalho subordinado (para o vulgo "emprego", possivelmente com carteira assinada), de sua moral patriarcal bem como de seu dualismo sujeito-objeto, dualismo que traz consigo a ruptura ocidental entre cultura e natureza. Ser "trabalhador" é mais importante do que ser "simplesmente" cidadão. É a carteira assinada que torna uma vida digna de ser vivida. Se, durante um tiroteio, morre um "trabalhador", a comoção pública pode acenar pela arbitrariedade da violência, por vezes policial. Se for alguém que não dispõe desse documento, aparece a figura do "vagabundo", quer dizer, de uma vida que não é digna de ser vivida. A violência da guerra metropolitana das grandes cidades brasileiras nos lembra assim, de maneira cordial e quase corriqueira, que — por trás da moral do trabalho — há sempre aquele lema nada irônico afixado pelos nazistas na entrada dos campos de extermínio: *"Arbeit Macht Frei"*, só o trabalho liberta!

Como dissemos, trata-se de um debate que envolve problemáticas bastante diversificadas. Porém, em um primeiro momento, podemos organizar essas abordagens em dois grandes grupos, em torno de uma grande clivagem: por um lado, temos as abordagens que avaliam negativamente o Bolsa Família como sendo política assistencialista e até clientelista. Por outro, temos as análises e avaliações que assumem suas (supostas) dimensões "assistenciais" de maneira positiva. Nesse segundo caso, aceita-se a necessidade de um certo grau de assistencialismo e, além de enfatizar sua dimensão "condicional", aposta-se no fato de que seus beneficiários encontrarão uma "porta de saída" pelo melhoramento do nível de atividade econômica.

Na realidade, como tentaremos explicitar aqui, essas duas visões, politicamente opostas (as primeiras, inscritas numa dura oposição ao governo Lula — responsável pela massificação do programa —, e as segundas, inscritas no âmbito da própria política governamental), são especulares: são duas faces de uma mesma insuficiência teórica e política. Nos dois casos, continua-se a pensar que a única maneira de se enfrentar concretamente a "questão social" (pobreza, miséria, desemprego) passaria pela solução dos impasses do "desenvolvimento", e, quando se fala disso, fala-se em geral de "crescimento" e, mais do que isso, de crescimento industrial. Tomamos por exemplo uma das críticas que pretende inscrever-se em um campo radicalmente de esquerda. O que ela tem a nos dizer? Que o "populismo lulista" é completamente poluído pelo "namoro firme com o Bank of Boston" (Arantes, 2007a:227). Mais precisamente, "como de desenvolvimento o PT nunca ouviu falar, tanto que deixou sitiarem o velho Banco do Largo da Carioca, e a macroeconomia, outra enjeitada, ficou com seus donos de sempre" (Arantes, 2007a:228). Veremos que essas são posições parecidas com as de determinados setores do governo Lula, ligados aos velhos programas nacional-desenvolvimentistas, mas também a setores da oposição conservadora. De todo modo, elas estão todas enredadas na ambiguidade dos conceitos de "progresso" e "desenvolvimento".

Enfim, permanece em vigor uma visão geral dos processos de "integração social" que têm como principal instrumento a dinâmica do trabalho assalariado (ou seja, o nível de emprego). Nessa perspectiva, se mantém como estratégica a dinâmica econômica avaliada em termos de PIB: dela é que vai depender — em última instância — o sucesso ou não das políticas sociais e, mais em geral, o acesso a uma renda e a um conjunto de direitos firmemente atrelados ao estatuto formal do trabalho (dentro de uma relação formal de emprego).

Direita e esquerda se confundem na crítica do "assistencialismo"

Como dissemos, a inadequação das críticas aparece claramente no fato de que elas não mais consideram as tradicionais clivagens "direita" *versus* "esquerda". Pelo contrário, como ilustraremos rapidamente, os dois setores de opinião mobilizam a *mesma* retórica, e, se não conhecêssemos os autores, poderíamos intercambiar boa parte das críticas: direita e esquerda confundem-se — e é uma confusão estrutural. Para ilustrar esse desnorteamento, basta acompanhar as várias posições desse confronto, a partir de artigos publicados pela grande imprensa no fogo do debate eleitoral no segundo semestre de 2006.

Uma das expressões mais usadas (pelas críticas de direita e de "esquerda") para apontar os problemas do Programa Bolsa Família (BF) diz respeito à necessidade de que haja uma "porta de saída". Esse é o título de um "editorial" do diário conservador *Folha de S.Paulo*, em 18 de julho de 2006. Nesse mesmo editorial, podíamos ler que o grande problema do BF estaria no fato de que um "número desprezível de famílias (...) se desligaram do programa (e, pois,) legítimos são os reclamos de que o desenvolvimento econômico do país deve ser capaz de estancar o número de famílias no BF e diminuir o público-alvo". A preocupação é, portanto, diminuir o número dos que têm direito aos direitos... porque a meta seria "emancipar pela criação de postos de trabalho". O editorial da *Folha de S.Paulo* afirma assim que a questão fundamental é o emprego que o crescimento econômico deve proporcionar. No mesmo tom se exprime o presidente da Federação do Comércio do Estado de São Paulo: "No aspecto econômico, salta aos olhos que a estabilidade não pode depender das mais altas taxas de juros do mundo. E no social, a transferência pura e simples de recursos (...) deve ser gradativamente substituída pela geração de emprego e renda" (Szajman, 2007). É um lema recorrente. "Onde fica a saída?" é o título de uma coluna do conservador Merval Pereira, na qual ele se pergunta: "Como as 11 milhões de famílias beneficiárias poderão independer do governo federal e passar a gerar a própria renda?" (*O Globo*, 5 de janeiro de 2007). A pressão política e da grande mídia é tão importante que o Ipea teve que realizar um estudo sobre os efeitos do BF para discutir seriamente um fenômeno que lhe estaria atrelado: um chamado "efeito preguiça" (*O Globo On Line*, 16 de agosto de 2006). Essa breve nota do jornal *O Globo* é apenas um pequeno elemento de uma campanha sistemática de todos os grandes jornais contra o BF. Uma linha de argumentação que será reforçada por declarações que rendem manchetes do tipo: "Bolsa Família vicia"; "Bispo diz que programa é assistencialista, não estimula procura por trabalho e induz à acomodação" (*O Globo*, p. 3: "CNBB: Bolsa Família vicia", 18 de novembro de

2006). Imediatamente, um "editorial" de *O Globo* retomará essa argumentação: haveria, supostamente, um "grande risco de as doações (leia-se 'BF') perpetuarem a pobreza, por impedir, pela acomodação, a ascensão social de milhões de marginalizados" ("Tema em discussão: Bolsa Família. Nossa opinião", *O Globo*, 4 de dezembro de 2006).

Temos aqui duas argumentações que parte da elite conservadora repetiu insistentemente, com apoio também em declarações de importantes setores da Igreja católica: o BF seria assistencialista, criaria acomodação, ao passo que a verdadeira "solução" (a verdadeira maneira de enfrentar a "questão social") estaria na geração de emprego por meio de taxas de crescimento adequadas. O raciocínio é praticamente o mesmo que encontramos em coluna do ex-ministro das telecomunicações da era FHC, Luiz Carlos Mendonça de Barros: "talvez a história venha mostrar que a maior marca do Lula foi ter provocado a maior divisão da sociedade (...) o banqueiro ganha e o sujeito do Bolsa Família ganha" (*Folha de S.Paulo*, 14 de agosto de 2006). Declaração que, curiosamente, encontra eco nas críticas de um sociólogo marxista, ex-militante do PT e fundador do Psol: "Como entender o lulismo (...) que — ao mesmo tempo, traz regozijo aos bancos, locupleta parcelas do envelhecido '*novo sindicalismo*' encastelado na máquina estatal e ainda pratica um assistencialismo de arrepiar os velhos e autênticos assistencialismos?" (*Folha de S.Paulo*, 17 de agosto de 2008). De maneira apenas um pouco mais sofística, encontramos a mesma crítica feita por outro sociólogo, também ex-militante do PT e fundador do Psol: "O Bolsa Família é algo que se pode entender a partir da irrelevância da política. Não adianta dizer que é assistencialista. Isso é óbvio" (*Folha de S.Paulo*, 24 de julho de 2006).

O tema da "irrelevância da política" é caro também a outro intelectual uspeano que o mobiliza sistematicamente em suas críticas ao governo Lula. O "filósofo [que] se insurge não contra as ideias dominantes, mas contra a própria ausência de pensamento que parece contaminar nossos contemporâneos e suscitar tanto a generalização da cretinice e do oportunismo" (Arantes, 2007), multiplicava — bem no meio da crise política de 2005 — os anúncios de morte do governo Lula e do PT. Apesar da vitalidade dos "defuntos", ele constatava — em julho do mesmo ano — "o espantoso colapso do governo Lula" e, "menos surpreendente, porém não menos espetacular, a correspondente ruína moral e política do PT". Em entrevista sobre o mesmo tema, podemos ler: "[O governo Lula] irá vegetar como o segundo mandato do FHC". Mas o futuro de Lula é pior: "Sem projeto próprio, salvo o de ingressar no condomínio patrimonialista brasileiro, não será expulso (...), apenas reciclado como sócio menor" (Arantes, 2005, *in* 2007:253). Pouco tempo depois, mesmo insistindo na mesma previsão errada, o filósofo é obrigado a matizar sua sentença. Por um lado, "dizer que o governo Lula acabou não deixa de ser um exagero piedoso, pois supõe que em algum momento ele tenha começado" (Arantes, 2005b, *in* 2007). Por outro, já está claro que a multidão é surda — ao mesmo tempo — aos moralismos da elite bem como aos do suposto pensamento crítico: "o terremoto político da hora não se propaga, pelo menos não afeta o consenso básico". Aí vem a dúvida: "e se o novo Pai dos Pobres voltasse a ter a bênção eleitoral de sua vastíssima clientela de bolsistas e consumidores de esperanças em lata?" (Arantes, 2007:254). Curiosamente, os ditos "bolsistas" são tratados com a mesma disposição antipopular que manifestava — na virada do século XIX para o XX — um José Veríssimo quando, diante do desafio da modernização da América Latina, exclamava: "Quem pode de boa-fé crer que nesta gente, que forma a enorme porcentagem da população dos países latino-americanos, possa haver uma *'opinião'*" (*apud* Cara, 2006:63).

A distribuição de renda e de vagas de acesso ao ensino superior (inclusive a política afirmativa) é, pois, considerada como sendo clientelista, mais baixo populismo, algo que de toda maneira diz respeito à "irrelevância da política hoje (...): o assim chamado governo Lula limitou-se a carimbar pacotes que lhe eram sucessivamente apresentados com o automatismo de uma linha de montagem. Mas para isso não era necessário alugar parlamentares. Aqui o negócio é outro. Trata-se da gestão do poder que veio ocupar o vazio deixado pelo fim da política" (Arantes, 2007:253). Voltaremos, mais adiante, a esse conceito de "irrelevância da política". Por enquanto, continuamos nessa breve reconstituição de um discurso que atravessa as críticas conservadoras e as que, supostamente, deveriam indicar um caminho crítico, de "esquerda". Encontramos as mesmas argumentações no conservador Merval Pereira e na linha editorial ultraconservadora de seu jornal, *O Globo*: "ficou claro que o Bolsa Família precisa ser reestruturado para ganhar uma dimensão social mais efetiva, perdendo seu caráter assistencialista" (*O Globo*, 5 de janeiro de 2007). Como já colocamos, trata-se de uma "tecla" que é "teclada" sistematicamente, mesmo para falar da posse do presidente Lula para o segundo mandato: "Lula usa posse para exibir assistencialismo" é a manchete da *Folha de S.Paulo* (5 de dezembro de 2006). É o mesmo tom de uma das dezenas de colunas escritas por Jânio de Freitas na *Folha de S.Paulo*: "Faltou tudo. Lula não tem ideia do que fazer, apenas sente que seu governo foi e é economicamente vergonhoso" (22 de novembro de 2006). O que pode significar "economicamente" vergonhoso? "Lula tratou rico e pobre com igual carinho", insiste um outro colunista, Marcelo Coelho (*Folha de S.Paulo*, 29 de dezembro de 2006).[47] "Um país que não cresce acaba não distribuindo renda, mas equalizando a pobreza. (...) A falta de desenvolvimento pune os mais necessitados; torna-os clientela cativa do assistencialismo. (...) a emancipação verdadeira, sair da pobreza, exige empregos e renda para as famílias" (*O Globo*, 2 de janeiro de 2007). Neste último caso, trata-se de trechos do discurso de posse (1º de janeiro de 2007) do governador (PSDB) do estado de São Paulo, José Serra. Claro, a elite conservadora enxerga os investimentos sociais como "gastos estéreis"; assim, um editorial sentencia "Mínimo Irracional" (*Folha de S.Paulo*, 22 de dezembro de 2006). A manchete de *O Globo* sobre o mesmo aumento do salário mínimo decretado pelo reeleito presidente Lula é de uma violência fora do comum: "Bondade com o mínimo reduz alcance de pacote" de aceleração do crescimento (22 de dezembro de 2006). Ou seja, elevar o mínimo para R$ 380,00 mensais é uma "bondade", a qual, ao mesmo tempo, teria impacto negativo sobre o "pacote" destinado a acelerar o crescimento da economia (o PAC).

Entre o assistencialismo "tolerado" e a redução da desigualdade

Se a suposta "esquerda" radical não hesita em usar as mesmas argumentações que os setores mais conservadores da elite neoescravagista, isso não significa que os outros setores da esquerda, inclusive os que estão no governo, não tenham críticas ao Bolsa Família. Em entrevista[48] concedida a José Dirceu, ex-ministro da Casa Civil, o economista Luiz Gonzaga Belluzzo, presidente do Centro de Estudo Celso Furtado do BNDES, criticava de maneira contundente a política econômica do primeiro governo Lula, sem com isso criticar o próprio governo: "a política monetária está lutando a guerra anterior", pois se a questão da inflação deve ser enxergada como uma "luta permanente" não devemos perder de vista que "a memória da inflação destrutiva levou ao pânico da deflação desagregadora. [Assim,] a economia cresceu pouco". Belluzzo afirma que o crescimento "pífio" da economia cria um problema político, pois é "muito difícil conseguir o consenso na derrota". (Como não ver, por trás dessa visão, a velha retórica do bolo que precisamos fazer crescer para — em seguida — poder compartilhá-lo?) Se — ao contrário — a economia "retomar" e espalhar os efeitos dessa retomada na população, vamos criar as condições de sucesso que permitem construir o consenso".

Belluzzo fala da falta de consenso em razão da falta de crescimento e, ao mesmo tempo, ele mesmo afirma: "Hoje, o que está segurando o apoio ao governo (Lula) é a política social. (...) Está se consolidando um tipo de voto que tem como critério a posição social dos indivíduos." Belluzzo admite, pois, que a política social apresenta elementos de mobilização democrática particularmente inovadores: "Esse é um dos ganhos dos últimos anos, particularmente das eleições do Lula, a despeito de minhas divergências."

As análises mais interessantes e sistemáticas do Bolsa Família são produzidas pelos seus idealizadores, ou seja por pesquisadores orientados por um tipo de pensamento que poderíamos qualificar de social-liberal. Em geral, trata-se de economistas influenciados pelos trabalhos de Amartya Sen e, em alguns casos, pelas propostas em termos de *Basic Income* nos moldes propostos — no Brasil — pelo senador Eduardo Suplicy (2002) e defendidos — entre outros — pelo filósofo belga Van Parijs.[49] O viés "liberal" dessas abordagens está, obviamente, no fato de elas usarem a ênfase — correta — sobre a questão da luta contra a desigualdade para reforçar a crítica — errada — às políticas públicas de cunho universalista: o problema dessas sendo que (exatamente em função da estrutura extremamente desigual da distribuição da renda) os recursos não chegam até os mais pobres e devem, pois, passar a ser distribuídos a partir de políticas focadas (ou seja, "limitadas" aos mais pobres). O próprio Bolsa Família é oriundo dessa nova geração de políticas sociais focadas e hiperfragmentadas desenvolvidas durante o governo Fernando Henrique Cardoso. Elas associavam o objetivo de alcançar as camadas mais pobres (mais vulneráveis) da população e um leque extremamente diversificado de programas: Auxílio Gás, Bolsa Alimentação, Plano de Erradicação do Trabalho Infantil e o próprio Bolsa Família.

Com a desculpa de alcançar os mais necessitados, a política social de cunho neoliberal se organizara em torno de uma infinidade de fragmentos; e resultará sistematicamente fragmentado, afinal, o próprio conjunto dos "direitos" sociais. O que o governo Lula fez foi reagrupar o conjunto desses programas em um programa: o Bolsa Família; ao mesmo tempo, o foi massificando, aumentando sistematicamente o público alcançado.

O pesquisador Ricardo Paes de Barros, do Ipea, dirigiu um detalhado estudo sobre os impactos e os determinantes da queda da desigualdade no Brasil desse início de década (Barros et al., 2006). As conclusões são fortes e parecem extremamente adequadas: em primeiro lugar, elas mensuram o fenômeno de queda da desigualdade; em seguida, indicam empiricamente os determinantes; na conclusão, avaliam os impactos.

A adequação é evidente: por um lado os dados empíricos sobre distribuição da renda desmentem as afirmações ideológicas, ao mesmo tempo, da direita conservadora e da suposta esquerda radical. Por outro, os impactos e as percepções sociais dessas mudanças coincidem coerentemente com a manutenção da popularidade do presidente Lula, apesar de mais de um ano de massacre por praticamente toda a grande mídia do país. Podemos assim apreender a dimensão material que está na origem da mudança de composição da base eleitoral do presidente Lula no sentido de um maior peso das camadas sociais mais "desfavorecidas" — mudança que, como sabemos, envolve também as articulações regionais da desigualdade.

Os pesquisadores do Ipea quantificam o fenômeno: "existem evidências de que a desigualdade de renda continuou caindo ao longo de 2005 e a expectativa é que possamos ter pela frente uma quebra recorde em termos de redução da desigualdade". Em seguida, desmentem outras afirmações ideológicas: "A renda média dos pobres aumenta proporcionalmente mais do que a dos ricos". Enfim, traduzem esses dois elementos em termos que explicam a popularidade do governo Lula: "A queda da desigualdade (...) é suficiente para que os mais pobres percebam um nível de desenvolvimento no país e um aquecimento da economia que outros grupos de renda não estão percebendo". Mas não se trata somente disso: analisando o comportamento da curva de redução da desigualdade no ano de 2004, ou seja, no período em que o PIB conheceu a maior taxa de crescimento, o estudo observa que "75% do aumento da renda dos 20% mais pobres resultaram da diminuição do grau de desigualdade"; e conclui polemicamente: "O tão celebrado crescimento econômico (de 2004) foi responsável por menos de 1/3 da queda observada na extrema pobreza e, portanto, para os pobres, a redução no grau de desigualdade foi três vezes mais importante do que o crescimento econômico" (Barros *et al.*, 2006).

Mais uma vez, de maneira contundente, chegamos à constatação de que o verdadeiro fato novo do primeiro mandato do presidente Lula foi sua política social e o modo como, ao longo desse mandato, pela amplificação da *distribuição de renda-não-derivada do trabalho*, chegou-se à maior redução da desigualdade das últimas décadas e à construção de uma nova base social do próprio governo Lula. Dinâmica que confirma, pelo avesso, que, *sem uma política social de distribuição de renda, o crescimento econômico continua reproduzindo a desigualdade de sempre*.

NOTAS

1. Devemos a Barbara Szaniecki (2007 e 2008) a sugestão de pensar a hibridização como monstruosidade nos termos que usa Negri (2001). *MundoBraz* foi, inicialmente, o título de um projeto de revista magazine destinada a discutir o mundo no Brasil e o Brasil no mundo. Tive a ideia no final da década de 1990, em parceria com colegas do comitê editorial da revista *Lugar Comum* (Barbara Szaniecki, Micael Herschmann, Carlos Alberto Messeder Pereira, Karl Erik Schollhammer). O projeto se realizou parcialmente em outro âmbito, com a experiência da *Global/Brasil*, revista magazine publicada — precariamente — pela Rede Universidade Nômade desde 2003.
2. A empresa estatal de exploração do petróleo.
3. Estamos, claramente, usando os Cursos (1975-76) de Michel Foucault no Collège de France (Foucault, 1997).
4. Existem, claro, outras declinações da brasilidade dentro dos nomes das empresas estatais, como no caso de Embratel, Embraer, Embrapa. Nesse caso não temos mais o "Bras", mas apenas um "bra" que perde visibilidade. Se, por um lado, poderíamos realizar a mesma deformação com um resultado adequado (*Embramundo*), por outro, aqui a palavra incluiria também a referência a "empresa", reduzindo demasiadamente o escopo de nossa proposta. O uso do "z" do inglês "Brazil" corresponde a uma dupla provocação: pegar pelo avesso o título pejorativo do filme *Brazil* (que discutiremos adiante) e usar o nome do híbrido como um indicador de posição, numa versão positiva do *Brasil Delivery* (Paluani, 2008).
5. Ver *Manifesto do nada*, de um trabalho originalmente autorado por Flávio Gordon, http://amazone.wikia.com/wiki/Manifesto_do_Nada, consultado em 5 de março de 2008.
6. Negri (2006:33) se refere a Derrida, Agamben e Nancy e enfatiza que, nas obras deles, "(...) encontramos a reprodução em filigrana de uma certa univocidade dialética e paradoxal da relação resistência/poder: é o poder que determina a *étrangeté* dentro da qual as funções da resistência podem se dar...".

7. Nosso debate com esses autores é, por vezes, bastante duro, sobretudo quando envolve as dimensões políticas do embate brasileiro sobre a experiência do governo Lula (2002-2008). Isso não diminui em nada nosso apreço, no plano teórico, pelo seu trabalho. A criatividade de suas reflexões é que nos permite avançar em nossas tentativas de inovação.
8. Estamos fazendo referência ao debate entre Michel Foucault e Noam Chomsky realizado em 1971 em Eindhoven, para a televisão holandesa. Michel Foucault e Noam Chomsky, "De la nature humaine: justice contre pouvoir", *in* Foucault (1994:471-512).
9. A *Wikipedia*, consultada em 28 de junho de 2008, apresenta vários artigos recentes de crítica cinematográfica que apontam o filme como um dos cinco melhores filmes da história do cinema. ver http://en.wikipedia.org/wiki/Brazil_(film)#Critical_response.
10. "Lagos", *in* Koolhaas et al. 2002. Contudo, a abordagem de Koolhaas está longe de ser catastrofista.
11. Michel Aglietta, Robert Boyer, Alain Lipietz e Benjamin Coriat são as figuras mais conhecidas dessa corrente de pensamento econômico heterodoxo. Para uma apresentação, ver Cocco (2000a).
12. A conferência foi pronunciada na Associação Internacional de Sociologia, de 26 a 30 de setembro de 1988, e publicada, em parceria com Danielle Leborgne, com o título "Flexibilité offensive, flexibilité defensive", *in* Lipietz e Benko (orgs.), 1992.
13. Ver também o site http://www2.iath.virginia.edu/cecmpe/glossary.html.
14. Ver também William W. Chip, "the Fourth American Republic", *The Social Contract*, inverno de 1995-96. Esses remédios dizem respeito a um novo tipo de nacionalismo "Transamericano", articulado em torno de uma valorização pós-identitária da miscigenação e políticas protecionistas *vis-à-vis* aos produtos oriundos de países que não respeitam determinados padrões sociais e trabalhistas.
15. Sobre o subimperialismo na América Latina, ver Negri e Cocco (2005).

16. Ao contrário, a América indígena permitia a Lévi-Strauss ver "o reflexo, mesmo que fugidio, de uma era na qual a espécie (humana) estava numa relação proporcionada com seu universo, nesse persistia uma relação adequada entre o exercício da liberdade e seus signos" (1955).
17. Nisso, como o sublinha Ronaldo Munck, Beck navega bem próximo do eurocentrismo de seu referente teórico, Jurgen Habermas.
18. Notamos que no momento dessas reflexões (1955) o etnógrafo se perguntava se os urbanistas já não tinham conseguido "resolver" essa situação. Inútil dizer que ele tinha uma confiança exagerada no poder taumatúrgico dos "urbanistas".
19. A lista, obviamente, não é exaustiva.
20. Arantes está se referindo aos termos usados por Paulo Lins em seu romance etnográfico (Lins, 1997).
21. Expressões colhidas em conversas que tivemos com moradores da Serrinha (favela do Rio de Janeiro) em 1996, no âmbito de uma avaliação do programa "Favela-bairro".
22. A "folha" à qual Eduardo se refere é o jornal *Folha de S.Paulo*.
23. Ver a primeira página do jornal *O Globo*, Rio de Janeiro, 27 de agosto de 2008.
24. *Folha de S.Paulo*, 4 de dezembro de 2008, p. A12.
25. Cf. "Le patriotisme économique, un déni d'analyse intenable", Paris, *Le Monde*, 28 de agosto de 2007.
26. Sobre o impacto global da dinâmica chinesa, *ver* também Arrighi (2007).
27. Martine Bulard, "Uma nova geopolítica dos capitais", *Le Monde Diplomatique Brasil*, novembro de 2008, p. 12-3.
28. Ver, a esse respeito, Negri e Cocco (2005).
29. Dados do International Fund for Agricultural Development (Ifad), Nações Unidas, www.ifad.org/events/remittances/maps/index.html, consultado em 17 de outubro de 2007.
30. Ver também Silva (2007).
31. "The National Security Strategy of the USA", setembro de 2002.

32. Assim como é chamada uma das regiões mais violentas da cidade do Rio de Janeiro.
33. Podemos também citar o empresário alemão que comprou sessenta barracos no Vidigal — com o projeto de "transformá-los em bares, restaurantes e até hotel de luxo", vide *Revista/O Globo*, 25 de janeiro de 2009 — e o hotel de luxo construído em Santa Teresa por investidores franceses.
34. De mensagem postada na Lista Universidade Nômade, 7 de setembro de 2007.
35. Sobre a dimensão eurocêntrica (ocidental) do dualismo cultura *versus* natureza, Philippe Descola fornece uma vasta resenha que lhe permite afirmar: "A maneira pela qual o Ocidente moderno representa a natureza é a coisa do mundo menos bem compartilhada" (Descola, 2005:56). Vide também o terceiro capítulo da primeira parte do mesmo livro, dedicado a uma reconstituição — embora esquemática — das diferentes etapas do processo que acabará determinando a *grande separação*.
36. *Princípios de filosofia do direito* (1821), *apud* Fitoussi e Laurent (2008:17)
37. Que se manifesta por uma regulação das populações pobres por meios bélicos.
38. Trata-se, como o indica Silviano Santiago, do "eurocentrismo comum aos fundadores radicais do Iluminismo que se fecham aos reclamos do *outro*, para hierarquizar civilizações e poder mais convincentemente colocar a ocidental no centro". (2004:33). Essa crítica de Santiago é dirigida ao teleologismo marxista de Caio Prado Jr. que define "os indígenas da América e o negro africano, povos de nível cultural ínfimo, comparado ao de seus dominadores" (*Ibid.*)
39. Permito-me citar meu artigo, *in* Genro et al. (2008:59-61): "Nessa fórmula, Lênin tentava conjugar a democracia radical dos Conselhos com os imperativos da industrialização. Ora, o que mais colava com a disciplina fabril e a correspondente hierarquização do trabalho intelectual de concepção, sobre o trabalho manual de execução, não eram os 'conselhos', mas o partido; e ainda mais o partido-Estado e as funções burocráti-

cas de planejamento centralizado e autoritário de um aparelho produtivo no qual a 'socialização' da propriedade dos meios de produção resolveu-se na realidade em um 'capitalismo monopolista de Estado'." Jean-Marie Vincent sublinhava: "*Na ordem hiper-hierárquica do "socialismo real" não se conhece, com certeza, a concorrência capitalista, mas uma competição surda, praticamente sem regras, que não favorece os elementos mais lúcidos e os mais críticos. Muito pelo contrário, como mostrou Alexandre Zinoviev, o "socialismo real" favorece em quase todos os níveis da vida social a mediocridade satisfeita, a recusa da mudança, o conservadorismo burocrático (...)*". Bem antes, André Gide, escritor próximo do ambiente comunista francês, de volta de uma viagem à União Soviética, fazia com consternação as mesmas observações sobre a mediocridade da sociedade, a feiura dos produtos industrializados pelo Estado, a inércia das massas; e se perguntava como aceitar que "*a felicidade de todos (se fizesse) às custas de cada um*"?. Por que aceitar que para "*ser homem (seja preciso) ser conforme*"? O mais trágico é que, da fórmula leninista, apenas sobraram, portanto, a eletricidade e a industrialização forçada para a construção do socialismo em um único país. A industrialização forçada foi o eixo econômico de um keynesianismo soviético que teve no stalinismo seu eixo político: *exeunt* o conflito sindical e as dinâmicas horizontais de organização dos movimentos sociais. O planejamento centralizado e autoritário "equacionaria" as questões dos equilíbrios entre produção e consumo (e, pois, os níveis salariais). Na realidade, a representação do poder dos operários na forma do partido-Estado traduzia-se no esvaziamento da expressão do poder operário, ou seja, na repressão das lutas operárias e, com elas, na repressão de toda e qualquer manifestação social que não fosse centralmente controlada e determinada.

40. Sobre a noção de tempo em Deleuze, ver o belo livro de Pelbart (2003), ver também Landa (2000).
41. Estamos usando Osfa et al. (2006), *Fadaiat, Libertad de movimiento + libertad de conocimiento*, Málaga. Trata-se de um

livro do movimento espanhol de solidariedade com os imigrantes, em particular aqueles oriundos da África do Norte, e que propõe, entre outras coisas, uma cartografia do "estreito de Gibraltar".

42. Daí o interesse de retomar os trabalhos de Georgescu-Roegen (1966), bem nos termos de Fitoussi e Laurent: "Para ele, era importante estabelecer que os processos econômicos não podem ser autônomos" (2008:50).
43. Continuamos a reflexão sobre o devir-Amazônia do Brasil no capítulo 3 sobre a crise das máquinas antropológicas do Ocidente.
44. Como não pensar a quando Mario de Andrade afirmava ser mais "gostoso" conversar com "gente chamada baixa e ignorante! (...) Eles é que conservam o espírito religioso da vida (...)". (*Apud* Santiago, 2004:29).
45. A conferência foi filmada em 1987, difundida pela televisão francesa em 1989 e publicada pela primeira vez na revista *Trafic*, n. 27, em 1998. Aqui, nós usamos a coletânea de textos (Deleuze, 2003:291-302).
46. Estamos falando do período 2003-2006, ou seja, das políticas sociais do primeiro mandato do governo Lula e do debate que sobre elas travou-se no fogo da campanha eleitoral, desde meados de 2006. Segundo o Boletim do PNUD de 30 de agosto de 2006, o Programa Bolsa Família envolvia, em julho de 2006, mais de 11 milhões de famílias, distribuindo até um máximo de R$ 95,00 por mês por domicílio. O corte estatístico usado para eleger o público foi renda mensal *per capita* de R$ 120,00.
47. "Continuísmo superou o medo e a esperança."
48. Publicada no *Blog do Zé Dirceu*, 6 de agosto de 2006.
49. Em Suplicy (2002), podemos encontrar a proposta elaborada para o Brasil bem como uma série de "Textos Escolhidos", dentre deles o de Philippe Va Parijs, "Renda básica: Renda mínima garantida para o século XXI?".

CAPÍTULO 2   O que o mundo se tornou

Eclipse da política, exclusão e trabalho na era da subsunção real

2.1 O ECLIPSE DA POLÍTICA?

Como acabamos de ver, as análises das políticas sociais e mais em geral das relações entre distribuição de renda e crescimento econômico acabam misturando as tradicionais clivagens teórico-políticas. A decepção de determinados setores de "esquerda" — muitos deles oriundos do próprio PT — que avaliaram a política econômica do primeiro governo Lula como uma traição acaba coincidindo com o cinismo da oligarquia mais conservadora que — não satisfeita pelo conjunto de constrangimentos macroeconômicos com os quais o governo Lula teve de compor — sabota sistematicamente qualquer tipo de avanço reformista, por mais tímido que ele seja. Ao mesmo tempo, os setores moderados (digamos aqueles que exprimem um consenso reformista de "centro", embora este se divida entre uma sensibilidade "socialista" e outra "liberal") também invertem suas posições e seus papéis: os desenvolvimentistas criticando o governo Lula de dentro do próprio governo, ao passo que os social-liberais o elogiam de fora, no que diz respeito às políticas sociais.

Os impasses nos quais acabam caindo o debate e a crítica — ou seja, essa mistura de posições de direita e de esquerda diante dos enigmas da política econômica e da política social — derivam do fato de que continuam sendo usadas categorias de análise inerciais, derivadas de uma época ultrapassada. Em termos claros, de maneira geral aplicam-se, ao contexto atual, categorias próprias do capitalismo industrial. O crescimento econômico continua sendo, pois, o horizonte irrenunciável das políticas sociais de integração por meio da dinâmica do emprego. Um nível de emprego que deveria chegar a ser "pleno" com base no retorno de um intervencionismo estatal de tipo keynesiano. Fala-se de "socialismo", inclusive de "socialismo do século XXI", mas pensa-se o keynesianismo, no horizonte de um nacionalismo que, nas situações de "atraso" econômico, seria justificado como algo que corresponderia à luta contra a desigualdade social: "o nacionalismo é fundamentalmente a consequência da tensão gerada pelo desenvolvimento desigual numa economia mundial unificada, como resposta política a uma situação de '*atraso*' que se tornou tão inaceitável quanto a desigualdade social" (Arantes, 2006b). Nessa perspectiva, continua-se a crer que o nacionalismo faria nascer as nações: nações keynesianas. Pode até ser que a crise financeira do capitalismo global de final de 2008 e início de 2009 proporcione um terreno material a essas ilusões, em particular com uma volta catastrófica do protecionismo econômico e sobretudo a xenofobia com os trabalhadores estrangeiros.

Ora, se, por um lado, não sabemos o que possa vir a ser o dito socialismo do século XXI, por outro não teremos dificuldades em saber que o keynesianismo já não é viável. Já não é viável porque já não existem as forças sociais e econômicas que o sustentaram em sua trajetória hegemônica (norte-americana, conhecida também como "americanismo" ou "fordismo"). Aliás, fora dessa determinação específica — do New Deal rooseveltiano — o keynesianismo não contém — na sua qualidade de receituário para a intervenção econômica do Estado — nenhum elemento intrinsecamente progressista. Como todo mundo sabe, o intervencionismo estatal se tornou generalizado na década de 30 do século passado: da Alemanha nazista à Rússia stalinista e nos Estados Unidos de Roosevelt, passando pela Itália mussoliniana, o Brasil varguista e o Japão imperial.[1] O retorno precipitado do Estado, conduzido por Bush, Sarkozy, Berlusconi, Gordon Brown, Angela Merkel, diante da crise financeira global, com nacionalizações de bancos e outras companhias de seguro e até subsídios para a indústria automobilística, nos mostra que a intervenção estatal não é — enquanto tal — garantia de nenhuma dinâmica politicamente progressiva. Se tivéssemos que mensurar a guinada em direção ao socialismo do século XXI com base nas nacionalizações, deveríamos misturar a trajetória do governo Chavez com aquela do governo Bush filho.

O fato é que, hoje em dia, não há mais a classe operária de fábrica e o grande capital industrial (monopolista) que qualificaram o keynesianismo norte-americano (e, no limite, a própria experiência soviética, antes que ela virasse o pesadelo stalinista da industrialização forçada). É o mesmo que dizer que não há mais aquele conflito central entre capital e trabalho, cuja mediação dinâmica proporcionava as bases de legitimação social e econômica de um regime de produção — industrial — em massa destinada a um consumo também massificado, dentro de economias domésticas relativamente fechadas. Precisamos, pois, de novos conceitos e de um novo léxico, adequados às novas condições materiais, para apreender os novos conflitos, a nova composição de classe. Mas não se trata só disso. Às vezes, mesmo a mudança de léxico e de referencial teórico leva a abordagens inadequadas e a novos impasses. Exemplo disso, ou seja, da reprodução teórica do impasse político, encontra-se no discurso da "irrelevância da política". Na mesma entrevista que citamos anteriormente (Oliveira, 2003), o entrevistado afirma que o Bolsa Família, bem como as políticas de cotas[2] (que o governo Lula está implementando), são criações foucaultianas, ou seja, instrumentos de controle: o Bolsa Família, diz o entrevistado, "da mesma forma que as cotas, que as ações afirmativas, é um dispositivo foucaultiano, uma clara regressão". Em que sentido "foucaultiano"? O entrevistado explica: trata-se de uma "antipolítica na forma de uma política. É uma biopolítica".

Aqui, estamos no meio de um paradoxo curioso, que poderíamos enunciar da seguinte maneira: do mesmo modo pelo qual essa sociologia descobriu o keynesianismo e a mecânica de seu "fundo público" quando suas bases disciplinares já tinham sido varridas pelas lutas operárias e estudantis dos anos 1970 e enterradas pela reestruturação capitalista, essa sociologia hoje apreende as novas tecnologias de poder apenas a partir... do determinismo do poder. Está-se, assim, sempre, sob as determinações do poder e não se consideram — como se não existissem! — as rupturas impostas pelas lutas. Nessas circunstâncias, o discurso político mais radical acaba pregando, na realidade — mesmo que na forma de um saudosismo impotente —, uma forma de emancipação que, estranhamente, passaria pela subordinação: o pleno emprego industrial. Isso porque ainda se acredita que "no auge do fordismo" ter-se-ia chegado a uma "desmercantilização crescente do contrato de compra e venda da força de trabalho", e o problema hoje estaria no fato de os "capitalistas [terem] virado a mesa [e inventado] o desemprego estrutural e sua legião de supostos excluídos" (Arantes, 2007c:28).

Vagamente influenciada pela leitura que Agamben faz de Foucault, essa sociologia assume a biopolítica como uma regressão da política. A crise da esquerda estaria no fato de a esquerda ter renunciado à política. O que, ao mesmo tempo, seria consequência inevitável da "extinção" da classe operária.[3] Para Arantes, "Quando a esquerda não tem mais interlocutor social, vem a calhar a demonstração científica de que ela não existe mais": seria o esquecimento da política — o fato de já não haver um referencial de classe — a solapar uma esquerda alucinada pelas "grandes fantasmagorias do nosso tempo", sendo que — dentre elas — a mais importante miragem é a do "capitalismo informacional" (Arantes, 2007c). Oliveira o definirá como um capitalismo fruto de uma "revolução molecular-digital" (Oliveira, 2003:143). Mais recentemente, ele explicita: "um dos problemas centrais da deficiência teórica é que faltam os sujeitos da história" (Oliveira, 2009).

Como dissemos, não se trata de Foucault, mas de Giorgio Agamben. Em *Homo Sacer* (Agamben, 1995) encontramos — como o subtítulo o indica — um uso *sui generis* do conceito foucaultiano de biopolítica como construção, por uma decisão soberana que coincide com o estado de exceção, de um processo de exclusão inclusiva da vida nua: uma vida que não é nem a vida natural nem a vida política, uma vida sem significação, uma vida em suspensão.[4] Ao passo que Foucault definia o "biopoder" como um "assalto" do poder à potência da vida da população considerada como espécie, como princípio produtivo, Agamben desenvolve o conceito em uma direção oposta e coloca em seu cerne o paradigma do campo de extermínio nazista: para ele, a forma paradigmática da biopolítica é na realidade uma tanatopolítica (uma política de e da morte). Com efeito, essa é uma das faces tendenciais da nova caracterização do poder. Aliás, é na "brasilianização" do mundo que o biopoder se torna também poder de morte, uma regulação da população que confina setores da população pobre e jovem nos campos das favelas e das periferias, na condição de *Homo Sacer*: vidas indignas de serem vividas; matáveis, mas não sacrificáveis.

Essa face, contudo, está aberta a seu avesso paradoxal, na medida em que a extensão global do poder sobre a vida significa também que a própria insubordinação se difunde socialmente e assim generaliza as condições do antagonismo. Concentrar-se apenas na correlação entre estado de exceção e decisão soberana significa esquecer um outro elemento da ruptura contemporânea, como o sugere Negri (2006:30), a "dissolução da ontologia política que se tinha constituído em torno do conceito de soberania". Não podemos, pois, aceitar o determinismo da passagem do biopoder para a tanatopolítica. Negri enfatiza: "o reconhecimento [da] substância única — da vida e da morte — não implica a aceitação da morte! Não implica um ser no outro, nem em ser pelo outro; implica apenas o reconhecimento do outro" (Negri, 2006). A passagem é fruto da luta política e social e não determinada *a priori*.

Agamben, quanto a ele, confirma sua linha de abordagem em conferências sobre o conceito de "dispositivo". É aqui que Oliveira e Arantes encontram também o argumento da irrelevância da política. Só que, mais uma vez, estamos mais distantes de Foucault. Não há dúvidas de que Agamben se inspira na noção foucaultiana de "dispositivo" para se afastar sistematicamente dela, a partir de sua hermenêutica; e vai procurar na etimologia do termo a origem e o sentido do conceito. O "dispositivo" (*dispositio* em latim) derivaria do grego *oikonomia* e carregaria, pois, consigo a fratura teológica entre Deus (o ser, a ontologia) e a práxis (a operação de administrar e governar o mundo das criaturas). A práxis estaria completamente separada da ontologia, pura atividade autorreferencial. Assim, como pura atividade que não tem nenhum fundamento no ser, os "dispositivos" devem produzir seus sujeitos, inventar-se um "ser". O "dispositivo" é, pois, um aparelho (o que Heidegger definia, diz Agamben, como *Gestell*). E um aparelho é tudo que "captura a conduta dos homens". Desde o pan-ótico de Bentham (paradigma da sociedade disciplinar) até "a caneta, a escrita, a literatura, a navegação, os computadores", passando pelo "telefone celular"! E não seria algo específico das formas contemporâneas do capitalismo e nem do capitalismo em geral. Tratar-se-ia do próprio processo de civilização, inclusive da própria linguagem: "possivelmente o mais antigo dispositivo pelo qual, há muitos milhares de anos, um primata, provavelmente incapaz de se tornar ciente das consequências que o esperavam, teve a inconsciência de se fazer capturar". E nem tratar-se-ia dessa ou daquela trajetória de civilização ou fase do desenvolvimento: o próprio processo de "hominização [que] tornou humanos os animais" (Agamben, 2006) é que está em questão. Para Agamben, pois, sendo que a "hominização" corresponderia a uma separação do homem dos animais (da natureza), toda a tecnologia constitui um dispositivo de dominação, e os que pensam que a técnica possa ser qualificada (que possa ser social, que possa ser — por exemplo — ameríndia, amazônica!, não ocidental) são simplesmente *naïfs*: "na raiz de todo dispositivo se encontra um desejo de felicidade humano, demasiadamente humano" (Agamben, 2006:37). O que implica que a natureza existiria como algo completamente separado — natural! — diante da cultura, da "hominização".

Ao mesmo tempo, apesar de sua ontologia sem historicidade, Agamben reconhece que, na fase "extrema de desenvolvimento do capitalismo, nós vivemos como que uma gigantesca acumulação e proliferação de dispositivos" (Agamben, 2006:33-4). Diferentemente do que afirmara inicialmente, a "hominização" não é linear, e o capitalismo contemporâneo se caracterizaria pelo fato de os dispositivos atuais já não agirem mediante a produção de um sujeito, mas mediante "*processos de dessubjetivação*". Segundo ele, os discursos bem-intencionados sobre a técnica tornar-se-iam ainda mais "*vãos*". De repente, "as sociedades contemporâneas se apresentam como corpos inertes atravessados por gigantescos processos de *dessubjetivação* real. Daí o eclipse *da política* que supunha sujeitos e identidades reais (...)" (Agamben, 2006:44-6).

Ora, o catastrofismo de Agamben parece fornecer munição às armas da violenta crítica de "esquerda" contra os novos governos latino-americanos (em particular contra o governo Lula). Mas isso não deixa de ser duplamente paradoxal. Num primeiro momento, há o paradoxo da própria análise agambeniana, segundo a qual as condições reais de resistência e fuga estariam no âmbito de uma vida muito — demasiadamente! — próxima de suas condições nuas, uma vida que recusa seu aparelhamento, a própria hominização. Aquela que em algum momento aparece como uma determinação jurídica do poder reaparece depois como uma única condição de resistência e, ao mesmo tempo, como condição natural. Além disso, há o paradoxo do uso político que Arantes e Oliveira fazem do conceito de "irrelevância da política".

No que diz respeito ao primeiro paradoxo, basta lembrar que os estudos antropológicos dos índios e da floresta amazônica já nos ensinaram que a natureza não é "natural", ainda menos "nua": "Foram os antropólogos os primeiros a denunciar o erro grosseiro que consiste em considerar a selva amazônica como grande vazio demográfico, mata virgem à espera da gente. (...) Isto que chamamos 'natureza' é parte e resultado de uma longa história cultural" (Viveiros de Castro, 1992:20). A floresta virgem é vestida! Da mesma maneira, reciprocamente, a antropologia simétrica de Bruno Latour nos indica que as tecnologias nunca são meramente instrumentais: elas são também sociais e naturais! O segundo paradoxo diz respeito a um uso bem paradoxal não de Foucault mas, como dissemos, da interpretação *sui generis* veiculada por Giorgio Agamben: acatando o niilismo de Agamben, os dois pensadores brasileiros assumem a biopolítica como algo que sempre implicaria dispositivos de controle, mas isso numa perspectiva que — direta ou indiretamente — assume o chão de fábrica e sua sociedade disciplinar como se aí houvesse algum horizonte "progressista".

Ora, se há algo de interessante em Agamben é sua insistência em afirmar que por trás da disciplina em geral há sempre aquele lema (*Arbeit Macht Frei5**) que os nazistas inscreveram nas entradas dos campos de extermínio e do qual já falamos. Laymert Garcia aponta corretamente que Paulo Arantes está "preocupado em detectar o estado de sítio contemporâneo como expressão da redefinição das relações centro-periferia", ao passo que para Agamben o que importaria seria "interrogar o estatuto ontológico dessa violência em sua relação com o direito" (Agamben, 2006:13). Com efeito, nas reflexões de Agamben, há pouco ou nenhum espaço para uma análise das dinâmicas materiais (ou, digamos, socioeconômicas), para a periodização histórica. Para ele, a questão fundamental se encontra do lado de uma "decisão soberana" que é sempre decisão do poder de dominação: é ela que funda a exceção permanente, ao passo que — como veremos — está no próprio cerne das máquinas antropológicas. Embora compartilhe essa visão catastrofista, Arantes vê — sempre na apresentação de Laymert — a decisão soberana como "efeito colateral, porém imprescindível, de uma regra enunciada não em termos despóticos, e sim puramente capitalistas" (Santos, 2007:16-7).

O catastrofismo agambeniano é mobilizado no âmbito de um rígido determinismo do capital: "à pergunta '*quem decide quando e onde vale a regra ou a exceção?*' deveríamos responder: o movimento de realização do capital" (Santos, 2007). Um determinismo que chega a seu auge na passagem da modernidade para a pós-modernidade, pois o capital ter-se-ia enfim emancipado das limitações que o "trabalho" conseguia lhe impor — embora apenas de maneira ilusória — por meio de um "vínculo jacobino", ou seja, por meio do papel da centralização estatal: "como todas as igualdades deviam aparecer necessariamente pelo prisma do critério burguês máximo, como uma injustiça inaceitável, também era inegável a matriz política do dano a ser reparado, bem como plausível enxergar, nos mesmos termos políticos, a exploração econômica como uma desigualdade a mais e igualmente intolerável, demandando em consequência a compensação de um '*salário justo*', ficando em segundo plano a abolição da relação mesma de sujeição pelo assalariamento". Por consequência, "a decomposição da sociedade salarial [decretou] o fim da política" (Arantes, 2007a:288). Como o afirma também Leda Paluani, o "Estado de exceção" seria o contexto de um determinismo econômico que teria se emancipado também *vis-à-vis* ao poder soberano. Ora, essa emancipação é na realidade a aparência de uma desregulamentação que continua dependendo do Estado e de sua capacidade de afirmar a guerra como o conteúdo da decisão soberana. De todo modo, a crise atual abre a catástrofe anunciada ao horizonte de uma nova possível constituição.

Como colocamos, o uso de Agamben é bem paradoxal. Estamos ainda numa perspectiva desenvolvimentista, interna a um marxismo profundamente marcado por uma visão progressiva do capital. Nas palavras de introdução que Roberto Schwarz escreveu a *O ornitorrinco*, isso aparece de maneira nítida: "No campo dos trabalhadores, a nova correlação de forças leva ao desmanche dos direitos conquistados ao longo da quadra anterior. A extração de mais-valia encontra menos resistência e o capital perde o efeito civilizador que pudesse ter" (Oliveira, 2003:13). O chão de fábrica continua sendo uma referência saudosista: "A tendência vai para a informalização do trabalho, para a substituição do emprego pela ocupação, ou, ainda, para a desconstrução da relação salarial" (Oliveira, 2003:13). Para Agamben, não se trata de nada disso. Agamben reflete sobre como, na crise contemporânea do político, encontramos suas contradições estruturais de sempre, aquelas da própria antropogênese! O que desaparece em Agamben não é a política moderna, mas a própria possibilidade de resolver a ambiguidade do poder e de seus dispositivos. Por isso, sua obra nos deixa sempre mergulhados em uma não escolha, no conhecido lema de Bartleby: "*I would prefer not to*"⁶ (Pelbart, 2002). Nesse horizonte, haverá sempre uma confusão entre potência e impotência, profano e sagrado e, enfim, processos de subjetivação que se misturam com processos de dessubjetivação.

O catastrofismo filosófico de Agamben é na realidade uma "insurgência do negativo", como o enfatiza Negri: "a negatividade não é mais a que encontramos em Hegel — quer dizer, um negativo reacionário que relativiza os efeitos do positivo —, mas a que apresenta os efeitos do positivo como incompreensíveis e impotentes: estamos pensando, ficou claro, na negatividade heideggeriana" (Negri, 2006:206).⁷

2.2 BIOPODER E BIOPOLÍTICA

Acabamos de ver que alguns teóricos críticos brasileiros mobilizam uma leitura da biopolítica em termos de "irrelevância" ou "eclipse" da política. Essa leitura, apesar de ser atribuída a Michel Foucault, brota, de fato, da abordagem proposta pelo filósofo italiano Giorgio Agamben. E é uma das leituras mais problemáticas e distantes do filósofo francês. Como dissemos, ao mesmo tempo essa é uma apropriação *sui generis* de Agamben, pois mantêm-se numa perspectiva industrialista (ou fordista) completamente estranha às suas preocupações. Eles são enredados no debate sobre o subdesenvolvimento e multiplicam os paradoxos políticos de suas análises: parecem anticapitalistas, mas multiplicam as denúncias morais de um capitalismo que já não cresce como seria necessário, pois "o ornitorrinco capitalista é uma acumulação truncada e uma sociedade desigualitária sem remissão". O problema, aí, parece ser a forma contemporânea do capitalismo (e não o capitalismo em geral), pois essa se caracterizaria "apenas pelas '*acu-*

mulações primitivas', tais como as privatizações propiciaram". Isso tem a ver com um capitalismo que já não é produtivo: "agora, com o domínio do capital financeiro, elas [as acumulações] são apenas transferências de patrimônio, não são mais, propriamente falando, *'acumulação'*" (Oliveira, 2003:150). Corretamente, Oliveira está falando do "rentismo" do capital contemporâneo mas não alcança apontar para a qualidade do trabalho e da cooperação social que esse capitalismo "rentista" explora.

Contudo, já é paradoxal, antes, a própria leitura que Agamben faz, de Foucault. O conceito de biopolítica que o filósofo francês desenvolveu indica um horizonte duplamente diferente: por um lado, a emergência de uma biopolítica não implica algum recuo da política, mas o recuo de um tipo de difusão da política, de propagação por contágio, como se houvesse um vírus de política. Não sendo assim, tudo — toda a vida, a vida das populações — se torna político! Ao mesmo tempo, o deslocamento que Foucault propõe indica um horizonte completamente aberto: se o poder investe a vida e se constitui como poder sobre a vida (biopoder), isso acontece porque a vida se constitui como potência, como processo de libertação (biopolítica) (Pelbart, 2003).[8] O próprio Foucault dizia sobre a soberania: "Segundo Hobbes, não é a derrota que determina a dominação, mas o que acontece depois dela". Ou seja, "para que haja soberania, deve haver *'vontade de viver'*, mesmo se esta depende da vontade de um outro*"* (Foucault, 1997:82-3). Em seu último curso sobre a coragem da verdade, Foucault define o Bios como uma "obra bela", uma "estilística da existência, uma história da vida como beleza possível" (2009:149). Contrariamente ao que Agamben afirma, Foucault assume e afirma a resistência, a vontade de viver (a biopolítica), como algo que existe antes de a vontade de viver ser capturada pelo poder (biopoder).[9] Isso significa que o poder precisa da vida, de sua potência, e que, sem ela, o poder não é nada. Por sua vez, essa resistência é primeira e não precisa do poder: suas dinâmicas nada têm a ver com a negação, mas sim com a afirmação de sua potência.

Não por acaso, em seus *Cursos* de 1978-1979 sobre o nascimento da biopolítica, Foucault mobiliza a literatura neoliberal alemã dos anos 1930 e mostra como os que ele chama de "ordoliberais" alemães estavam preocupados com encontrar uma alternativa ao nazismo (bem como ao sovietismo!) e, pois, preocupados com definir uma tecnologia de governo capaz de capturar as dinâmicas produtivas de uma vida cada vez mais social e livre (Foucault, 1997:82). O neoliberalismo não é perigoso porque negue o social; é perigoso porque é uma tecnologia de poder capaz de reconhecer e controlar o social — desde o ponto de vista do capital.

Entre Autonomia e heteronomia: a "governamentalidade"

Ao se debruçar sobre o pensamento neoliberal por meio da reconstituição de suas origens na literatura econômica alemã da década de 1930, a preocupação metodológica de Foucault é explícita. Por um lado, ele visa a apreender o liberalismo como teoria de uma nova tecnologia de poder, aquela dos dispositivos de segurança. Por outro, ele coloca sua pesquisa no âmbito de um esforço de verdade. No cerne das transformações das tecnologias de poder determinadas pela passagem do sistema jurídico-legal aos mecanismos disciplinares e em seguida aos dispositivos de segurança, Foucault coloca a emergência da população como *milieu* e espécie, ou seja, o conceito de biopoder: "o conjunto dos mecanismos pelos quais o que, na espécie humana, constitui seus traços biológicos fundamentais". O ser humano, "como espécie", vai poder "entrar dentro de uma política, de uma estratégia geral de poder" (Foucault, 2004:3). Ao mesmo tempo, Foucault concebe seu trabalho de análise como uma "filosofia da verdade", isto é, uma "análise dos mecanismos de poder (que) tem o papel (...) de mostrar quais são os efeitos de saber que são produzidos em nossa sociedade pelas lutas, enfrentamentos, combates que nela acontecem, e pelas táticas de poder que são os elementos dessa luta" (Foucault, 2004:5).

Deleuze costumava marcar sua diferença em relação às análises foucaultianas do poder, em particular sobre o conceito de "disciplina". Para exemplificar, dizia que o espanto de Foucault seria do tipo: "com todos esses poderes, suas hipocrisias e artimanhas, contudo (ainda assim) conseguimos resistir". O espanto de Deleuze seria mais do tipo "uma sociedade (...) vaza por todos os lados, e os governos conseguem controlar". Para Deleuze (1986), a sociedade é um conjunto de linhas de fuga e "(...) os poderes vêm depois". Deleuze, sempre no intuito de marcar sua diferença *vis-à-vis* a Foucault, criticava também a ambiguidade da noção de dispositivo de poder. Para ele, o dispositivo mantinha uma dimensão que a noção de "agenciamento" (*agencement*) evitava com firmeza: "Se eu falo, com Guattari, de '*agenciamento*' de desejo, é porque não tenho certeza de que seja possível descrever os microdispositivos, em termos de poder". Em Deleuze, os dispositivos são atravessados e diferenciados pelas dinâmicas do desejo e seus "*agencements*" são heterogêneses determinadas pelos movimentos de desterritorialização e reterritorialização: "(...) fico confuso quanto aos dispositivos de poder, visto o estatuto ambíguo que eles têm para mim: em *Vigiar e punir*, Michel diz que eles normalizam e disciplinam; eu diria que eles codificam e reterritorializam (...). Mas, em função da primazia que eu atribuo ao desejo sobre o prazer ou o caráter secundário que têm, para mim, os dispositivos de poder, suas operações guardam um efeito repressivo, pois não esmagam o desejo como dado natural, mas as pontas de agenciamento do desejo". É a repressão que determina a diferença entre os dispositivos: sem repressão, eles são agenciamentos de desejo

(Deleuze, 1986:114). Nenhuma ambiguidade subsiste aqui sobre a noção de dispositivo entendido como agenciamento. Na realidade, a análise de Foucault da adequação do pensamento neoliberal à transformação dos mecanismos de poder pela passagem da disciplina para a segurança não deixa de visar a inserir esse esforço teórico na batalha política de renovação da crítica: "Se vocês querem lutar, eis aqui alguns pontos-chave, algumas linhas de força." Sua filosofia quer ser uma prática, e nesse sentido ele a inscreve no "círculo da luta e da verdade" (Foucault, 2004).[10] É o duplo interesse que apresentam esses cursos: ao passo que eles ligam a força política da renovação teórica do liberalismo à emergência da população como espécie (*milieu*), Foucault nos leva à centralidade do que ele chama de "contracondutas e afirma, sem ambiguidade, a primazia constituinte das lutas (2004:203ss.).[11] Assim, com Foucault e Deleuze, podemos apreender a crise do fordismo (e mais em geral da sociedade industrial) e a emergência de um novo tipo de produção (biopolítica) a partir da dinâmica da resistência e das lutas. Ao mesmo tempo, persiste uma pequena nuance entre Foucault e Deleuze que diz respeito à passagem da disciplina a uma nova tecnologia de poder. Aprofundemos as duas abordagens.

Como Deleuze, Foucault é muito marcado pela correlação entre dispositivos de poder e dinâmicas espaciais. Para Deleuze, a sociedade é um fluido ou mesmo um gás; para Foucault, é uma arquitetura. Por meio de minhas "obsessões espaciais, "diz Foucault", pude descobrir o que estava procurando: as relações que pode haver entre poder e saber".[12] Para definir as transformações das formas de poder, do sistema jurídico e legal do dispositivo ao de segurança, passando pelo disciplinar, Foucault usa o exemplo da cidade e as metáforas espaciais. Assim, ele propõe um esquema espacial das três principais formas de poder. A primeira forma, arcaica, é o sistema jurídico e legal que "capitaliza" o espaço. Nesse marco, a soberania se exerce sobre os limites de um território, a partir de uma localização geográfica do soberano na capital. A segunda forma, moderna, é o mecanismo disciplinar, que se exerce sobre os corpos dos indivíduos inscritos em um espaço vazio que vai ser construído artificialmente: espaço funcional e hierarquizado. A terceira forma, contemporânea, é a do dispositivo de segurança. Este se exerce sobre o conjunto da população, um *milieu*, que deve ser planejado em função dos eventos que o atravessam e estruturam. A partir dessa primeira apresentação das mutações das tecnologias de poder, Foucault pode enfatizar o novo desafio constituído pela "população". Esta se apresenta como uma "imbricação perpétua entre um *milieu* geográfico, climático, físico e a espécie humana". Esse *milieu* híbrido da população, natural e artificial, é múltiplo: constituído no cruzamento dos corpos e das almas, entre determinantes biológicos e culturais. Coloca-se, pois, uma questão completamente nova para a "arte de governar": como "constituir para uma população algo como um meio ambiente de vida, de existência e de trabalho?".

A física do poder nasce aqui, dessa interseção entre as dimensões naturais e artificiais das quais a população é o produto. O dispositivo de segurança é, portanto, capaz de "apreender o ponto onde as coisas vão se produzir, quer sejam desejáveis ou não" (Foucault, 1994:33 e 48). Com efeito, poderíamos dizer que esse é o ponto exato onde se produz a hibridização entre a natureza e o artificial, ou a naturalização do artificial. Esse ponto articula, diz Foucault, "um corpo e uma alma", a existência física e moral do homem, e é aí que o "*milieu* se torna um determinante da natureza" (Foucault, 1994:32). A população funciona, diz Foucault, como um sujeito-objeto (Foucault, 1994:78). Eis que a política de segurança age na ordem da natureza, mas de uma natureza que é artificial, maquínica, diriam Deleuze e Guattari. "A política tem de realizar-se no elemento de uma realidade", diz Foucault, ou seja, no nível do jogo da realidade com ela mesma. Assim, o que foi artificializado vai reencontrar seu estatuto natural.

O que o pensamento neoliberal faz é exatamente reduzir essa condição artificial à condição de "natureza", não mais dinâmica de hibridização desejante, mas determinação "pura" do inato e das necessidades em suas interações sistêmicas e não apenas em termos de livre-arbítrio, de liberdade individual. A passagem da disciplina aos dispositivos de segurança, diz Foucault, é a emergência "de um governo dos homens que pensa a natureza das coisas e pois de uma administração das coisas que pensa antes de mais nada a liberdade dos homens". O governo assegura sua regulação apoiando-se na liberdade dos homens, uma liberdade que não é "outra coisa senão o correlato da implementação dos dispositivos de segurança" (Foucault, 1994:32 e 49-50). Assim, a liberdade é ao mesmo tempo reconhecida, individualizada e "naturalizada". É um conjunto de fenômenos que funcionam como uma natureza que é preciso "manipular, suscitar (...) facilitar (...) quer dizer, gerenciar e não mais regulamentar". É com os economistas que essa naturalidade reaparece. Com efeito, essa naturalidade nada mais é que a sociedade como campo específico do homem. A própria qualidade do governo diz respeito justamente ao fato de regular os fenômenos que constituem os processos reais. Nisso, o Estado não é mais tão central quanto foi nas formas de poder precedentes. No seu lugar, intervém o governo como atualização permanente de sua legitimidade: [não se deve ver] "a liberdade apenas como direito dos indivíduos legitimamente opostos às usurpações (...) do soberano, pois a liberdade se tornou um elemento indispensável para a própria *governamentalidade*" (Foucault, 1994:357 e 360).

Chegamos assim à definição de "governamentalidade" como uma arte de governar com relação à qual o Estado é só uma peripécia, como uma *esfera política interna aos proces-*

sos. Assim, a governamentabilidade constitui a base teórica de uma política adequada aos fenômenos heterogêneos, ou seja, à modulação infinita das relações de autonomia e heteronomia que caracterizam o pós-moderno. Uma modulação que se funda no jogo infinito entre a constituição biopolítica da população e sua naturalização (como meio ambiente), biopoder.

Nessa modulação, aparece uma relação entre os dispositivos liberais de poder e o papel da liberdade. Ou seja, a liberdade é integrada quando e na medida em que sua potência passou por um processo de naturalização por meio da afirmação da população como meio ambiente. Ou seja, diante da imanência do processo, sua naturalização permite reintroduzir uma transcendência, só que dessa vez ela se articula a partir de dentro para fora, da autonomia para a heteronomia. Não se trata mais de organizar a sociedade no dispositivo total da heteronomia de fábrica. Ao contrário, trata-se de "segurar" a autonomia dos agenciamentos produtivos que já existem dentro das redes sociais. É o mecanismo de controle que Deleuze define como passagem da fábrica (disciplinar) para a empresa, algo que funciona como uma "alma ou um gás". É um capitalismo que não é mais dirigido pela produção, mas pelo produto, e que, portanto, se dispersa em função das conquistas de mercados que acontecem por "tomadas de controle e não mais por formação disciplinar" (Deleuze, 1990). O poder e suas políticas têm de adaptar-se às dinâmicas, às circulações, às linhas de fuga que caracterizam esse meio ambiente, um meio ambiente que, como Foucault nos indica, é constituído pela própria população, ou seja, pela hibridização de cultura e natureza. Eis por que as políticas liberais de segurança nascem do reconhecimento da dinâmica da liberdade que constituía a cidade e era constituída por ela. As tecnologias de segurança tinham justamente de responder ao desafio de reconciliar a realidade da cidade com a legitimidade da soberania, ou seja, responder à questão de como exercer a soberania sobre uma cidade. Os dispositivos de segurança constituirão a resposta, por sua capacidade de acompanhar o movimento, o deslocamento, os processos de circulação das pessoas e das coisas. O poder de segurança aparece como aparelho de captura dos fluxos: o poder reconhece que sua força vem da potência das lutas, da marcha da liberdade, das linhas de fuga. Autonomia e heteronomia não são equivalentes, embora a "governamentalidade" vise a articulá-las, modulando-as. Assim, a "governamentalidade" neoliberal — longe de ser um economismo — é um *governo da sociedade*, uma política da sociedade: *Gesellschaft-politik*, e é essa política da sociedade que, em retorno, produz a sensação do eclipse da política, e se apresenta como uma *polizeiwissenschaft* (Negri, 1990): crédito neoliberal para os pobres comprarem sua moradia e política para despejar as famílias que não conseguem pagar as hipotecas!

Nessas leituras, Foucault antecipava a força do projeto neoliberal exatamente como tecnologia capaz de capturar aquele terreno de proliferação social e difusa das tecnologias (das redes de produção e reprodução) que Agamben desdenha e Arantes e Oliveira desconhecem. Os dois pensadores brasileiros que aqui analisamos o ignoram, porque pensam no capitalismo flexível como uma técnica industrial sobre a qual seria aplicada uma retórica da flexibilidade. Agamben o desdenha, porque o considera ele mesmo o conteúdo do dispositivo. Para ele, o dispositivo na realidade não captura, mas gera: o poder, assim, seria produtivo. A única resistência é por consequência negativa, desprendimento, profanação, recuo na "vida nua". Como dissemos, em seu livro sobre o dispositivo, Agamben chega a identificá-la, de maneira provocativa, com a figura daquele primata que um dia, infelizmente, criou uma linguagem. Desse ponto de vista, as conferências sobre o "dispositivo" apenas retomam alguns elementos das reflexões que Agamben desenvolveu sobre a obra de Heidegger em *O Aberto*, já em 2002, e em seu livro sobre Auschwitz. Por trás de qualquer dispositivo, se encontram na realidade as próprias máquinas antropológicas do Ocidente. De todo modo, para Agamben seria vão e *naïf* procurar uma outra aplicação para os dispositivos, "tornar ineficaz a máquina que governa nossa concepção do homem não significa procurar novas articulações, mais eficazes ou mais autênticas" (Agamben, 2002:137).

Foucault, ao contrário, indica que o dispositivo captura algo que lhe preexiste, e que o neoliberalismo encontra sua dinâmica justamente na capacidade que tem para apreender essa dinâmica produtiva das redes sociais. O poder pode controlar, modular, mas não gerar. A tecnologia de poder (os dispositivos) "neoliberal" articula o controle em termos completamente diferentes do que os que caracterizavam as sociedades — disciplinares — cujo paradigma era a fábrica e cuja relação social fundamental era a relação salarial (de subordinação assalariada do trabalho formalmente livre). Se Agamben pensa que a tecnologia é sempre um dispositivo de poder, nós pensamos, com Foucault, Deleuze, Guattari e Negri, que não há tecnologia que antes não seja social e, pois, que o poder precisa capturar algo que o antecipa: a difusão social do trabalho, antes de ser reestruturação e mais em geral reorganização — pós-fordista — do capital, é o resultado da insurreição operária contra o trabalho fabril e da insurreição social (estudantes, mulheres, migrantes, minorias) contra a sociedade patriarcal.

O mercado que o neoliberalismo visa a mobilizar é aquele dispositivo de modulação infinita dos estatutos de um trabalho que, para ser controlado, precisa ser continuamente fragmentado. Em uma ponta, esse trabalho — o trabalho das prestações de serviço — nos aparece como uma nova escravidão: nenhum momento e nenhum espaço de nossas vidas foge a um processo de valorização (de subsunção) que coloca nossas vidas inteiras para trabalhar. É nesse nível que — em função do desaparecimento dos sujeitos clássicos da política e da representação (a classe operária, a burguesia e o capital) — temos a impressão (superficial) de que a política se torna indiferente, irrelevante, pois ela se torna uma "pura atividade de governo que não visa a nenhuma outra coisa que não seja sua própria reprodução" e acaba definitivamente com a clivagem entre "direita" e "esquerda" (Agamben, 2006:46).

Mas essa clivagem não passa de impressão (a qual, aliás, participa das novas formas de poder), pois na realidade tudo se torna imediatamente político: essa nova forma de escravidão visa na realidade a governar o que, na outra ponta, se constitui como atividade livre e criativa de singularidades que se tornam produtivas independentemente da relação de capital. Essas singularidades cooperam entre si mantendo-se tais: como acontece nas redes de produção do *copyleft*, ou do *wikipedia*, mas também nas redes de pré-vestibulares comunitários organizados a partir do trabalho voluntário nas favelas do Rio de Janeiro e São Paulo e mais em geral nos movimentos culturais das periferias. De repente, a organização da produção não é mais a consequência do esvaziamento (assalariado) da liberdade formal, mas algo que pode acontecer dentro das redes horizontais de cooperação social (de trabalho colaborativo em rede que atualiza constantemente essa liberdade). O paradoxo leninista de ter que organizar a produção, ou seja, de atrelar os sovietes (a democracia radical dos conselhos) ao seu contrário (o taylorismo e a eletricidade) está — na tendência — ultrapassado. Hoje em dia, organizar a luta, constituir os conselhos (a radicalização democrática) é o mesmo que organizar a produção. Diante disso, a acumulação perde progressivamente sua legitimação instrumental (de ser a condição da produção) e se afirma como uma pura relação de poder, acumulação política que visa — pela violência, pela guerra, pelo Estado de exceção — a transformar sistematicamente as singularidades em fragmentos individualistas que competem entre si (mercado) e, pois, transformar as relações de cooperação em relações de riscos que é preciso "securitizar" (daí o papel materialíssimo e real do capital financeiro).

A medida, como diz Negri, é restaurada pela sua sobredeterminação, quer dizer, pela reintrodução da heteronomia e com ela de sistemas heterodiretos, transcendentes, teológicos (Negri, 2007:61). Mas se os fluxos de controle se organizam por meio do restabelecimento da dialética, seu novo critério de mensuração (a financeirização e a "securitização") não encontra mais suas bases de legitimação na relação capital-trabalho, ou seja, na *verdade* que a *não verdade da exploração* carregava. A resposta industrial aos desejos massificados de consumo — que encontra no socialismo sua configuração apologética, embora sem efetividade — não consegue mais articular os parâmetros do valor e do trabalho com os da justiça redistributiva, da recompensa social. Não existe mais a matéria que constitua, de forma comum, um terreno de justiça: toda ilusão ou utopia de uma medida comum desfez-se (Negri, 2007:77). De repente, é o dogma da justiça distributiva que desmorona: "o castigo e a recompensa são distribuídos em função da obra do homem, mas só Deus sabe quais são as obras que merecem". Com efeito, por trás desse dogma vive e se afirma a impostura dialética: "Deus usa o mal com o objetivo de reconstruir o bem" (Negri, 2007). A dialética é uma teodiceia, uma justificação do Senhor que ao mesmo tempo se afirma como juiz e também como adversário.

Estamos, portanto, no interior de uma dimensão imediatamente política das lutas e da produção. Dentro dela, as tecnologias de poder passam exatamente nos processos políticos de definição da esfera pública. A transformação desta em uma dinâmica de mercado (e daí às privatizações) não diz apenas respeito a um mecanismo de acumulação primitiva, mas sobretudo à legitimação do aparelho de modulação: oferecer um telefone celular a todo mundo quase gratuitamente significa querer incluir na dinâmica de acumulação qualquer um de maneira muito mais eficaz do que o faziam os mecanismos de integração pelo emprego e pelo Estado (a telefonia estatal). A liberalização do setor de telecomunicações e o desenvolvimento da internet é, desta maneira, muito mais do que uma "expropriação" a mais: a "acumulação via espoliação" da qual fala David Harvey (2004). Trata-se do próprio mecanismo de governo das redes. Mas esse mecanismo só pode funcionar se o mercado consegue a impossível operação de se afirmar como uma esfera pública e com isso evitar a produção e reprodução em espiral das condições comuns de proliferação das redes pelas redes. E o mercado só consegue manter um funcionamento como esfera pública (da qual é, na realidade, uma paródia) na medida em que o bloco de poder (o biopoder) é capaz de conter o movimento para fora da relação salarial; dentro da continuidade das instituições da era salarial: sendo a primeira delas o fato de continuar a atrelar a distribuição de renda — bem como o sistema previdenciário — ao fato de se ter um emprego; e sendo a segunda a manutenção e o agravamento do direito da propriedade intelectual.

2.3 TRABALHO E SOCIEDADE DE CONTROLE NA ERA DA SUBSUNÇÃO REAL: DO PLENO EMPREGO À PLENA ATIVIDADE

No capitalismo contemporâneo, o trabalho é atravessado por duas linhas de transformação. Uma é a fragmentação do estatuto do emprego, em função de sua difusão social para além do chão de fábrica e para além do marco jurídico contratual da própria relação salarial. A outra diz respeito ao fato de que o trabalho se torna imaterial, comunicativo, afetivo.[13] Isso não significa dizer que o trabalho material desapareceu, menos ainda que o trabalho imaterial se identifica com a importância crescente das meras funções "intelectuais" ou a difusão do "intangível" como começam a fazer aqueles economistas e sociólogos do trabalho que, com razão (embora com atraso), começam a enxergar a mutação e ao mesmo tempo a assumem sociologicamente.[14]

Enzo Rullani exemplifica de maneira contundente a mutação por meio da composição do valor dos bens de consumo: "Se uma armação de óculos custa 100 euros ao consumidor final, seu conteúdo material é igual — no máximo — a 8 euros (o valor pago à fábrica do produtor manufatureiro)". Mas não se trata só disso. Se o produtor material for chinês, o peso relativo do conteúdo tangível pode cair para 3,5 euros (apenas 3,5% do valor total). Na direção oposta, se a armação consegue atrelar-se a uma *griffe*, seu valor final pode ser multiplicado por dois, dando lugar a uma mais-valia incomensurável. Estamos, pois, no âmbito da desmedida. De onde vem esse suplemento de valor para o mesmo objeto de consumo? Com certeza não se trata mais da tradicional extração de um tempo de trabalho excedente. Não apenas o conteúdo tangível pesa apenas 5% a 10% do valor pago pelo consumidor final, mas ele gera uma verdadeira "guerra entre pobres" para defender as partes de manufatura (que produzem o tangível) que se deslocam para procurar manter o percentual nesse patamar ou baixá-lo ulteriormente (Rullani, 2004:13-4). Outro exemplo que podemos mobilizar é o do negócio da difusão audiovisual. Com efeito, um aparelho de TV com tela de plasma e 32 polegadas custa (agosto de 2008) cerca de 1.800 reais, ou seja, 12 prestações de 150 reais. Se consideramos que uma assinatura de TV via cabo ou satélite pode custar (no caso de um pacote intermediário) 100 reais por mês, e calculando que o aparelho de TV tenha pelo menos dez anos de vida, temos uma assimetria imediata: a venda do conteúdo rende 12.000 reais, ou seja, seis vezes mais do que o próprio aparelho. Isso sem levar em conta o componente imaterial do próprio aparelho. A telefonia celular fornece mais um exemplo: ao passo que os aparelhos são entregues praticamente de graça, as companhias ganham na cobrança do uso, uma cobrança que não tem nenhum critério objetivo e que, portanto, se parece com um imposto.

O *Relatório da Comissão sobre a Economia do Imaterial* encomendado pelo Ministério da Fazenda francês apresenta, como exemplo, a empresa norte-americana *Nike*: o custo de produção de seus sapatos esportivos é estimado em não mais de 4% do preço de venda total; o resto é remuneração dos ativos imateriais (marca, pesquisa, patentes e o *know-how* da empresa) (Lévy e Jouyet, 2006:12). Na tentativa de oferecer elementos de quantificação do imaterial, o Relatório propõe uma dupla qualificação dos três tipos de ativos imateriais: os imateriais tecnológicos; os ligados ao imaginário; e os que dizem respeito aos elementos organizacionais e podem constituir investimentos ou ativos das empresas. Os investimentos (tecnológicos) em Pesquisa & Desenvolvimento e no desenvolvimento de *softwares* se traduzem assim em ativos de patentes, *know-how*, *design*, modelos e *softwares*. Os investimentos (ligados ao imaginário) de propaganda e comunicação se consolidam em propriedade intelectual e artística e marcas. Os investimentos (gerenciais) em educação e formação contínua e em *softwares* e outras tecnologias da informação e da comunicação, bem como as despesas de *marketing*, se consolidam, diz o relatório, em capital humano, bancos de dados de clientes, fornecedores, assinantes, suportes de venda, cultura gerencial e processos específicos de organizar a produção.

O modelo do trabalho imaterial não representa a difusão social da disjuntiva taylorista entre trabalho intelectual de concepção e trabalho manual de execução, mas sua superação. Embora desenvolvido a partir de uma metodologia bastante conservadora, o Relatório do governo francês sobre o imaterial afirma claramente: "Seria errado reduzir o imaterial a determinados setores (...). Com efeito, a lógica do imaterial (...) se difunde para bem além desses setores específicos e envolve hoje a quase totalidade das atividades econômicas" (Lévy e Jouyet, 2006:12). Estamos, pois, falando das próprias relações sociais e políticas e de uma mudança de paradigma que envolve as unidades de medida que as contabilidades de empresa e das nações tradicionalmente utilizam: "Apesar de seu caráter central para a criação de valor e o crescimento, a dimensão imaterial da economia esbarra no problema da medida, tanto no nível das empresas quanto no nível macroeconômico" (Lévy e Jouyet, 2006:13). Isso se traduz na desconexão crescente entre o valor das empresas (mercado dos ativos) e o lucro (mercado dos bens): segundo as avaliações de um escritório de análise financeira, o peso do imaterial nos balanços das 120 mais importantes corporações europeias chegava, em 2004, a 71%. Desses, 21% correspondentes à consolidação dos ativos intangíveis (marcas, patentes, quotas de mercado) e 50% ao *goodwill*, ou seja, a parte do "valor" dos ativos (da empresa) que não encontra lastro em nenhum tipo de capital, seja ele material ou imaterial! (Rebiscoul, 2006).

Na passagem do industrial (material) ao pós-industrial (imaterial), os elementos básicos da psicologia e da moral sobre os quais se embasam todas as teorias econômicas (e suas supostas "leis") não funcionam mais. A escassez é substituída pela abundância; a valorização se desloca da produção para a própria transação (circulação). A rivalidade entre os bens (quer dizer, a exclusividade do consumo) deixa lugar ao compartilhamento. É todo o trabalho que muda, assim como sua relação com a vida como um todo, tornando obsoletas as disjuntivas e suas tradicionais oposições binárias: a começar pelas díades emprego-desemprego, trabalho e não trabalho! A própria correlação entre crescimento e emprego muda radicalmente. A política neokeynesiana do governo argentino de Nestor Kirchner (2003-2007), por exemplo, permitiu sim ao PIB argentino alcançar taxas de crescimento de tipo chinês nos últimos quatro anos. Mas isso não impede que (em 2008) apenas 38% do emprego seja formal e que mais da metade dos 60% de informais recebam salários abaixo do mínimo. Podemos constatar a mesma coisa no Brasil. A dinamização do crescimento do PIB, entre 2006 e 2008, de fato determinou um crescimento expressivo do emprego formal, mas esse emprego se concentra nos setores de intermediação financeira e atividades imobiliárias, aluguel de serviços prestados às empresas e administração pública (Iedi, 2008).

Andy Furlang, da Universidade de Glasgow, aponta como problemáticas as políticas públicas que continuam mantendo como referente a clivagem linear entre emprego e desemprego. Em particular quando visam às populações de jovens de baixa qualificação. "Na realidade", diz ele, "as transições são duráveis e complexas, com muitos jovens envolvidos em uma série de qualificações baixas e empregos instáveis" (Furlang, 2007). As estratégias de reabsorção do desemprego apostam na multiplicação das maneiras degradadas de trabalhar. Isso vai no sentido de uma sociedade de plena atividade, sem que se possa mais falar de pleno emprego.

No nível macroeconômico, a diminuição dos postos de trabalho no setor manufatureiro dos países ocidentais (e em geral de todas as economias do mundo) não pode ser atribuída, por enquanto, ao deslocamento em massa da produção em direção à China, mas ao aumento da produtividade do trabalho industrial. Na China, a força de trabalho empregada na manufatura é realmente seis vezes superior à norte-americana, mas ela produz não mais do que a metade do valor em dólares dos bens industriais dos Estados Unidos. Por outro lado, desde o início dos anos 1990, na China também, em Singapura, na Coreia do Sul, em Taiwan, o emprego do setor industrial está diminuindo. Christian Marazzi fala "da emergência de um modelo *antropogenético*", ou seja, um modelo de "produção do homem por meio do homem", no qual as possibilidades do crescimento endógeno e cumulativo dizem respeito sobretudo ao desenvolvimento do setor educacional (investimento em capital humano), dos setores da saúde (evolução demográfica, biotecnologias) e da cultura (inovação, comunicação e criatividade). Quer dizer, os fatores de crescimento são imputáveis diretamente à atividade humana (...), ou seja, à produção de *formas de vida* e, pois, criação de valor agregado, que define a *natureza* da atividade humana" (Marazzi, 2008). O fato é que esse pertencer a esse ou a outro setor de emprego não significa mais nada. Ao mesmo tempo, o que será essa "natureza" da atividade humana?

O modelo antropogenético, da produção do homem pelo homem, é chamado por Michel Serres de "hominescência". "Há milhões de anos, diz Serres, o processo original de hominização conheceu o primeiro de seus cortes, quando — fabricando instrumentos — nós começamos a construir nosso meio ambiente. (...) Quando esse ambiente humano alcançou uma densidade bastante compacta para tornar-se um mundo em si, ele influenciou em retorno a própria população que o tinha produzido, segundo um círculo de retroação que hoje entendemos bem." Em suma, nós construímos nosso corpo por meio dos produtos de nosso corpo, pois os objetos técnicos o aparelham. Assim, segundo Serres, "a hominização se parece menos à evolução vital que a uma produção própria" (Serres, 2001:60). A consequência da hominescência é que "nós já não vivemos mais as mesmas mortes que suportávamos desde nossa origem" (Serres, 2001:14).

Por caminhos radicalmente diferentes, Marazzi e Serres nos levam ao cerne do deslocamento. Um deslocamento cujas contradições e novas linhas de conflito eles nem sempre apontam com clareza. Nossas reflexões sobre o devir-Amazônia do Brasil e o devir-Brasil do mundo nos indicam que uma das novas e fundamentais linhas de conflito que atravessam a bioeconomia (e o capitalismo cognitivo) opõe seus desenvolvimentos "meramente" antropogenéticos a um horizonte não antropocêntrico e, como veremos, nesse sentido não eurocêntrico, tema que desenvolveremos a seguir.[15] Por sua vez, Serres corre o risco de fechar-se em um spinozismo equívoco, no qual o homem é *Causa Sui*, causa de si mesmo. Descolada dos processos materiais, como aponta Negri, a potência performativa da razão se desenvolve unicamente sobre si mesma, de maneira equívoca. Se nos mantemos apenas no terreno do conhecimento, fora do conflito, não conseguimos articular a prática da liberdade, a potência do ser com a potência da verdade. Trata-se de um bloqueio que "somente pode ser resolvido no terreno da práxis constitutiva", quer dizer, dentro da "determinação ontológica enquanto tal" (Negri, 1979:68-9). A ontologia, a vida do ser, é nosso terreno de batalha, o terreno de constituição da "potência do ser" e da "verdade" (Negri, 1979:51).

No modelo antropogenético de produção do homem por meio do homem apontado por Marazzi, as tecnologias de poder se tornam biopolíticas, se reorganizam — como vimos em Foucault — pela inversão de sua relação com a morte e pela emergência da população como um novo artifício natural. Por um lado, o poder soberano arcaico, que se definia como um direito de fazer morrer e de deixar viver, é ressignificado por uma nova tecnologia de poder, o poder de segurança: um poder de fazer viver e deixar morrer. Por outro, seu meio ambiente, sua "natureza" é a população cujo espaço-tempo é constituído pelas (e constituinte das) megalópoles e suas formas de vida. Não é por acaso que a fenomenologia da passagem nos coloca diante dos desafios de um duplo desaparecimento: a difusão da fábrica para a sociedade como um todo traduz-se no desaparecimento da fábrica; por sua vez, a generalização do espaço urbano para além de suas periferias anuncia o desaparecimento do urbanismo. Com efeito, um dos mecanismos fundamentais da tecnologia de segurança, do biopoder, é sua dimensão antropocêntrica e, nessa medida, sua capacidade de reproduzir continuamente o dualismo cultura *versus* natureza, sujeito *versus* objeto. Assim, o meio ambiente é constituído por uma impossível natureza natural (a Amazônia) e pelas populações enquanto espécie, em particular no caso das populações urbanizadas nas oceânicas periferias das grandes metrópoles do sul que tanto assustam Mike Davis. A bioeconomia organiza-se em torno das relações de dominação do "outro" e seu mecanismo fundamental é o antropocentrismo como base de afirmação de uma impossível "natureza" de uma atividade humana que — na realidade — não diz mais respeito à produção do homem por meio do homem, mas a um processo horizontal e rizomático de hibridização entre humanos e não humanos.

Nesse contexto, falar de trabalho imaterial significa apreender a recomposição — materialíssima — da mente e da mão, na direção oposta à hierárquica "espiritualização" do mundo que o "progresso" do trabalho material alimentava pela sua relação instrumental com a natureza. Com efeito, a relação sujeito-objeto, homem-natureza, se baseava na subordinação da mão à mente, do corpo do executor manual de tarefas simples ao cérebro da concepção intelectual dos tempos e métodos, do corpo e de sua carne ao espírito racional cartesiano. Não por acaso, Camus identificava a imposição ao desejo do objeto do "sucesso, da eficácia", e a imposição de um "tempo" da história que é tempo dos assassinos da humanidade (possível) da natureza dos homens. O modelo antropogenético pode nos levar a uma vida independente do sucesso e da eficácia, como jogo eterno do desejo sem objeto, sem origem e sem fim (Bove, 2008:115). Mas, para isso, é preciso que suas bases ontológicas sejam "outras", quer dizer, não antropocêntricas. O trabalho imaterial tem como base tecnológica o que Christian Marazzi chama de "Corpo Máquina". Ou seja, a disjuntiva que a desmaterialização do capital fixo e a transferência de suas funções produtivas e organizacionais no corpo vivo da força de trabalho gera é a disjuntiva — política — que separa a importância crescente do trabalho cognitivo produtor de conhecimento e das próprias formas de vida, como mecanismos fundamentais da produção de riqueza e, ao mesmo tempo, sua desvalorização em termos salariais e de emprego. A disjuntiva está no não reconhecimento político da mutação (a subsunção da vida como um todo) para permitir seu controle socioeconômico. Ora, esse não reconhecimento da dimensão produtiva da vida passa pela manutenção forçosa do "emprego" como instituição central que, por um lado, fragmenta as forças produtivas (entre empregados e desempregados bem como entre os diferentes estatutos de emprego), e, por outro, mantém e amplifica a separação industrial (moderna e ocidental) entre cultura e natureza, uma natureza que precisamos dominar para alimentar as atividades industriais que proporcionam determinados níveis de emprego.

Pelo contrário, a noção de imaterial diz respeito à dimensão relacional e linguística do trabalho e, portanto, ao seu tornar-se práxis, para além da dialética sujeito-objeto. Seu modelo é a criação artística, que, por sua vez, está cada vez mais parecendo com "a criação científica que sempre foi trabalhada em rede, um trabalho que você trabalha em cima do outro, que exige um aparato institucional complexo de produção propriamente coletiva" (Viveiros de Castro, 2007b). Trata-se de se dar conta de que, como o próprio Marx antecipava, o produto deixa de ser criado pelo trabalhador individual imediato para ser resultado mais de uma combinação de atividades sociais que da simples atividade do produtor. Ora, como apontava Foucault, essas atividades sociais são uma produção biopolítica que implica, na relação social, a relação de hibridização entre homem e natureza. A transformação da matéria (inclusive quando ela continua a acontecer no chão de fábrica) depende das dinâmicas técnicas, comunicativas, linguísticas, afetivas, ou seja: depende de atividades da mente e da mão de um trabalhador de carne e osso! Dizer que o trabalho se tornou imaterial significa afirmar que, no pós-fordismo, são as dimensões relacionais do trabalho que determinam as dimensões objetivas (da relação sujeito/objeto) típicas do processo de trabalho industrial.

Com o seu aporte específico, a antropologia pode permitir um aprofundamento dessa dimensão relacional, linguística do trabalho, recuperando e incluindo nela uma nova maneira de apreender a relação com a natureza, com a história comum que a sociedade e o ambiente constituíram e constituem — uma história comum, da produção de formas de vida por meio de formas de vida. Uma produção que é produção de mundos dentro de um leque aberto de possibilidades, para além do antropocentrismo.

a. A era da subsunção real: não há mais fora

Sabemos que, pelo conceito de "subsunção", Marx visava a dar conta da relação que o capital, entendido como relação social de produção, mantinha com o conjunto das outras relações sociais de produção. Marx distinguiu duas tipologias dessa relação: a "subsunção formal" e a "subsunção real".

No âmbito da primeira, a relação de capital (a relação salarial) convive com modos de produção arcaicos, ou seja, com um processo de trabalho preexistente: "Chamamos de subsunção formal do trabalho no capital a subordinação ao capital de um modo de trabalho tal qual surgira antes da relação capitalista", escreve Marx (1971:198) Diferentemente, a *subsunção real* é o modo de produção capitalista plenamente desenvolvido: ela "é acompanhada por uma revolução completa do modo de produção" (Marx, 1971:219). Do mesmo modo que articulara o conceito de mais-valia em suas dinâmicas extensiva (absoluta) e intensiva (relativa), Marx articulava também o aprofundamento da hegemonia do modo de produção capitalista, que chegaria à maturidade quando o controle capitalista dos meios de produção se realizasse em "uma escala social" (Marx, 1971). Assim, o próprio Marx, que trabalhava na tendência anunciada pela industrialização inglesa, identificava essa passagem como o fruto de um processo de homogeneização de todos os ramos da indústria. A sociedade de massa criticada pela Escola de Frankfurt parecia concretizar esse processo de homogeneização. Era uma sensação da época. Em seu diário de viagem, Lévi-Strauss escrevia: "A humanidade se instala na monocultura; ela se prepara para produzir uma civilização em massa, como a beterraba" (Lévi-Strauss, 1955:37).

Ora, a heterogeneidade das trajetórias de desenvolvimento da economia-mundo deixou subsistir, até os dias de hoje, níveis extremamente diversos de integração do processo de trabalho sob o capital. Uma das características fundamentais da relação perversa entre desenvolvimento e subdesenvolvimento é que o subdesenvolvimento tenha continuado a associar modos de produção modernos e arcaicos. Provavelmente, a distinção marxista entre subsunção formal e real (bem como entre mais-valia absoluta e relativa) contribuiu para que se tenham afirmado as interpretações dualistas dos enigmas do desenvolvimento, ou seja, interpretações que veem o subdesenvolvimento como condição de um capitalismo limitado à subsunção formal, quer dizer, à convivência de setores modernos e arcaicos. Análises que tinham como consequência a assunção da subsunção real como um horizonte de progresso e emancipação.

Na condição atual — do capitalismo cognitivo —, é possível recuperar a díade marxista mediante uma importante adaptação. Isso para dizer que o capitalismo cognitivo caracteriza-se como a época da subsunção real de toda a sociedade sob a dinâmica de valorização do capital, onde as relações entre as pessoas se dissolvem em benefício das relações entre as coisas, das relações entre as relações"; em termos contemporâneos, podemos falar de "redes de redes" ou de "troca de trocas de pontos de vista", nos termos de antropologia imanentista. Ao mesmo tempo, isso não corresponde a nenhum processo de retomada da dinâmica da industrialização e ainda menos a nenhum processo de homogeneização social. Pelo contrário: o capitalismo da era da subsunção real é, sim, um capitalismo feito de redes de redes; mas, ao mesmo tempo, ele é um capitalismo pós-industrial e subsume o conjunto da sociedade em sua heterogeneidade. A universalização da cultura ocidental não reduz as diferenças, mas as integra (e hierarquiza) como internas, em vez de fazê-las de funcionar como contrapontos externos.

A subsunção real acontece quando toda a vida é mobilizada na valorização do capital: e não porque todo o trabalho se tornou assalariado e fabril, mas, na medida em que o trabalho acontece dentro das redes sociais, misturando tempo livre e tempo de trabalho em um único tempo de vida que é inteiramente tempo de produção. Isso significa, por um lado, que a reprodução tornou-se imediatamente produtiva, e a geração da vida reencontrou seu estatuto central; e, por outro, que essa subsunção da vida como um todo sob o capital pode acontecer porque sua base tecnológica são as redes e, pois, a multiplicidade híbrida de suas determinações heterogêneas (e não o processo de homogeneização que tinha sido previsto). Assim, a subsunção real tem que lidar com uma nova ontologia, completamente heterogênea (que nós discutiremos no capítulo 3). E isso na medida em que "a natureza e o homem foram transformados pelo capital" (Negri, 2006:34).

Por que usar o conceito marxista, se a fenomenologia é diferente da prevista por Marx? Porque a mecânica é a mesma. Para Marx, há subsunção formal quando há um comando capitalista externo ao processo de produção, isto é, externo a muitas outras e variadas situações socioeconômicas que, por sua vez, lhe são externas. Na subsunção formal, o comando capitalista é imposto do exterior: é um comando disciplinar, de um ponto (um centro) determinado (como no pan-ótico bethamiano) que alcança até a periferia. A subsunção real é diferente disso, dado que é uma situação global na qual já não há fora!

Nesse caso, o comando está dentro, é uma tecnologia de poder que circula no interior das redes e de seus funcionamentos tanto quanto dos próprios cérebros e comportamentos dos homens: é um dispositivo de segurança, como dizia Foucault, que nos leva a uma sociedade de controle, como Deleuze propôs. O poder de segurança, o biopoder, procura sua imanência por meio da captura das formas de vida, ou seja, modulando seu comando por dentro dos processos, transformando a soberania em governamentalidade. Ao mesmo tempo, seu comando só se torna efetivo na medida em que logra manter e reproduzir a clivagem entre cultura e natureza, ou seja, na medida em que as dimensões políticas do controle permitem reintroduzir uma transcendência, uma dialética sujeito-objeto que lhe permite afirmar, mesmo que de maneira completamente ilegítima, a efetividade da medida como vigência de uma economia da vida: pela separação, meramente normativa, de tempo de trabalho e tempo livre.

Na realidade, tempo de vida e tempo de trabalho se misturam em uma circulação que constitui o novo espaço produtivo e tornam toda medida completamente arbitrária, exatamente como no caso da assinatura de TV a cabo. O capital (o processo de valorização) investiu toda a sociedade, ou seja, a própria vida e a organização da produção tornaram-se políticas, gestão de um poder que se exerce sobre as populações entendidas como espécie: governamentalidade. Trata-se, então, de *biopoder*, um poder que investe a vida: não só a vida dos indivíduos (e seus corpos disciplinados no chão de fábrica), mas também e sobretudo a vida da população apreendida como *natureza bruta*, contexto informe.

b. Trabalho, exclusão e irrelevância da política

Uma via segura para se apreender essa mudança é voltar à discussão sobre a "exclusão". A literatura sociológica das últimas duas décadas aponta com unanimidade que a exclusão estaria aumentando sistematicamente, como consequência das políticas neoliberais e da quebra dos sistemas de *welfare*. A fenomenologia disso estaria manifesta no aumento do desemprego estrutural. Há quem duvide da retórica da exclusão (Arantes, 2001:318-9) mas, ao mesmo tempo, afirme: "os capitalistas viraram a mesa e inventaram o desemprego estrutural e sua legião de supostos excluídos" (Arantes, 2007a:28). E há outros que vão exatamente no mesmo sentido: "Aterrissando na periferia, o efeito desse espantoso aumento da produção do trabalho abstrato virtual não pode ser menos devastador" (Oliveira, 2003:142).

Trata-se de constatações tão justas quanto inadequadas. Apenas indicam um paradoxo que podemos formular nesses termos: temos a impressão de que a exclusão aumenta porque, na realidade, ela está desaparecendo. Sabemos que o termo "exclusão" é ambíguo; na realidade ele se refere ao que Marx chamava de processo de proletarização: a exclusão (ou seja, a alienação da propriedade dos meios de produção) é o primeiro momento da inclusão: isto é, da transformação dos camponeses, dos servos, dos artesãos e dos escravos libertos em proletários que — embora formalmente livres — não têm alternativa senão a de encontrar um trabalho assalariado: vender parte de seu tempo "livre" contra um salário. Nesse sentido, a exclusão é apenas um momento da inclusão em direção à "subordinação" do trabalho ao capital. Uma subordinação que já contém elementos de "mercantilização" da vida, embora no caso do trabalho assalariado isso aconteça em termos de separação nítida entre tempo de vida (que passará a ser chamado de tempo livre) e tempo de trabalho.

Por que, então, lamenta-se hoje em dia o aumento da exclusão? Por três razões. A primeira é de ordem moral: a própria civilização ocidental glorifica o trabalho. A segunda, de tipo geral (e na realidade aplicável nas economias centrais e apenas em parte nas economias periféricas), está no fato de que, no fordismo, a inclusão no emprego assalariado se constituía na base de um certo nível de integração social e/ou cidadã. A terceira é própria das problemáticas brasileiras do desenvolvimentismo, porque se pensava que a conquista da cidadania para as grandes massas marginais — como as definiu José Nun — do Brasil (e da América Latina, mais em geral) só poderia ser alcançada por meio de uma alavanca econômica: quer dizer, com base em um desenvolvimento de tipo keynesiano (ou "fordista") e, assim, com o pleno emprego e sobretudo "pleno emprego industrial".

Quando não se pensa explicitamente no fordismo, faz-se referência, mesmo, ao papel do Estado: "não há acumulação sem Estado, nem se formam coalizões redistributivas sem luta social em territórios politicamente identificáveis". Por consequência, assume-se como decisiva a questão da independência e lamenta-se o fato de que, desde 1964, "começamos a perder nossa capacidade de autogoverno" (Arantes, 2007b:214). Disso deriva a ênfase que se dá ao debate sobre as taxas de crescimento, pois a suposta "inclusão" acaba por depender do crescimento.

Ora, no capitalismo contemporâneo nada disso funciona mais. Não funciona porque o capitalismo das redes se define exatamente por estar assentado em uma tecnologia de poder (ou seja, em uma relação entre poder e saber) que inclui os excluídos como tais, mantendo-os "excluídos": coloca-se um telefone celular no bolso de todo mundo, mas todo mundo continua a ser trabalhador informal, camelô, favelado etc.

Trata-se da organização e hierarquização social da produção imediatamente dentro das redes sociais. Assim, a sociologia de origem frankfurtiana torna-se tanto inadequada quanto impotente em sua denúncia das "florestas de antenas, inclusive parabólicas, sobre os barracos das favelas (e da) importação de padrões de consumo predatórios" (Oliveira, 2003:144). Os discursos sobre as dimensões "predatórias" do capitalismo contemporâneo são duplamente paradoxais: deixam pensar que o capitalismo anterior (aquele dominado pelo padrão industrial de acumulação) não seria predatório; e não apreendem minimamente as dinâmicas produtivas do capitalismo contemporâneo. Vê-se exemplificação contundente se se analisam as privatizações apenas como ocasiões de acumulação primitiva: "tendo ganho o filé mignon das telecomunicações graças ao financiamento estatal, alguns gigantes mundiais da telecomunicação lançaram-se a uma concorrência predatória, instalando sistemas de telefonia móvel e rebaixando o preço dos telefones celulares — e aumentando as importações —, mas logo depararam com o obstáculo da distribuição de renda das camadas mais pobres" (Oliveira, 2003). Essa análise não poderia ser mais paradoxal.

Por um lado, ela ressuscita — como dissemos — uma visão frankfurtiana de uma capacidade — capitalista — de "levar o consumo até os setores mais pobres da sociedade", que seria "ele mesmo o mais poderoso narcótico social" (Oliveira, 2003), o que dificilmente se concilia com o que se está procurando: o crescimento de um mercado interno e de uma indústria nacional (aquela telefonia de "Estado" que só proporcionava telefones — fixos e móveis — para as elites).

Por outro lado, ainda mais grave, essa análise não permite que se veja que, na realidade, as tecnologias da informação —

os telefones celulares — são instrumentos de produção: uma produção que hoje em dia está cada vez mais integrada com a circulação e a reprodução, a mobilização da vida como um todo, da vida das populações dentro do processo de valorização.

c. Exclusão e dispositivos de controle

Algumas passagens do livro de Agamben sobre os dispositivos, apesar de ambíguas, são produtivas para apreender os quebra-cabeças determinados pela nova relação entre exclusão e inclusão no capitalismo contemporâneo.

Após uma reflexão sobre a genealogia do conceito em Foucault e a patrística cristã, Agamben passa a comparar os dispositivos contemporâneos (de controle) com os de fábrica (disciplinares). Ele afirma que, "na fase atual do capitalismo, os dispositivos não agem mais pela produção de um sujeito, (mas) por processos de dessubjetivação" e, por consequência, "na não verdade do sujeito não há mais, de maneira alguma, algo de sua verdade" (Agamben, 2006:43).[16] Agamben retoma Foucault para lembrar que, nas sociedades disciplinares do trabalho fabril, "os dispositivos visavam, por meio de uma série de práticas e discursos, de saberes e exercícios, à criação de corpos dóceis mas livres que assumiam sua identidade e liberdade de sujeito no processo mesmo de sujeição" (Agamben, 2006:42). O dispositivo disciplinar era, pois, uma máquina de produção de sujeitos, e nessa exata medida era também uma máquina de governo relativamente eficaz. Na "não verdade" da liberdade negociada (pelo homem livre que se torna trabalhador assalariado, subordinado) havia uma subjetivação, uma verdade que se traduzia nas identidades operárias e burguesas, em suas lutas recíprocas e nos sistemas de governo (com suas representações de esquerda e direita) que nelas assentavam sua legitimidade. Em outras palavras, na não verdade da exploração disciplinada pela separação fabril entre tempo de trabalho e tempo livre havia uma verdade: a da identidade operária bem como aquela da burguesia industrial. Ora, o que caracteriza o capitalismo atual é o fato de que a seus dispositivos disciplinares se juntam os de controle. Esses não agem mais por meio da produção de um sujeito. "Hoje em dia, processos de subjetivação e de dessubjetivação são reciprocamente indiferentes" (Agamben, 2006:44). Como dissemos, os excluídos são incluídos como tais.

Com um vocabulário um pouco mais sociológico, poderíamos dizer que no capitalismo globalizado das redes, da inclusão dos excluídos enquanto tais, não há mais a não verdade da condição assalariada como base de uma verdade fundada na identidade operária, ou seja, na exploração! Com certeza, estamos no cerne de nosso debate. Mas, também, apenas de sua fenomenologia sociológica, a da fragmentação social (com seu efeito de deformação ótica que é justamente nossa impressão de que a "exclusão aumenta" quando na realidade desapareceu) e do enfraquecimento das estruturas tradicionais do movimento operário oriundas do sistema de fábricas. Agamben, para o maior regozijo da sociologia frankfurtiana brasileira, desenvolve sua análise em termos absolutamente negativos:[17] "As sociedades contemporâneas se apresentam assim como corpos inertes atravessados por gigantescos processos de subjetivação aos quais não responde nenhuma subjetivação real. Disso, o eclipse da política que supunha a existência de sujeitos e identidades reais (o movimento operário, a burguesia etc.)" (Agamben, 2006:46). De maneira ainda mais nítida, no livro no qual discute o conceito heideggeriano de "aberto", Agamben explicita: "cometemos um grande erro se pensarmos a natureza das grandes experiências totalitárias do século XX olhando para elas como se fossem a continuação das últimas grandes tarefas do Estado-Nação do século XIX: o nacionalismo e o imperialismo. Hoje, o desafio é completamente diferente e bem mais extremo: trata-se de assumir como tarefa a simples existência de fato dos próprios povos, quer dizer, em última instância, da vida nua" (Agamben, 2006:115-6). Por que a vida nua? Porque Agamben define a tecnologia de poder contemporâneo como a de uma "humanidade que voltou a ser animal" e à qual não resta outra coisa a não ser a "despolitização das sociedades humanas por meio do desenvolvimento incondicional da *oikonomia*, ou seja, da assunção da própria vida biológica como tarefa política (ou, melhor) suprema" (Agamben, 2006:116).

É nessa mesma perspectiva que Paolo Virno descreve os perigos do retrocesso que o capitalismo da era das redes e do conhecimento carrega com ele. Embora Virno não compartilhe a problemática agambeniana da vida nua, Virno também aponta para essas derivas possíveis dos laços entre os muitos (uma "multidão" que seria ruim, negativa) que podem assim criar novas — arbitrárias — exclusões, isto é, uma relação com outrem fundamentalmente baseada no medo. Aqui, a arbitrariedade da exclusão é sua reimposição a uma tendência de inclusão generalizada. O compartilhamento "impolítico" do intelecto pode proporcionar um tipo de submissão ainda pior do que a que conhecíamos na era do trabalho assalariado, pois é submissão não mediada por nenhum tipo de cargo, papel, identidade, que seja. No impolítico abriga-se uma nova servidão: "[a] comunhão simbiótica — típica do animal em seu meio ambiente — é sulcada por hierarquias arbitrárias, mas vigorosas, constipadas por vínculos minuciosos. A inevitável relação com a prestação do outro, implicada pela publicidade da mente, se mostra como restabelecimento universal da dependência pessoal: quem é submetida é a pessoa por inteiro" (Virno, 2008). Mas Virno aponta também uma alternativa potente, na qual tudo vira político e a política — na medida em que se torna radicalmente democrática — se torna produção. Se o saber se torna imediatamente social, intelecto em geral na forma de um espaço público, dentro do qual os muitos agem e se distinguem, tomam decisões e cuidam das questões comuns, então temos a possibilidade de uma nova aliança: o "Intelecto Geral" pode constituir-se em república da multidão, em um novo tipo de proteção social que reconhece a criatividade do trabalho livre e o papel constituinte da relação a outrem: uma relação definitivamente aberta, que foge a qualquer lógica identitária.

Contrariamente à fenomenologia de Agamben, na qual só existem o poder e suas determinações negativas, o deslocamento da ordem disciplinar e de seus dispositivos em direção a uma tecnologia de controle é fruto do antagonismo, da luta contra a disciplina. Uma ruptura que se tornou incomensurável exatamente quando ela conseguiu romper a relação dialética que aprisionava a verdade (a identidade operária) à não verdade (a exploração). É o que dizia Deleuze: "Pois se os dispositivos de poder são de alguma maneira constituintes, não haverá contra eles somente fenômenos de resistência, e isso nos leva à questão dos estatutos desses '*fenômenos*'" (Deleuze, 2003:117). Em outro artigo, Deleuze problematiza a crise dos processos de subjetivação em termos ainda mais radicalmente opostos às preocupações de Agamben: "Deus e o homem morreram e deixam o lugar a singularidades pré-individuais. A singularidade não está mais presa no indivíduo, [e a] subjetividade se torna líquida". Mas isso não é um retrocesso; significa, ao contrário, que "a regressão não encontra mais o Eu a ser reprimido" (2002:190-1). Ou seja, a repressão perde o mecanismo dialético da subordinação da verdade (a luta) à não verdade (a exploração).

Sabemos que a relação dialética entre a não verdade da exploração e a verdade das lutas está presente na fórmula leninista que definia o socialismo como soma de sovietes, eletricidade e taylorismo. Mas sabemos que a encontramos também no paradoxo da fábrica na qual os operários lutam contra a exploração (por mais salários) e na qual, quando a fábrica está sob risco de fechar, os operários lutam para que não feche, ou seja, para... continuar a ser explorados. J. K. Galbraith não falava de outra coisa quando apontava o absurdo das sociedades "afluentes", nas quais é preciso produzir bens inúteis para poder distribuir renda, pois é o emprego que funciona como aparelho de distribuição da renda: "Ao passo que nossa energia produtiva (...) serve à criação de bens de pouca utilidade — produtos dos quais é preciso suscitar artificialmente a necessidade por meio de grandes investimentos, sem os quais eles não seriam mesmo demandados —, o processo de produção conserva quase integralmente seu caráter de urgência, enquanto fonte de renda" (Galbraith, 1961:272). Como enfatizamos acima, a luta operária tornou-se desmedida quando se juntou às lutas sociais que se constituíam dentro da esfera da reprodução, e com isso afirmava-se a possibilidade de uma verdade, de um sentido, que não era mais o fruto paradoxal de seu contrário, a não verdade da subordinação. Essa passagem resulta em formas de subjetivação que conseguiram produzir sua própria verdade e, por isso mesmo, esvaziaram os dispositivos disciplinares, ao mesmo tempo que se afirmavam como máquinas de libertação.

São as lutas sociais de tipo novo que se desenvolveram a partir da ofensiva de 1968 que definem esse deslocamento. Lutas de tipo novo porque assumem a mobilização produtiva da esfera da reprodução como terreno de constituição autônoma, antagônica à ordem disciplinar da fábrica. As tecnologias de controle visam a capturar essa autonomia. Como dissemos, não é por acaso que, em seus *Cursos* de 1978-1979 sobre o nascimento da biopolítica, Foucault mobilize literatura neoliberal dos anos 1930 e mostre como os neoliberais (em particular os que ele chama de "ordoliberais" alemães) preocupavam-se com encontrar uma alternativa ao nazismo (bem como ao sovietismo!), visando, portanto, a definir uma tecnologia de governo — uma "governamentalidade" — capaz de capturar as dinâmicas produtivas de uma vida cada vez mais social e livre. Nessas leituras, Foucault antecipava a força do projeto neoliberal exatamente como tecnologia capaz de capturar aquele terreno de proliferação social e difusa das tecnologias (das redes de produção e reprodução) que Agamben inscreve no próprio funcionamento do dispositivo, como se o dispositivo fosse "produtivo" por si só. Na realidade, para que o dispositivo possa capturar, ele precisa de algo que seja gerativo, produtivo. Se o poder só vive de obediência, isso significa que há um momento de autonomia que o precede: a resistência é primeira e afirmação livre. A desobediência só faz afirmar a dimensão primeira da resistência, na sua dimensão produtiva constituinte. De toda maneira, como dissemos, é com a noção de "agenciamento" que podemos ir além das ambiguidades da noção de dispositivo.

Para Agamben, ao contrário, a única resistência é negativa, desprendimento, recuo na "vida nua", na figura daquele primata que um dia infelizmente criou uma linguagem, naquela zona intermediária de exceção que constituiria o "ingovernável" ponto de origem e fuga de toda política. Foucault, ao contrário, indica que o dispositivo captura algo que lhe preexiste, e que o neoliberalismo encontra sua dinâmica na sua capacidade de apreender essa força produtiva das redes sociais. O que caracteriza a sociedade de controle e suas tecnologias de segurança é nunca poder suprimir a autonomia que ao mesmo tempo precisa capturar, pois é nela que se encontram os processos de valorização. Parafraseando Agamben, poderíamos dizer que o paradoxo do poder no capitalismo contemporâneo está em que a verdade (o trabalho livre) é sempre e definitivamente primeira e não mais consequência da não verdade (o trabalho reduzido ao emprego subordinado: o trabalho assalariado). Quer dizer, na crise da relação salarial, por trás de sua fenomenologia dramática (fragmentação e exclusão), temos um trabalho vivo que consegue tornar-se produtivo sem passar pela relação salarial (pela subordinação ao trabalho morto cristalizado no capital fixo). Ora, essa resistência se dá diretamente no terreno da vida, quer dizer, na produção de novo ser. A resistência é persistência do ser, uma produção ontológica, uma ontologia prática.

Nas palavras de Negri: "A resistência tornou-se uma força ontológica" (Negri, 2006:35). Aqui o devir-Brasil do mundo aparece como horizonte aberto dos possíveis, da potência produtiva que, por exemplo, encontramos no êxodo rural, na autoconstrução do espaço urbano, na música negra e na cosmologia ameríndia. Uma produção que é processo coletivo, bem como no caso do samba chamado "O telefone" que Silviano Santiago (1977) relata a partir de Claudia Matos (1982): "A autoria desse samba é disputada por muitos, tendo levado Sinhô a cunhar um eufemismo de grande repercussão hermenêutica: 'samba é como passarinho. É de quem pega'. A autoria pode ser explicada também pela conhecida letra que identifica o samba à voz do morro. Todos e cada um no morro são parceiros potenciais. A parceria é distribuída pela comunidade inteira". Em MundoBraz, produção e consumo se misturam numa dinâmica de criação cuja autoria é de todos e de todos. Em MundoBraz, encontramos o devir-mundo do Brasil e, ao mesmo tempo, o devir-Brasil do mundo como apropriação e sampleamento tropical do Rap enquanto trilha sonora da resistência e da mestiçagem.

Mas a ambiguidade do dispositivo está na capacidade da tecnologia de poder de "segurança", como diria Foucault, de "controle", como diria Deleuze, estar simultaneamente dentro do processo e restabelecer a dialética, ou seja, uma medida e uma transcendência. Se estas não conseguem mais articular os processos de subjetivação e dessubjetivação e, assim, perdem sua legitimidade, não deixam de ser efetivas. Essa efetividade sem legitimidade passa pela manutenção do horizonte da produção como atividade instrumental sujeito-objeto e pelo não reconhecimento, dentro da fenomenologia da crise do político, das dimensões produtivas da vida. Aqui, Mundo-Braz nos aparece como "*brasilianização*". Os processos de singularização se resolvem nas infinitas modulações da fragmentação social, ao passo que a potência produtiva da vida (a produção biopolítica) é reduzida nos termos de um poder sobre a vida, de um biopoder que perpetua a clivagem, própria da racionalidade instrumental ocidental, entre cultura e natureza. Como o sublinha Sloterdijk, as "falsas divisões metafísicas" se baseiam na visão de um "senhor subjetivizado" que reduz em escravidão uma "matéria objetivizada" (Sloterdijk, 2000:89). Para avançar, precisamos ultrapassar essa clivagem e, nesse esforço, a dimensão constituinte de Mundo-Braz nos permite manter aberto o horizonte dos possíveis.

Intermezzo 3: A insurreição das periferias francesas e brasileiras contra os "Campos"[18]

Nos dias de hoje, as periferias metropolitanas das grandes cidades funcionam como "campos". Na pós-modernidade, quando os poderes políticos do Estado-nação começam a declinar, podemos ver claramente esta terrível história da complementaridade que existe entre o Estado-nação e o "campo", na forma da reivindicação de uma identidade renascida e portanto a um ódio recém-fundado em relação ao outro. Nas formas primeiras de organização imperial dos espaços, tanto nas enormes metrópoles como nas margens das nações pós-modernas dominantes, a antiga relação entre "campo" e soberania se repete novamente. Mas, nos dias de hoje, o "campo" é móvel, não mais fixo, e sim flutuante no espaço e no tempo da sociedade imperial. A sociedade imperial e o campo se interpenetram, tal como os romanos e os bárbaros — primeiro nas regiões subordinadas, depois na regiões dominantes. Nos motins dos jovens franceses encontramos muitos elementos que caracterizam, há muito tempo, as periferias metropolitanas brasileiras. A exclusão sistemática de gerações inteiras de adolescentes "estacionados" em zonas de "trânsito sem saídas" (bairros degradados, escolas de baixa qualidade, altíssimas taxas de desemprego, exposição aos abusos sistemáticos por parte das forças de polícia) produz um estigma, uma identidade completamente negativa que lhes cola à pele e atualiza tristemente a noção de "campo". As vidas das nações que mantêm uma forma de "apartheid" interno se organizam em resposta à contínua revolta contra aquela exclusão e aquela divisão: os "campos" desempenham um papel central dessa "ordem" incapaz de encontrar suas bases de legitimação. Depredando e queimando sistematicamente o sistema de objetos que desenham o "campo" da exclusão, os jovens na realidade se insurgem contra as cercas do "campo", contra essa identidade "negativa" que a "ordem" do mercado e do Estado gravou, como uma hedionda tatuagem de triste memória, em suas peles! Com efeito, os jovens sabem o que não querem, mas ainda não sabem o que querem. Mas, na insurreição das periferias francesas — ou brasileiras —, a fuga do "campo" já desenha horizontes radicalmente abertos e novos: as insurreições das periferias nos mostram que os habitantes dos "campos" são a matéria viva, a carne da multidão de que é feito o mundo globalizado.

A postura da quase totalidade da classe política francesa em face do evento é de uma inadequação proporcional à profundidade da crise de representação que ele expressa. A direita tanto quanto a *gauche* (esquerda) colocaram a "volta à ordem" acima de tudo e, não tendo o que dizer nem com quem "dialogar", não souberam propor outra coisa a não ser o Estado de exceção. Usando uma lei promulgada em 1955, para legitimar tortura e repressão contra o povo argelino, o Estado francês reconhece agora não apenas que a "colônia" é interna, mas também que a "exceção" é a regra, pois a guerra é a única forma de legitimação do poder que lhe resta: seja no Iraque, em Los Angeles (1992), de novo no Iraque, em Abidjan ou em Paris. No Império, o terceiro mundo está no primeiro mundo: em Paris bem como em Nova Orleans. Se o exército francês é a realidade neocolonial na África ocidental, as contradições pós-coloniais se travam num território "nacional" dentro do qual o poder "soberano" é apenas uma "excepcionalidade". Contrariamente ao que muitos jornais continuam veiculando (coadjuvados pelas irresponsáveis declarações de um ministro do *Intérieur* visivelmente comprometido com o eleitorado da extrema direita xenófoba), quase todos os jovens "baderneiros" são franceses. O que eles têm em comum não é a identidade estrangeira, mas o "campo" no qual eles vivem, duas ou até três gerações mais tarde, uma condição de exclusão pior do que aquela que vivenciaram seus parentes imigrados das ex-colônias francesas da África do Norte ou da África ocidental. A crise da sociedade salarial e a hegemonia neoliberal deixam os princípios republicanos sem efetividade, na França bem como na Inglaterra dos "rapazes-bomba" ou nos Estados Unidos de Nova Orleans. Sem pacto social, sem políticas adequadas à realidade social da produção flexível, o discurso que continua rezando pela integração "republicana" se torna mera retórica vazia.

Da mesma maneira que os dos negros e "latinos" de Los Angeles, dos "piqueteros" argentinos e dos "favelados" brasileiros, os motins franceses mostram a tatuagem hedionda que foi gravada ao longo das linhas cromáticas da discriminação racial e étnica. A ordem do "campo" é a única resposta que o Estado sabe articular. O neoliberalismo não sabe propor nenhum modelo de integração social. A "república" está nua. Sua "ordem" meritocrática e racista se constitui — nas periferias francesas bem como nas favelas brasileiras — na maior ameaça contra a sociedade. Ao mesmo tempo, é ali mesmo, nas periferias, que se encontram as dinâmicas produtivas e criativas do mundo contemporâneo.

Intermezzo 4: O trabalho de Luto[19]

Manifestações em toda a França contra a mudança na Lei do Primeiro Emprego põem em evidência a crise das ocupações "do passado" e sugerem que mobilidade não significa necessariamente risco e precarização. O movimento de março de 2006 na França mostrou uma potência que faz lembrar a todo o mundo o maio de 1968. Foram os próprios jovens manifestantes que explicitaram essa referência simbólica a cada fim de manifestação, pelos ataques quase rituais às barreiras erguidas pela polícia para impedir a ocupação da Sorbonne. Mas não é só isso.

Logo após a promulgação da lei do CPE [Contrato do Primeiro Emprego, que autoriza admissões por um período experimental de dois anos (reduzidos, após os protestos, a 12 meses) para trabalhadores com menos de 26 anos, período em que estes podem ser demitidos sem justificativas] pelo presidente Jacques Chirac, uma inédita manifestação noturna de mais de 10 mil jovens atravessou Paris de sul a norte e foi parar no Sacré Coeur — monumento funerário da derrota da Comuna de Paris —, onde os manifestantes escreveram "1871-2006", identificando-se até com os *communards* [membros da Comuna de Paris de 1871].

Obviamente, o movimento de 2006 tinha raízes problemáticas e completamente diferentes das do *"joli mai"* de 1968. O maio de 1968 eclodiu como uma primavera de vida contra a opressão do pleno emprego industrial, ao passo que o março de 2006 nasce diante das angústias da crise do pleno emprego. Em 1968, a subjetividade estudantil, ao mesmo tempo que era o produto de um longo período de prosperidade econômica, se insurgia exatamente contra o que significava a "segurança" opressora de um futuro preestabelecido, de que a massificação do ensino e da universidade já eram uma prefiguração, e a disciplinarização de toda a sociedade sob o regime de fábrica era o resultado. Ao contrário, o movimento de março de 2006 contra o CPE estava lutando contra a falta dessa segurança e exatamente contra uma lei que visa a aprofundar o nível de precariedade do emprego e, pois, tornar cada vez mais incerto o "futuro" dos jovens que atualmente estão se formando. Desde o início dos anos 1990, uma subjetividade de tipo novo se constituiu a partir das mais diversas figuras dessa precariedade: os estudantes das escolas técnicas, os trabalhadores do audiovisual, os estagiários, os imigrantes ilegais (*"sans papiers"*), os secundaristas, os jovens das periferias e agora os estudantes universitários, junto das mil figuras da precariedade metropolitana.

O capitalismo global das redes procura e precisa capturar um trabalho difuso nos territórios sociais visando a reduzir a cooperação social em um conjunto desordenado de fragmentos que competem entre si. O capitalismo, organizando a produção diretamente na metrópole, reconhece a dimensão múltipla que assume um trabalho que se torna produtivo sem passar pela relação salarial. Ao mesmo tempo, o comando se reorganiza no nível global e estatal exatamente sobre o limite que separa a multiplicidade livre do trabalho enquanto potência da vida dos fragmentos atomizados da vida posta para trabalhar. Sobre essa clivagem, às vezes imperceptível e às vezes escandalosa, os diferentes estatutos do trabalho se organizam em uma modulação que indica, no extremo, formas de atividade livre (formas de vida que produzem outras formas de vida), ao passo que, no extremo oposto, emergem as formas de uma nova escravidão (de subordinação de toda a vida na dinâmica da acumulação). Na França, ao longo das últimas duas décadas do século passado, as lutas de resistência conseguiram travar a ofensiva neoliberal. Isso foi possível porque o enfrentamento podia ser diluído nas "margens" da sociedade: se os setores "centrais" das forças de trabalho conseguiam manter parte de suas conquistas, a precarização era imposta aos imigrantes ilegais e aos jovens franceses (oriundos das imigrações norte-africana e africana) segregados nas periferias metropolitanas e discriminados (e fragmentados) por um racismo cada vez mais declarado e organizado em força política. Ora, essas margens não existem mais: foram queimadas nas fogueiras da insurreição das periferias de outubro e novembro de 2005, quando esses jovens "entraram na política"! O CPE é filho legítimo do devir político das *banlieues*: fragmentação social e segregação espacial só podem ser governadas pela explicitação da normalidade do Estado de exceção. O Estado de exceção não se limita à suspensão dos direitos constitucionais de reunião e manifestação pública das periferias. Pelo contrário, ele se torna efetivo procedimento de gestão e controle do mercado de trabalho, exatamente pela generalização da precariedade. O governo Sarkozy é a expressão desse projeto. Por trás do CPE e da gestão da crise, parece haver menos "cálculo" político do que a emergência de um real impasse: como conseguir reanimar um projeto de integração social que passe pelo "pleno" emprego na medida em que este só pode ser alcançado pelo aprofundamento da sua "precarização" e, pois, pela perda de suas capacidades inclusivas?

A luta contra o desemprego das periferias passaria pela amplificação da fragmentação social. Tenta-se jogar os jovens franceses de ascendência africana e árabe contra seus coetâneos brancos ou, de modo geral, mais integrados. A integração da periferia exigiria, pois, a periferização do centro.

Mas esse impasse não é específico apenas ao governo. Ele atravessa também o próprio movimento e sobretudo suas bases mais organizadas. E isso na medida em que este se resumiria a defender uma integração pelo "emprego" definitivamente reduzida a setores cada vez mais limitados da população.

Para o movimento contra o CPE, o desafio é abandonar as amarras do "emprego do passado" e apreender sua própria excepcionalidade produtiva: ir além da defesa da legislação da era industrial e afirmar que flexibilidade e mobilidade não significam necessariamente precariedade e risco.

Se a passagem de um emprego a outro, da formação ao emprego, são hoje as dimensões ontológicas do trabalho, é preciso reconhecer a dimensão produtiva de todas essas situações, algo que só pode acontecer pela implementação de uma renda de "existência", algo como a construção de um comum que permita às singularidades serem móveis e flexíveis de maneira livre e produtiva de novo comum.

Esse desafio é um quebra-cabeça que só lutas como essa, contra o CPE, podem "resolver". A homenagem prestada, naquele momento, pelos adolescentes parisienses à Comuna de Paris pode ser muito mais atual do que se pensa.

NOTAS

1. Para essa discussão, permito-me sugerir a leitura de Cocco, 2000a.
2. A política afirmativa para negros e indígenas e para os alunos oriundos das escolas públicas ·
3. Extinção que seria amplificada pelas dinâmicas sociológicas de seus representantes sindicais, uma vez que estes chegaram ao poder na gestão dos fundos de pensão. São as teses de Oliveira (2003).
4. O texto de referência é Agamben (2003). Não por acaso, esse livro foi incluído, em tradução para o português do Brasil, na coleção Estado de Sítio dirigida por Paulo Arantes.
5. "O trabalho liberta."
6. "Acho melhor não."

7. Para Negri, "o problema não é excluir o negativo, mas construir paralelamente o positivo". Isso permite pensar que "*as instituições podem ser diferentes das do capitalismo: investidas pelo poder constituinte ele mesmo e representar o primeiro elemento de organização multitudinário*" (Negri, 2006:207-8).
8. Ver Pelbart 2003, em particular: "Parte II: Tópicos em biopolítica".
9. Ver o belo livro de Simone S. Sampaio (2006).
10. Sempre sobre a verdade, Foucault afirmava: "A verdade jamais é politicamente indiferente ou inútil — e não diria o mesmo da teoria" (Deleuze, 1994 :8).
11. Nisso, Foucault, do mesmo modo que Deleuze, é extremamente próximo do pensamento neomarxista italiano dos anos 1960 conhecido como "operaísmo". O operaísmo é a escola de pensamento de onde vem Antonio Negri. Sobre isso, ver Cocco (2000a) e Altamira (2008).
12. Na mesma ocasião, Foucault critica as metáforas temporais que conduzem "necessariamente à utilização do modelo da consciência individual" (Foucault, 1994:33).
13. O conceito de trabalho imaterial foi proposto, desde o final dos anos 1980, dentro dos debates sobre a mutação de paradigma, na passagem do regime de acumulação fordista (baseado na grande indústria) ao pós-fordismo (baseado no conhecimento). Ver Negri e Lazzarato (2000).
14. Ver, por exemplo, Pochmann, 2008.
15. No capítulo 3, dedicado ao perspectivismo relacionista da cosmologia ameríndia, e no capítulo 4, dedicado à antropofagia.
16. Na relação ambígua entre verdade e não verdade, Agamben enxerga elementos do debate filosófico heideggeriano sobre ontologia e metafísica, em particular no que diz respeito à relação entre latência e ilatência vistas na perspectiva das relações entre o aberto e o não aberto na produção da cisão ocidental entre humanidade e animalidade. Trata-se de uma relação — como veremos — completamente negativa: o copertencimento originário da não verdade à verdade (e vice-versa) é o mesmo que diz respeito ao copertencimento do

"ser" (ser-aqui, *Dasein*) e o "nada" (ser guardado em suspensão no nada: o tédio). Ver Agamben (2002:106).
17. Que na realidade são inspirados na filosofia de Heidegger.
18. Cocco e Negri (2005). Publicado como "A insurreição das periferias", jornal *Valor Econômico*, 23 de dezembro.
19. Cocco e Negri (2006). Publicado no Caderno Mais!, *Folha de S.Paulo*, 9 de abril.

CAPÍTULO 3 Das máquinas antropológicas para uma ontologia maquínica

> "(...) le surhomme sera celui qui aura surmonté l'absence de Dieu et de l'homme dans le meme mouvement de dépassement."
>
> Michel Foucault

> "(...) ce que Spinoza appelle la Nature: une vie qui ne se vit plus à partir du besoin, en fonction des moyens et des fins, mais à partir d'une production, d'une productivité, d'une puissance, en fonction des causes et des effets."
>
> Gilles Deleuze

3.1 A CRÍTICA DAS MÁQUINAS ANTROPOLÓGICAS DA MODERNIDADE OCIDENTAL

Nos capítulos precedentes, tentamos balizar alguns dos impasses e desafios que caracterizam, desde o ponto de vista do Brasil, a cisão/ruptura que marca a passagem do moderno ao pós-moderno, do paradigma da grande indústria para um processo de valorização articulado à hibridização das dinâmicas de circulação com as de produção e dessas com as que tradicionalmente são atribuídas às atividades reprodutivas.

O debate que conduzimos exige mais uma série de aprofundamentos. Esses aprofundamentos dizem respeito à necessidade de articular a crise do paradigma da "produção" — ou, mais especificamente, do paradigma industrial da organização disciplinar da sociedade — com a reflexão filosófica e antropológica sobre o esgotamento da cisão ocidental entre cultura e natureza, à qual está atrelada a noção de produção como relação necessitada entre sujeito e objeto e, mais em geral, entre o criador e a criatura. Esse aprofundamento é o correlato da própria dinâmica dessa passagem nos termos usados por Marx: na subsunção da sociedade sob o capital, a fábrica se difunde socialmente e, em retorno, ela tende a desaparecer (ver Altamira, 2008). Da mesma maneira, podemos dizer, com Jean-Luc Nancy (2002:15), que o "Ocidente chegou a cobrir o mundo e, nesse mesmo movimento, desapareceu enquanto norteador da marcha desse mundo". Foucault formulava essa passagem nesses termos: "O que não vai demorar para morrer, o que já está morrendo em nós — é o homem *dialecticus* — o ser da partida, do retorno e do tempo, o animal que perde a verdade e a reencontra iluminada, o estrangeiro a si que volta a ser familiar. Esse homem que foi o sujeito soberano e o objeto servo de todos os discursos sobre o homem pronunciados desde muito tempo e particularmente sobre o homem alienado" (Foucault, 1994a).

Na realidade, trata-se de discutir o esgotamento da própria *doxa* moderna segundo a qual os humanos são distribuídos no seio de "coletivos" diferenciados por suas línguas e costumes — as culturas —, excluindo o que existe independentemente deles — a natureza (Descola, 2005:353).[1] Obviamente, estamos falando do paradigma naturalista, exatamente nos termos que Linné[2] propôs. Se, por um lado, "o homem é o animal que o Criador achou digno de ser honrado atribuindo-lhe uma inteligência extraordinária", por outro, continuava Linné, "em meu laboratório eu devo considerar como naturalista o homem e seu corpo". E "o" naturalista não consegue encontrar nenhuma diferença biológica entre o homem e os símios, a não ser "um espaço vazio entre os caninos e os outros dentes" (Linné, *apud* Agamben, 2002:41). Assim como o sublinha Descola, o modo de identificação naturalista opera por meio de uma classificação dos atributos bastante primária: "os humanos são tais porque possuem uma fisicalidade *mais* uma interioridade, os não humanos porque possuem uma fisicalidade *menos* uma interioridade" (Descola, 2005:336). Esse naturalismo reducionista se associa ao dualismo entre mente e corpo, até se tornar um antinaturalismo. Como o explica e critica detalhadamente Jean-Marie Schaeffer, a eventual homogeneidade biológica é acompanhada pela produção de um conceito de humanidade como exceção (Schaeffer, 2007). Uma exceção que nos leva direto para a transcendência, de uma distinção da natureza que passa bem nos termos de Hegel, pela espiritualidade.

Aqui, nesse dualismo entre o corpo (fisicalidade) e a alma (interioridade), se constitui o paradoxo dos modernos assim como o descreve Latour: "Usando ao mesmo tempo o trabalho de mediação e o trabalho de purificação, mas representando apenas o segundo, [os modernos] apostam ao mesmo tempo na transcendência e na imanência das duas instâncias da natureza e da sociedade". O grito de vitória dos ocidentais é o seguinte: "Nós somos diferentes dos outros" e o que faz nossa diferença seria a cultura, seja ela a alma ou a mente. O dualismo ocidental está, pois, na base da relação de dominação entre homem e natureza e de suas formas mais nítidas, a relação de produção sujeito-objeto. A primazia da alma se transforma no desprezo pelos corpos, a começar pelo corpo dos que são vistos (produzidos!) como animais antropomórficos: os escravos, os estrangeiros... os judeus. A transcendência é ocidental e moderna e diz respeito à negação antropocêntrica de uma alma a todos os que são considerados não humanos.

O dualismo natureza *versus* cultura se desdobra assim na grande cisão entre o Ocidente e todos os outros, pois apenas o Ocidente não se limitaria a ser somente uma cultura: "Nós, ocidentais", diz Latour, "mobilizamos também a natureza. Não como fazem as outras sociedades uma imagem ou uma representação simbólica da natureza, mas a natureza tal qual ela é, ou pelo menos tal qual os cientistas a conhecem." A especificidade dos modernos, insiste ele, é que apreendem a natureza como uma transcendência sem precedente: a natureza é sempre a-humana, inumana, extra-humana. Tudo que é natural ou naturalizado poderá ser objeto da mesma relação de dominação, da mesma assimetria que caracteriza a relação entre o homem e o não homem. O debate entre os conquistadores sobre a humanidade dos índios que já citamos nos aparece com todas as suas implicações. Estamos no âmbito da *assimetria* total (Latour, 1991, 119-134). A antropologia ocidental é uma antropologia assimétrica. Ela é a ruptura ontológica entre corpo e mente, mundo e razão (Lander, 2005). Em sua *Introdução à antropologia de Kant*, Michel Foucault sublinhava a dimensão especular da ilusão antropológica *vis-à-vis* à ilusão da filosofia transcendental: "O que Kant designava nela (na antropologia), de uma maneira bem ambígua, como *'natural'*, foi esquecido como forma fundamental da relação ao objeto e recuperado como 'natureza' da *natureza humana*". É nessa natureza da natureza humana, ou seja, na questão da origem do homem, que encontramos, enfatiza Foucault, essa "verdade extenuada que é a verdade da verdade" (Foucault, 2008),[3] uma verdade transcendente. Como o aponta Alexandre Mendes (2008:334), Foucault se distancia de Kant, aproximando-se de Nietzsche exatamente sobre a questão do conhecimento. Para Nietzsche, "não há nem essência nem natureza do conhecimento. Ele não é fruto de faculdades ou condições universais, mas resultado histórico e pontual de condições que não são da ordem do conhecimento". Quer dizer, Foucault "não busca o que há de 'verdadeiro' na história, pelo contrário, reconhece que todo saber é perspectivo". O que é importante apreender são os "sistemas de poder que criam e apoiam modelos de 'verdade' e os efeitos de poder que esses modelos geram" (*Ibid.*).

O esgotamento da *doxa* naturalista abre novas perspectivas, inclusive no que diz respeito à reflexão sobre a crise do tradicional conceito de uma produção entendida como relação dialética entre sujeito e objeto com base nas noções de falta e necessidade. Como apontamos, o conceito de "produção necessitada" parece inadequado diante do fato de que, hoje em dia, é a própria vida dos homens e das mulheres que está no cerne do processo de valorização, ao passo que a valorização atravessa a existência de cada um de nós: dessa maneira o objetivo e o subjetivo se identificam totalmente. Por trás da crise do trabalho e de suas dimensões "ambientais", é o "sentido" de toda a razão instrumental que — perdendo a medida — se desmancha no ar. Negri afirma assim que o desastre anunciado aparece como o fruto mais genuíno da razão instrumental, ao passo que sua tragédia investe o ser (Negri, 2007:27). Ernst Bloch (1917-68), lembrando a hibridização originária entre a Bíblia e os mitos, imputava à separação (espiritual) da natureza a afirmação do lema: "que o homem se submeta à terra". Algo que Michel Serres explicita afirmando: "O único mito puro é a ideia de uma ciência pura de qualquer mito" (Serres, 1978:244-5), de um conhecimento "objetivo" que teria portanto um valor universal (Lander, 2005:25). É um pouco disso que falava, bem no auge do milagre brasileiro (em 1976), Roberto Schwarz quando tentava problematizar os "avanços" da industrialização brasileira: "metade é progresso, metade são catástrofes e as suas vítimas. Há um livro imortal esperando por um brasileiro disposto: uma enquete corajosa e bem analisada sobre a barbaridade desses nossos anos de progresso" (Schwarz, 2006:51). Nesse caso, a tentativa necessária encalha na insistência em colocar o problema do lado do bárbaro, continuando a supor, explícita ou implicitamente, que a clivagem a ser procurada seria aquela que separa o bárbaro do civilizado, o atraso do progresso, a natureza da cultura: no fundo, continuava-se a procurar para que as ideias estivessem dentro de seu lugar, de um espaço organizado segundo os padrões arquitetônicos do naturalismo ocidental, segundo um esquema metafísico no qual, como o sublinha Sloterdijk, a "partição do ente (*étant*) em sujeito e objeto se reflete na clivagem que separa o Senhor e o Escravo, o operário e a matéria". Nessa perspectiva, "a crítica ao poder só pode expressar-se sob a forma de uma resistência da face oprimida, objeto-escravo-matéria, contra a outra face, sujeito-senhor-trabalhador" (Sloterdijk, 2006:87). Estamos presos nas armadilhas da dialética. Para conseguir problematizar as noções de produção, desenvolvimento e progresso e, mais em geral, a própria clivagem que separa a natureza e a cultura, precisamos mergulhar na barbaridade, no monstro e em sua *hybris*.

Vimos também que, por trás de algumas das críticas mais contundentes das relações de produção e poder contemporâneas, se encontram reflexões filosóficas que questionam o próprio processo de hominização. Giorgio Agamben aponta assim para a necessidade de uma crítica radical das "máquinas antropológicas" do Ocidente. Sua abordagem se concentra sobre o próprio conceito de vida: "Para quem começa uma pesquisa genealógica sobre o conceito de '*vida*' em nossa cultura, uma das primeiras e mais instrutivas observações que é possível fazer é que esse conceito nunca é definido como tal. (...) Ele é (...) a cada vez articulado e dividido em uma série de cisões e oposições". Desta maneira, "em nossa cultura, a vida é o que não pode ser definido, mas deve ser, por isso mesmo, continuamente articulada e partida" (Agamben, 2002:26). Agamben aprofunda a análise desse dualismo: "a divisão da vida em vida vegetal e vida de relação, orgânica e animal, animal e humana, passa (...) antes de mais nada no interior do homem vivo como uma fronteira móvel". Ora, "se a cisão entre o homem e o animal passa antes dentro do homem, é pois a própria questão do homem — e do '*humanismo*' — que deve ser colocada de outra maneira. Em nossa cultura, lembra Agamben, o homem sempre foi pensado como a articulação e a conjunção de um corpo e de uma alma, de um vivente e de um *logos*, de um elemento natural (ou animal) e de um elemento sobrenatural, social ou divino. Temos, ao contrário, que aprender a pensar o homem como o que resulta da desconexão desses dois elementos e examinar não o mistério da metafísica da conjunção, mas o mistério prático e político da separação." Assim, continua ele, "a esfera mais luminosa das relações com o divino depende, ela também, de alguma maneira, da esfera — mais obscura — que nos separa do animal" (Agamben, 2002:30-1). Ele está falando da relação entre separação ôntica da tradição e o dualismo ontológico dos modernos.

Para Agamben, a construção moderna (naturalista) do homem é sim dualista. Ao mesmo tempo, segundo ele, esse dualismo será sempre capenga, ele está convencido de que esse "*Mysterium disjunctionis*" funcione na realidade pelo avesso. Com efeito, diante dessa precariedade, o (auto)reconhecimento do Homem como tal (o *nosce te ipsum* dos latinos ou o *gnôthi seauton* dos gregos) é um esforço que deve continuamente ser renovado: "*Homo sapiens* não é pois nem uma substância nem uma espécie claramente definida: trata-se mais de uma máquina ou de um artifício para produzir o reconhecimento do humano".[4] Assim, continua Giorgio, "a máquina antropológica do humanismo é um dispositivo irônico, que verifica a ausência para *Homo* de uma natureza própria, segurando-o em suspensão entre uma natureza celeste e uma natureza terrestre, entre o animal e o humano" (Agamben, 2002). Agamben conclui que a máquina antropológica própria de nossa cultura — em suas duas variantes, antiga e moderna — produz "o humano por meio da oposição homem/animal, humano/inumano", ou seja, funciona necessariamente por uma exclusão (que já é também uma captura) e uma inclusão (que já é também uma exclusão).[5] Ele nos dá assim uma definição do mecanismo que transforma o naturalismo moderno em um antinaturalismo.

As máquinas antropológicas dos antigos e dos modernos, diz Giorgio, "só podem funcionar na medida em que chegam a instituir em seu cerne uma *zona de indiferenciação* onde se deve produzir — como no caso de um *missing link* sempre faltante porque já virtualmente presente desde sempre — a articulação entre o humano e o animal, o homem e o não homem, o falante e o vivente". Essa zona de indistinção, como já vimos, é para Agamben um espaço de *exceção*, o lugar de uma decisão continuamente atualizada. Nessa zona de indeterminação, o que a decisão soberana — o Estado de exceção — produz não é — enfim — nem uma vida animal nem uma vida humana, mas simplesmente "uma vida separada e excluída dela mesma: nada mais que uma *vida nua*" (Agamben, 2002:60).

Ao mesmo tempo, sabemos que o filósofo italiano já tinha desenvolvido essas reflexões no campo da filosofia do Direito. Ele assim identifica o Estado de exceção ao poder constituinte e este à figura do soberano. Neste, violência e direito coincidem. "O que precisamos nos perguntar", escreve ele em *Homo Sacer*, "é por que a política ocidental se constitui antes de mais nada por meio de uma exclusão (que é, na mesma medida, uma inclusão) da vida nua?"

Qual é a relação entre política e vida se essa se apresenta como o que deve ser incluído por meio de uma exclusão?" (Agamben, 1995:10). É a figura de um homem matável porém não sacrificável (*Homo Sacer*) que constitui o paradigma da política no Ocidente.

Afastando-se de Foucault e de seu conceito de biopoder, Agamben afirma assim: "o que caracteriza a política moderna não é tanto a inclusão da *zoé* na *polis* (...) nem o fato de que a vida enquanto tal se torne um objeto eminente de cálculos e de previsões do poder estatal; decisivo é o fato de que, ao passo que por toda parte a exceção se torna a regra, o espaço da vida nua, que nas origens se colocava nas margens do ordenamento, vem progressivamente a coincidir com o espaço político: inclusão e exclusão, externo e interno, *bios* e *zoé*, direito e fato entram em uma zona de irredutível indistinção" (Agamben, 1995:12). Esse espaço é aquele do campo de extermínio enquanto paradigma da soberania moderna (Agamben, 1998). Assim, na trilha indicada por Heidegger, Agamben tenta uma saída radical (mas absolutamente negativa) da cisão ocidental entre humanidade e animalidade. Para ele, tornar ineficaz a máquina que governa nossa concepção do homem não significa procurar novas articulações — que seriam mais eficazes ou autênticas —, mas mostrar o vazio central, o hiato que separa — no homem — o homem do animal, "arriscar-se nesse vazio: suspensão da suspensão, *shabbat* do animal bem como do homem" (Agamben, 2002:137).

Ao visar a ultrapassar a clivagem constitutiva do naturalismo ocidental, Agamben a faz implodir sobre si própria e, provavelmente, ele mesmo acaba preso nos escombros do desmoronamento daquilo que ele chama de "máquinas antropológicas" do Ocidente. Com efeito, nas ruínas da "natureza humana" encontramos um único sobrevivente, o conceito de uma vida em suspensão (vida nua) que muito se parece — embora seu conceito procure afirmar-se em um terreno intermediário entre o *Bios* e a *Zoé* — com uma vida meramente biológica e, logo, com uma — improvável — natureza natural: a condição de uma vida do homem não mais partida daquela animal, porque unificada na recíproca indistinção biológica. E isso porque sua eventual dimensão ontológica é puramente negativa, totalmente despotencializada: incapaz de produzir diferença.

Usando a ontologia negativa de Heidegger, Giorgio junta a compreensão do mundo humano à da "pobreza em mundo" atribuída ao animal. Com efeito, na relação entre o tédio profundo e o ser-mantido-em-suspensão, a abertura do animal à condição humana (a "hominização") é apreendida como mera subtração: é na "desativação da possibilidade (que se encontra) a própria origem da potência e, com isso, do *Dasein*, quer dizer, do *étant* que existe na forma do poder-ser" (Agamben, 2002:103). Ora, essa potência é na realidade uma impotência. O próprio Agamben enfatiza e explicita: "essa potência ou possibilitação originária tem (...) constitutivamente a forma de uma potência-de-não, de uma impotência, enquanto ela não pode senão a partir de um poder-não (...)" (Agamben, 2002:103). Como sublinha Negri, em Heidegger a morte aparece como a "mais autêntica possibilidade do *Dasein*, (ou seja) a possibilidade de uma impossibilidade, a abertura (o aberto) do *Dasein* à sua verdade, quer dizer, ao nada" (Negri, 1992:140-1). Como apontamos anteriormente, estamos diante do arquivista de Melville e de seu *"I would prefer not to!"*.[6] A antropogênese (a passagem da pobreza em mundo para o mundo) é, dessa maneira, vista não como afirmação ontológica (produção de ser e "abertura" enquanto produção e/ou criação do mundo), mas como sendo constrangida na zona de indeterminação, na vida nua de um homem que não é mais do que um animal que — por meio do tédio profundo — abre-se a uma suspensão, ao se-manter-inativo. Por trás dessa suspensão, a vida nua é na realidade o teatro de uma dialética irresolúvel entre o homem e o animal. Toda tentativa de solucioná-la seria pior do que sua própria reprodução.

Com efeito, o radicalismo aparente da crítica agambeniana acaba nos levando para dois impasses: o primeiro, como já apontamos, diz respeito à dimensão negativa da ontologia que ele mobiliza; o segundo é o fato de que sua crítica das máquinas antropológicas reconhece sim que estas caracterizam apenas "nossa" cultura ocidental, mas nelas fica presa, mesmo que seja nas ruínas delas. Agamben transforma assim o conceito foucaultiano de biopolítica em tanatopolítica. Sua crítica radical ao pensamento ocidental continua sendo... ocidental. Uma operação que se baseia em uma simplificação evidente da relação entre vida e morte e as dimensões culturais e afirmativas que nela se encontram e a produzem. Ora, essa centralidade da morte no processo de hominização é completamente vital: é na destruição da morte que construímos "nossa vida" e — como o sublinha Sloterdijk em sua homenagem a Derrida — até suas pirâmides (Sloterdijk, 2002). Mais ainda, é dessa função dinâmica e vital, individual e coletiva, da morte, que se cria a significação, que depende justamente do fato de estarmos (ou não) nos afastando dela. Então, se "nós não podemos pensar a vida e o homem em particular sem a morte", isso não deixa de ser algo que diz respeito à vida: "o oxigênio que me faz enferrujar me faz viver". De maneira ainda mais contundente, Serres afirma o deslocamento contemporâneo como sendo uma ruptura temporal sem equivalentes. Se a "evolução esculpe os corpos dos viventes por meio da morte", a "mutação" própria da era do biopoder faz emergir novos viventes, a vida a partir da vida, a produção do homem a partir do homem (Serres, 2001:9-20). Estamos no que Marazzi chama de modelo antropogenético de produção. Ao mesmo tempo, temos que tomar cuidado para não reproduzir o dualismo ocidental entre cultura e natureza que, logo, nos leva inevitavelmente de volta à transcendência: precisamos de um horizonte não antropocêntrico que nos permita apreender de maneira potente os "agenciamentos", a hibridização entre cultura e natureza, o biopoder que investe a população como sujeito-objeto.

Precisamos procurar alternativas na própria antropologia, sobretudo naquela que nos permite uma reflexão crítica sobre a ontologia ocidental (o naturalismo), comparando-a com novas perspectivas e sobretudo com outras ontologias, não ocidentais. Talvez Sloterdijk afirme nessa mesma perspectiva seu ponto de bifurcação com relação à abordagem heideggeriana. Se, por um lado, ele pretende manter uma aliança com o Heidegger pensador do êxtase existencial, por outro ele afirma a necessidade de descolar-se de sua recusa a todas as formas de antropologia empírica e filosófica, uma recusa que Agamben retoma. Precisamos, diz Sloterdijk, "experimentar uma nova configuração entre a ontologia e a antropologia" (2000:11).

Isso permite ao filósofo alemão colocar o ser-no-mundo como sendo o resultado de uma produção no sentido original do termo. Produção do homem e do mundo, de um novo povo e de uma nova terra, diriam Deleuze-Guattari em sua conhecida atualização político-filosófica da metáfora bíblica.

3.2 A CRÍTICA AMERÍNDIA ÀS MÁQUINAS ANTROPOLÓGICAS DO OCIDENTE

Em prefácio a um livro de 1992 sobre os temas da Amazônia e da ecologia, Eduardo Viveiros de Castro lembrava: "os antropólogos não 'aprenderam com os índios a respeitar a natureza'", mas aprenderam, isto sim, "que não há reflexão sobre a natureza que não dependa de um arbitrário cultural, e que não há integração com o ambiente que não passe por uma forma específica de organização social" (Viveiros de Castro, 1992). Uma afirmação simples que contém dois elementos de primeira importância.

O primeiro desses elementos diz respeito ao fato de que não há espaços selvagens, assim como tampouco há floresta "virgem": não há natureza natural, nem para os "selvagens". A floresta virgem é uma ficção. A floresta "virgem" é na realidade um "artifício" natural. O que nós chamamos de natureza é, em parte, o resultado de uma longa história cultural e de uma atividade humana aplicada. Temos de ultrapassar a própria clivagem selvagem *versus* domesticado. O que temos, diz Latour, são *redes* ao mesmo tempo "reais como a natureza, narradas como os discursos, coletivas como a sociedade" (Latour, 1997:15). Deleuze-Guattari falam de agenciamentos, como no caso do homem-cavalo-estribo (Deleuze, 1982:85): o cavalo real, o discurso do homem e o dispositivo técnico-social que é o estribo.

O segundo elemento é a própria discussão sobre o meio ambiente: se a natureza nada tem de transcendental, ela está completamente interna às dinâmicas sociais mais gerais. Assim, os "povos originários" não são portadores de uma "nova" verdade, mas apenas (e isso já é um mundo!) de uma "outra" verdade.[7] Essa verdade "outra" é plenamente relacional, pois ela é o fruto de uma invenção recíproca das culturas ocidentais e "indígenas". Como Roy Wagner explica, "o estudo da cultura *é* cultura". Isso implica que "se nossa cultura é criativa, as 'culturas' que nós estudamos, como exemplos desses fenômenos, também o são" (Wagner, 1981:16). As diferenças, as relações de alteridade estão, pois, no cerne da produção de cultura.

Enfim, a questão da natureza, dos povos "originários", é uma questão social e, enquanto tal, uma questão de democracia, ao passo que a democracia é uma questão de multiplicidade, diferença e relacionismo.

O que a epistemologia culturalista (ocidental) faz, de fato, é negar essa dimensão constituinte da relação: o naturalismo é um relacionismo negado. Por sua vez, o relacionismo, assumindo a práxis como fundamental no lugar do terreno epistemológico, é uma abordagem desenvolvida tanto pelos críticos da epistemologia europeia quanto por aquelas correntes da antropologia que têm tentado cavar e encontrar o sentido da racionalidade *antimoderna* entre aqueles que os europeus chamaram de bárbaros, indígenas, subalternos. O relacionismo negado não constitui apenas uma insuficiência epistemológica da máquina antropológica ocidental, mas é a engrenagem que a faz funcionar como máquina de subordinação e colonização, inclusive de colonização endógena: "(...) negando a criatividade (das outras culturas)", diz Wagner, "pela usurpação do direito a criar, nós usamos esses povos e suas formas de vida e os fabricamos como nossos subservientes" (Wagner, 1981). É sobre isso que nos fala também Edward Said (1996), quando aborda a construção subalterna da noção europeia de Oriente, o Oriente como "produção" do Ocidente, uma constituição — pela máquina de guerra cultural — de um Oriente ocidental.

Como dissemos, o dualismo naturalista, sua assimetria, foi constitutivo do nascimento disciplinar de uma antropologia que aceitava a operação própria dos modernos. Esses escamoteavam seu próprio etnocentrismo atrás de uma abordagem racional do conhecimento que definia a existência em todo e qualquer canto (e em qualquer época) de "uma mesma natureza muda e impessoal que os humanos se esforçavam para interpretar (...). A pluralidade das convenções e dos usos não podia assim adquirir um sentido relacionado a regularidades naturais mais ou menos bem apreendidas por parte dos que a elas eram submetidos". Nesse marco, diz Descola, se produziu o fascínio pelo jogo de espelhos da "diversidade cultural" (Descola, 2005:10). Regressando dos trópicos, como afirma — não sem ironia — Latour, os antropólogos tentam colocar-se no ponto mediano onde eles possam acompanhar ao mesmo tempo as atribuições das propriedades humanas e não humanas. É nesse nível que a antropologia pode se tornar simétrica e contornar, transformando-a, a questão das duas grandes cisões. Isso permitirá ver que, se ainda for possível verificar por toda parte a vigência da lei (universal) da gravitação, isso dependerá do reconhecimento das redes de mensuração e interpretação que permitem essa verificação: "o universal em rede produz os mesmos efeitos que o universal absoluto, mas não dispõe mais das mesmas causas fantásticas" (Latour, 1997:162). De fato, complementa Viveiros de Castro, a obsolescência dessa descontinuidade metafísica entre cultura e natureza leva consigo tantas outras oposições e exclusões: "entre mito e filosofia, magia e ciência, primitivos e civilizados" (Viveiros de Castro, 2007:95).

Ora, a nosso ver, os trabalhos de Viveiros de Castro propõem uma inovação radical, que de uma certa maneira — embora dialogue com ela — vai além da simetria proposta por Latour, ao longo da linha de fuga deleuziana e guattariana. Além de simétrica, sua antropologia é também imanentista. Sua proposta diz respeito a um projeto explicitamente outro *vis-à-vis* à tradição moderna: "A minha questão era identificar em diversas culturas indígenas elementos que me permitissem construir um modelo, ideal em certo sentido, no qual o contraste com o naturalismo característico da modernidade europeia ficasse mais evidente" (Viveiros de Castro, 2002:480). Ele está falando do perspectivismo cosmopolítico das culturas sul-americanas das terras baixas, segundo o qual cada uma das espécies é dotada de um ponto de vista singular ou, melhor, é constituída como e por meio de um ponto de vista singular. Nessa análise contrastiva do animismo *versus* naturalismo, Viveiros de Castro reconhece a pertinência da abordagem simétrica proposta por Latour. Ao mesmo tempo — a nosso ver —, sua relação com a modernidade é bem mais nítida e, sobretudo, mais conflitiva. O fato de nunca termos sido modernos não relativiza o fato de que aqueles (nós) que se pensavam e agiam como modernos tenham exterminado (e continuem discriminando e inferiorizando) aqueles povos, os índios, por exemplo, que nem cogitam ser modernos.

O animismo, explica Eduardo, se distingue por transformar o que para o humano é fato bruto em artefato altamente civilizado do ponto de vista da outra espécie: o sangue se torna cerveja para o jaguar; a natureza, cultura. Para o animismo, pois, as relações entre humanos e não humanos são sociais. O desafio é o de administrar a mistura entre cultura e natureza. "Os selvagens não são etnocêntricos, mas cosmocêntricos." O animismo é o reconhecimento efetivo da mestiçagem universal entre sujeitos humanos e objetos aos quais sempre fomos (nós, modernos) cegos, por conta do hábito tolo de pensar por dicotomias. "Da húbris moderna salvem-nos os híbridos primitivos e pós-modernos!" (Viveiros de Castro, 2002:370-1).[8]

Com efeito, em torno do animismo ameríndio, Eduardo organiza uma alternativa ontológica que potencializa um horizonte de luta antimoderno: ou seja, em termos de perspectivismo ao qual se juntam o relacionismo e a metamorfose.[9] Seu perspectivismo assume o ponto de vista da cosmologia ameríndia, em particular quando esta utiliza os termos das línguas ameríndias (seres humanos, pessoas, gente) não como nomes, mas como indicadores de posições. De maneira radicalmente outra da tradição moderna, a cosmologia ameríndia se organiza em torno da unidade de espírito e da diversidade dos corpos: a cultura-sujeito é forma universal, ao passo que a natureza-objeto é forma do particular (em vez da particularidade subjetiva dos espíritos e das culturas diante da universalidade dos corpos e da substância). Ou seja, o perspectivismo ameríndio é um multinaturalismo, isto é, um relacionismo: os modos como os seres humanos veem os animais é diferentes do modo como os animais e os seres humanos veem a si mesmos: ao passo que (os animais) nos veem como animais, eles se veem entre si como humanos!

Trata-se de uma economia da alteridade, quer dizer, uma troca de trocas de pontos de vista. Com efeito, diz Eduardo, é sujeito quem possui uma alma, e possui uma alma quem é capaz de um ponto de vista: por sua vez, o ponto de vista depende do corpo. "Todo ser a que se atribui um ponto de vista será sujeito, espírito; ali onde estiver o ponto de vista, também estará a posição do sujeito. O ponto de vista cria o sujeito, será sujeito quem se encontrar agenciado ou ativado pelo ponto de vista" (Viveiros de Castro, 2002:373). Por consequência, "os animais e outros entes dotados de alma não são sujeitos porque são humanos (disfarçados), mas o contrário: eles são humanos porque são sujeitos (potências). Isto significa dizer que a cultura é a natureza do sujeito; ela é a forma pela qual todo agente experimenta sua própria natureza" (Viveiros de Castro, 2002:374). Com efeito, o corpo é o lugar da diferença e da alteridade. A diferença entre os pontos de vista (o ponto de vista é uma diferença) não está na alma, mas nos corpos (Viveiros de Castro, 2002:380).[10]

A diferença se produz na relação com o outro, uma relação com o outro que é um agenciamento, um devir, quer dizer, produção de diferença: "o ato de circulação é, nessa perspectiva, também um ato de produção e de consumo: e vice-versa, naturalmente. Produzir é sempre uma produção de si e do outro ao mesmo tempo, e os corpos são o modo pelo qual a alteridade é apresentada como tal. Assim a cultura é a natureza do sujeito objetivada no conceito de alma, ao passo que a natureza é a forma do outro enquanto corpo: enquanto algo para outrem, ponto de vista do agente sobre os corpos-afecções (Viveiros de Castro, 2002:381). É o corpo que faz a diferença, e o corpo ameríndio é feito e não fato, é artifício e não natureza (Viveiros de Castro, 2002:388-9). Citando o comentário de Uno, tradutor e intérprete japonês de Artaud, Peter Pál Pelbart (2008) convida a "meditar a frase enigamática de Artaud: 'eu sou um genital inato, ao enxergar isso de perto isso quer dizer que eu nunca me realizei. Há imbecis que se creem seres, seres por inatismo. Eu sou aquele que para ser deve chicotear seu inatismo'. E Uno comenta que um genital inato 'é alguém que tenta nascer por si mesmo, fazer um segundo nascimento, para além de sua natureza biológica dada'". Quer dizer, afirma Peter, "o genital inato é a história de um corpo que coloca em questão seu corpo nascido, com as suas funções e todos os órgãos, representantes das ordens, instituições, tecnologias visíveis ou invisíveis que pretendem gerir o corpo". Como não lembrar a questão ética de Spinoza: "O que pode um corpo?" e a resposta de Deleuze e Guattari: "Nós não sabemos nada do corpo enquanto não sabemos o que ele pode, quer dizer, quais são seus afetos, como podem se compor ou não com outros afetos, com os afetos de um outro corpo, seja para destruí-lo ou ser destruído por ele, seja para trocar com ele ações e paixões, seja para compor com ele um campo mais potente" (Deleuze e Guattari, 1982:314).[11]

Peter Pál Pelbart (2008) faz funcionar de maneira extremamente criativa a clivagem que separa e ao mesmo tempo junta Foucault, Deleuze e Guattari, de um lado, e Agamben, do outro, para perguntar-se "(...) se a vida deve livrar-se de todas suas amarras sociais, históricas, políticas, não será para reencontrar algo de sua animalidade desnudada, despossuída? Será que essa vida desnudada dessas amarras é o mesmo que aquela vida nua da qual fala Agamben?". Nós cremos que, com o perspectivismo ameríndio de Viveiros de Castro, estamos em uma "perspectiva" radicalmente diferente daquela proposta por Agamben. A vida é sempre vestida, mesmo quando aparecia desnuda aos conquistadores que não conseguiam enxergar suas "roupas" por se preocuparem apenas em saber se os "índios" tinham ou não uma alma. A vida é o corpo "feito", literalmente fabricado dos ameríndios. Como o próprio Peter o enfatiza, "a vida é este corpo", o corpo como "força gênese" que se liberta "daquilo que pesa sobre ele como determinação" (2008). Até o corpo nu está vestido! Sua nudez nada mais é do que uma miragem... ocidental!

Com efeito, o projeto "agambeniano" de desconstrução das máquinas antropológicas (dos antigos bem como dos modernos) fica preso aos axiomas por elas produzidos, em particular aquele da continuidade ontológica entre humanidade e animalidade *versus* descontinuidade cultural. Como apontamos, em seu *Systema Naturae*, Linné situa o *Homo*, por um lado, em uma filiação taxonômica geral fundada sobre traços anatômicos contrastados; contudo, ele separa o homem de todas as outras espécies por meio do lema *Nosce te ipsum*, algo que já afirmavam os antigos, como está escrito na entrada do templo de Delphi: *"gnôti seauton"*. "O homem é o animal que deve reconhecer-se para sê-lo." Quer dizer, é "por meio do pensamento reflexivo, conhecendo os recursos da própria alma, que cada um apreenderá a essência de sua humanidade" (Descola, 2005:249). Ora, para Agamben, a ontologia unitária (dos corpos) é mais importante do que a descontinuidade metafísica entre corpo e alma. Nisso, ele acompanha de perto Heidegger e sua presunção de poder dizer que nem a calhandra vê o aberto. Em sua abordagem, o problema estaria exatamente no fato de que esse dualismo é extremamente precário e nos expõe à animalidade, ao nada: "o desmoronamento da clivagem entre homens e animais é a fronteira de uma '*cognitio experimentalis*' que nos expõe ao nada de nossa natureza, da natureza humana" (Agamben, 2002:38). Nessa visão, é a não efetividade potencial do dualismo que, paradoxalmente, constitui o problema: "Quando a diferença se apaga e os dois termos (homem e natureza) desmoronam um em cima do outro — como parece produzir-se hoje em dia —, a diferença entre o ser e o nada, o lícito e o ilícito, o divino e o diabólico desaparece por sua vez e, no lugar dela, aparece algo para o qual nos faltam até os nomes". Reencontramos assim o paradigma do campo em sua forma absolutamente negativa: "Pode ser que os campos de extermínio tenham sido uma experimentação desse tipo, uma tentativa extrema e monstruosa de decidir entre o humano e o inumano, que acabou arruinando a própria possibilidade da distinção" (Agamben, 2002:40-1).

Com Agamben, portanto, estamos presos no paradoxo constitutivo do naturalismo moderno, justamente nos termos da armadilha apontada por Descola: às vezes (o animal) é o mínimo denominador comum de uma figura universal da humanidade, às vezes o contraexemplo que permite caracterizar a especificidade da humanidade (Descola, 2005:249). Ora, contrariamente ao que se poderia pensar superficialmente, o esgotamento da descontinuidade ontológica não implica a afirmação de uma continuidade homogênea (que poderia ser o homem-natural ou a "vida nua" ou a vida em suspensão do carrapato do laboratório de Rostock[12] apresentada por Uexküll e que tanto fascinou Deleuze e Guattari.[13]) A ontologia das cosmologias animistas mostra como o relativismo natural da

Umwelt de Uexküll pode acompanhar-se de um universalismo cultural que não limita o processo de subjetivação apenas aos humanos. Agamben tem razão de falar da influência de Uexküll sobre os esforços de Deleuze para pensar o animal de maneira absolutamente não antropomórfica. Com efeito, Deleuze-Guattari usam Uexküll para formular uma definição melódica, polifônica e *contrapuntique* da Natureza, na qual "cada território engloba ou recorta territórios de outras espécies, ou intercepta trajetos de animais sem território, formando junções interespecíficas" (Deleuze e Guattari, 1991:175). A falta dessas articulações melodiosas, o "nada" entre dois territórios ou dois trajetos de animais não constitui — em Deleuze-Guattari — nenhum vazio, nenhum pesadelo que nos prenderia dentro do conceito de uma vida em suspensão: "sempre, se a natureza é como a arte, é porque ela junta de todas as maneiras (esses) dois elementos vivos: a Casa e o Universo, o *Heimlich* e o *Unheimlich*, o território e a desterritorialização, os compostos melódicos acabados e o grande plano de composição infinito" (Deleuze e Guattari, 1991). É nesse sentido que, como afirma Sloterdijk, a hominização é uma domesticação: construção de uma casa, entre a casa e a rua, como diz Lévi-Strauss.

Contrariamente ao que afirma Agamben, a zona de indistinção é na realidade uma zona de luta e de constituição: "a filosofia, a ciência e a arte querem que nós rasguemos o firmamento e mergulhamos no caos. Nós o venceremos somente a esse preço. (...) O que o filósofo traz do caos (...) não são mais associações de ideias, mas reencadeamentos por zonas de indistinção em um conceito. O cientista traz do caos as variáveis que se tornaram independentes (...) por eliminação das outras variáveis quaisquer que poderiam interferir (...). O artista traz do caos variedades que não constituem mais uma reprodução do sensível no órgão, mas constituem um ser do sensível, um ser da sensação (...) trata-se sempre de vencer o caos por meio de um plano secante que o atravessa" (Deleuze e Guattari, 1991).

Estamos no âmbito de uma ontologia constituinte, ou seja — como diria Negri —, de um poder constituinte que surge do nada e organiza tudo. Na zona intermediária, no "entre", Deleuze vê toda a potência da vida: "as coisas só começam a viver no meio", e isso porque "as relações estão no meio e existem como tais" (Deleuze e Parnet, 1996:69). No meio a vida é vestida. A nudez da vida nua já é sua relação, seu costume, seu vestido! A ontologia constituinte é pois uma ontologia relacionista: não mais o ente, mas — como diria Viveiros de Castro — o "entre"! Assim, diante do carrapato de Rostock, Agamben parafraseia Primo Levi, e se pergunta se "esta é uma vida".[14] Ao contrário, o que Deleuze e Guattari detectam no carrapato de Rostock não é uma vida em suspensão, mas uma insistência na ontologia, um corpo que insiste em viver: "cego e surdo, o carrapato só tem três afetos na imensa floresta, e o resto de tempo pode dormir ao longo de anos esperando pelo encontro. Contudo, que potência!". Nisso, eles são coerentes com seu spinozismo, com a afirmação de que os animais nos mostram que a vida é afirmação potente e produtiva, que eles não contêm a morte. A morte é o resultado da redução da potência da vida em poder sobre a vida, naquela morte interior que tem como figura esse "sadomasoquismo universal (que é) o escravo-tirano" (Deleuze, 1981:22). Nessa insistência, há o corpo e o devir: "devir-aranha, devir-piolho, devir-carrapato, uma vida desconhecida, forte, obscura, obstinada" (Deleuze e Parnet, 1996:75). Seus elementos interespecíficos são os afetos: são eles que determinam o devir, independentemente das formas e dos sujeitos. O devir é a dimensão constitutiva do ser: "O rato e o homem não são por nada a mesma coisa, mas o ser se diz dos dois em uma única e mesma significação em uma língua que não é mais aquela das palavras, em uma matéria que não é mais aquela das formas, em uma afetibilidade que não mais aquela dos sujeitos" (Deleuze e Guattari, 1982:315). Os animais, afirma Deleuze a partir de Spinoza, se definem menos por noções abstratas de gênero e espécie que por um poder de ser afetados, pelas afecções das quais são capazes (Deleuze, 1981:40).

A zona de indeterminação é completamente afirmativa, insistência na ontologia, na vida: enquanto espaço de resistência, a vida nua é completamente vestida, a demonstração da impossibilidade de sua nudez! Não por acaso, a antropologia imanentista propõe confundir vida e antropologia e até substituir a palavra vida por "antropologia": uma ontoantropologia, diria Sloterdijk. Trata-se, pois, de repensar a continuidade ontológica entre primatas sem linguagem e primatas com linguagem para fazê-la aparecer como "intrinsecamente diferencial e heterogênea" (Viveiros de Castro, 2007:95). O colapso da distinção entre epistemologia (linguagem) e ontologia (mundo) abre-se à constituição de uma outra ontologia. O "entre" é um pleno de hibridização.

Ao contrário, em Agamben, a crítica do horizonte dialético parece não se abrir a nenhuma possibilidade afirmativa: "nem o homem deve dominar a natureza e nem a natureza deve dominar o homem. Nem isso significaria que os dois termos deveriam ser ultrapassados por um terceiro que representaria uma síntese dialética" (Agamben, 2002:125). Ou seja, Giorgio está convencido de que a máquina antropológica parou (ou, se isso não fosse o caso, que seria preciso pará-la) e que é preciso apostar no "entre" seus dois termos como suspensão como nada: para ele, a vida nua, a vida em suspensão entre a *animalitas* e a *humanitas,* se torna o máximo e mais horroroso produto do biopoder e, paradoxalmente, a única condição possível de resistência, uma ontologia completamente negativa, despotencializada, nas margens do abismo do não ser, da morte. A única saída da dialética que Agamben coloca é completamente mortífera. Quase como se ele aceitasse a dialética do poder como algo que poderia existir independentemente da potência da vida. Aqui está o problema: em sua análise de-historicizada, Agamben assume a dinâmica do poder como produção ontológica, como mutação antropológica, e, com isso, acaba por atribuir ao biopoder, ao mesmo tempo, uma existência fora do tempo e uma primazia sobre as formas de resistência que, por consequência e paradoxalmente, somente poderão existir nas condições de uma despotencialização. Por isso que ele nunca resolve a ambiguidade de sua excelente capacidade de apreender o horror do poder a partir do conceito de vida nua. Uma ambiguidade tão bem disfarçada que chega a se tornar questão central de reflexão no debate contemporâneo.

No livro sobre *O que resta de Auschwitz*, Agamben (1998), na linha desenhada em *Homo Sacer*, procura na figura do Muçulmano do Campo de Extermínio nazista o paradigma de um "ser-pronto-para-a-morte" que transformaria a zona de indeterminação em uma zona cinza acorrentada pela cumplicidade que juntaria as vítimas aos carrascos, e vice-versa: "a notícia que vem do campo (de extermínio)", diz ele, "é que mesmo na degradação mais extrema ainda há vida", uma nuda vida que não pode ser digna, que é um "ser-para-a-morte" (Agamben, 1998:63-8). Ao contrário, Deleuze e Guattari escreveram sobre os campos de extermínio e os *gulags* páginas luminosas e potentes, inconciliáveis com a ontologia heideggeriana de Giorgio: "Foi a força de vida (das vítimas) que os sustentava e não sua amargura" (Deleuze e Parnet, 1996:173). Sabemos que Agamben organiza parte de seu livro sobre Auschwitz a partir da leitura da obra de Primo Levi. Contudo, Primo Levi declarou: "Auschwitz, para mim, não foi só negativo, mas ensinou muito também" (Levi-Camon, 1991:7). Se é verdade que atribui sua sobrevida à sorte ("não se triunfa em um Lager com suas próprias forças" (Levi-Camon, 1991:73), ele explica que a sorte dessa sobrevida tem um determinante político: a luta e a potência do trabalho! "Depois de Stalingrado, a falta de mão de obra na Alemanha se faz tão forte que se torna indispensável usar todo mundo, inclusive os judeus. É nesse período que é construído Auschwitz, um campo híbrido: exterminação e exploração. (...) A isso devo ter sobrevivido" (Levi-Camon, 1991:38). O conflito entre a indústria alemã (que queria proteger a capacidade de trabalho dos internados) e as SS (que queriam exterminá-los e basta) mostra bem que a vida não era dispensável, nem desnudável, como pretendia a irracionalidade do delírio nazista.

O biopoder é tanatopolítica somente em termos paradoxais e não funcionais (ou sistêmicos). "Na sobrevida, lembra Serres, há o segundo *souffle* da vida, uma vida segunda (que) iria logo à morte se não fosse procurar logo uma sobrevivência" (Serres, 2001:56), isto é, na sobrevida há na realidade uma supervida! A vida é potência que independe do poder. É na imanência de sua dinâmica aberta que precisamos procurar, e não em seus separados e binários princípios transcendentes. Nos termos de Negri, podemos sublinhar que não é a dialética que permite a vida; mas é a vida que coloca a dialética. É a vigência de uma unidade de medida aceita ou imposta socialmente que eventualmente restabelece a dialética. Uma unidade de medida que corresponde à decisão (soberana), à efetividade do poder. Mas isso só aparece de maneira paradoxal, como possibilidade de destruição, de despolitização (por parte do Divino, do Estado) do ser (do sujeito): perda de mundo, não-se-sentir-na-própria-casa. Exatamente na condição produzida pela irracionalidade das SS, contra as quais — nos indica Primo Levi — se enfrentavam os interesses produtivos e cínicos da indústria alemã. Com isso, recaímos na situação inicial, pois não pode haver dialética sobre um sujeito destruído. Não há solução lógica ao drama da existência. Não há nenhuma cumplicidade — nem homologia — entre as vítimas e os carrascos, os escravos e o Senhor! É exatamente nessa clivagem que o abandono ativo da dialética não precipita na indiferença da negatividade e da morte.

Na crise da solução dialética, na crise do poder, nós podemos entrever todos os signos da vida que recupera seu próprio valor, algo que diz respeito ao devir-homem do qual depende a constituição de um novo céu e de uma nova terra. O sujeito não pode ser destruído, nem relativizado na dialética (Negri, 2007:50-5). Ora, o devir-homem é também um devir-animal e um devir-ferramenta. O devir acontece "entre", está na zona do meio, é a própria relação, o agenciamento dos elementos heterogêneos que juntam o homem, o animal, a ferramenta, o ambiente: é disso que fala Gilbert Simondon quando se refere a uma ontogênese generalizada. Uma ontologia geral e diferenciada ao mesmo tempo: ontologia da diferença, diferença como relação e, pois, relação como ser (Chateau, 2004). O "entre" é pleno e potente e não zona de indeterminação, vida em suspensão: o "entre" é o devir. Nos próprios termos de Deleuze, o devir é um agenciamento e a vida que ele define é maquínica; a máquina é um agenciamento, isto é, um conjunto de proximidades entre homem-ferramenta-animal-coisa (Deleuze e Parnet, 1996:89 e 126). Depois de Stalingrado, até Auschwitz teve que se transformar em um híbrido monstruoso: "O trabalho [continuava] extremamente duro, diz Primo Levi, mas não era [mais] inútil" (Levi-Camon, 1991:56). A alternativa entre existência e abismo da não existência constitui a força do sujeito e não uma vida em suspensão: a zona de indeterminação é um espaço de luta e constituição, da mesma maneira que o foi Stalingrado para Primo Levi e seus companheiros. É na ruptura de temporalidade, na constituição do tempo, no ponto do porvir que o corpo abre-se ao devir. Alimentando-se da ruptura do tempo, o corpo gera a desmedida, ser novo, diferença, devir.

Comentando o *Livro de Jó*, Negri afirma que não há separação entre ética e ontologia: a ética é o ser. E a relação entre o homem e o ser é divina. Em vez de constituir-se em uma vida nua, o sofrimento produz (veste) a vida: sofrer é resistir, insistir na ontologia (Negri, 2007). Não é por acaso que Peter Pál Pelbart (2008) encontra nesse mesmo comentário de Negri uma via de fuga para fora do enredo agambeniano, exatamente quando Negri fala da dor como algo que desborda a lógica, o racional e a linguagem: "a dor é uma chave que abre a porta da comunidade".[15] Um horizonte escatológico e subversivo, aquele mesmo que Ernst Bloch enfatiza a partir de Santo Agostinho: "*Die septimus nos ipsi erimus*". Não por acaso, Santo Agostinho atribuísse uma alma também aos animais. Nós seremos esse sétimo dia que ainda não aconteceu, nós o seremos na comunidade dos homens e da natureza, no devir da relação diante da qual os termos desaparecem e com eles todo tipo de dualismo. A relação é o ser, a ontologia é ontologia da diferença.

Por um lado, afirma Michel Serres, "permanecendo homens, nós nos tornamos obras de nós mesmos", ao passo que os outros seres vivos habitam apenas um corpo rígido e um pobre mundo, quer dizer, um meio ambiente. Por outro lado, essa nossa saída para fora do meio ambiente, quer dizer, para fora da evolução, dentro do mundo da historicidade e da mutação, não implica nenhum dualismo entre natureza e cultura. Por um lado, Serres reafirma o dualismo moderno e seu antropocentrismo. Por outro, apreende a força da bifurcação como superação do dualismo, como um relacionismo novo, constituinte. A bifurcação é um outro nascimento da própria vida, ou seja, natureza: "a cultura começa pela natureza; ela é natureza, ela é natureza continuada por outros meios", mesmo que ao longo das várias bifurcações ela se tenha tornado irreconhecível (Serres, 2001:58-62). Estudadas pelas ciências e apreendidas pelas técnicas, morte e reprodução se tornam culturais. As forças que moldam nosso corpo vêm mais do mundo que nós construímos do que do meio ambiente dado, mais de nossa cultura do que da natureza.

Estamos em uma "outra" ontologia, "uma '*ontologia prática*', heterogênea e diferencial dentro da qual o conhecer não é mais representar o (des)conhecido, mas interagir com ele, isto é, um modo de criar antes que um modo de contemplar, de refletir ou de comunicar" (Viveiros de Castro, 2007:96). Nas palavras de Negri e Hardt: "No mundo indígena, o homem não se apresenta como '*a explicação da evolução do macaco*', mas como a indicação do acréscimo de ser que na prática e na reciprocidade todas as figuras vivas da natureza produzem" (Negri e Hardt, 2008). Como diria Lazzarato a partir de Gabriel Tarde, temos que apreender de maneira nova a relação entre sociedade e natureza: não mais a sociedade como organismo, mas o organismo como sociedade. Todo fenômeno é um fato social: isso significa que precisamos recusar qualquer distinção entre indivíduo e sociedade, parte e todo, assim como ignoraremos a pertinência de toda distinção entre o humano e o não humano, o animado e o inanimado, a pessoa e a coisa. Então, resumindo, o horizonte alternativo que encontramos na cosmologia ameríndia é o do deslocamento da continuidade ontológica entre homem e natureza em direção a uma ontologia heterogênea e prática. A mônada, diz Lazzarato, é uma multiplicidade de relações que não dependem nem do sujeito nem do objeto, mas os constituem (Lazzarato, 2006).

Podemos assim estabelecer um fio vermelho que põe em relação a ontologia constitutiva de Negri e a antropologia imanentista de Viveiros de Castro, no esforço de construir um estatuto ontológico da relação. Uma construção que implica uma nova elaboração do próprio conceito de relação. Por sua vez, Wagner coloca que "o antropólogo usa sua própria cultura para estudar as outras e a cultura em geral". Isso significa claramente que a objetividade absoluta é impossível, pois isso "demandaria que o antropólogo não tivesse nenhum viés, ou não possua nenhuma cultura". Assim, "é no ato de inventar uma outra cultura que o antropólogo inventa a sua própria, com efeito ele reinventa a própria noção de cultura" (Wagner, 1981:2-4:2-4). Ou seja, Wagner vê a cultura como um processo essencialmente criativo. A invenção é uma criatividade artística que implica que a antropologia deve estar disposta a se transformar espontaneamente, ao entrar em relação com práticas de sentido diversas. Eis a dimensão criativa da relação: "os elementos simbólicos só fazem sentido uns em relação aos outros". Assim "nosso conceito de 'cultura' é, deste modo, resultado de um contexto de associações e extensões. A atividade da antropologia é fundamentalmente a de 'inventar' a cultura". Na medida em que a própria "ideia de cultura coloca o pesquisador em uma posição de igualdade com seu objeto", para Wagner "o antropólogo percebe como sua a 'cultura' e o que ele vê no campo. A objetivação de sua própria 'cultura' só é possível pelo contraste com a 'cultura' dos outros. O pesquisador experimenta seu próprio entendimento das diferenças como 'cultura' e, por extensão, ele 'inventa' a cultura como seu 'objeto' de entendimento" (Wagner, 1981:2-4).

É disso que nos fala Barbara Glowzewski, referindo-se à reapropriação, pelos aborígines australianos, de suas terras, no início da década de 1980. As pinturas que faziam parte dos rituais sagrados, simbolizando os caminhos geográficos de seus ancestrais totêmicos, tornavam-se uma ferramenta de reivindicação política e um recurso econômico. "Em vinte anos, a profusão dos artistas, de suas obras e a popularidade crescente junto aos colecionadores dos quatro cantos do mundo iriam abalar as categorias da história da arte, fazendo sair essa arte aborígine do primitivismo para integrá-la no mercado mundial da arte contemporânea" (Glowzewski, 2008:84ss.). De certa forma, diz Wagner, todo ser humano é um antropólogo, um 'inventor' de cultura. Isso na medida em que os 'observados' também descrevem o 'observador' do modo como se descreveriam. Assim, aquilo que a antropologia estuda é uma relação e a relação está imediatamente envolvida. A subjetividade relativa de Wagner pode ser entendida como objetividade diante da relação. Nos termos de Deleuze, trata-se de afirmar a verdade da relação e não a relatividade do verdadeiro. Como dissemos, para a antropologia imanentista, "fazer antropologia é comparar diferentes modos de relação (...) e não uma antropologia (que seria) superior às outras, em uma posição transcendente de contemplação das diferenças. As antropologias se encontram e se transformam pelo encontro". A primazia da relação não é apenas lógica, mas também e sobretudo ontológica: "a antropologia imanentista seria uma investigação ontogenética da relação. Ela não parte das coisas para explicar as relações, mas ao contrário" (Wagner, 1981:16). A ontologia prática diz respeito à apreensão do modo como as culturas se inventam a elas mesmas, o que implica necessariamente apreender as "outras" culturas como *alternative meanings*" (Wagner, 1981:30). É o que Deleuze e Guattari martelam em todas as suas obras: a máquina é social antes de ser técnica: "nunca um agenciamento é tecnológico, pelo contrário. As ferramentas sempre pressupõem uma máquina, e a máquina sempre é social antes de ser técnica" (Deleuze e Parnet, 1996:85,127). É a relação que produz agenciamento e cria devir. Para que uma tecnologia material seja possível "(...) é preciso que as máquinas materiais tenham sido previamente selecionadas por um diagrama, assumidas por alguns agenciamentos" (Deleuze, 1986:47).

3.3 ONTOLOGIA CONSTITUINTE: A VESPA E A ORQUÍDEA

Com base nisso, passamos a um segundo movimento, não mais em direção à abolição, mas a uma transformação radical da máquina antropológica, quer dizer, em direção a uma ontologia constituinte. Eduardo se propõe a fazer isso transformando a "antropologia do parentesco de modo a alinhá-la com os desenvolvimentos não humanistas e, pois, abrindo as noções de aliança e filiação ao extra-humano". Como poderiam funcionar, pergunta-se ele, em uma perspectiva pós-ocidental, aliança e filiação? Como poderíamos pensá-las não mais como "operadores intra-antropológicos", mas como "operadores transontológicos"? (Viveiros de Castro, 2007:107). É proposta para uma inovação radical. Trata-se, diz ele, de ir além de "toda e qualquer interrogação de tipo antropológico filosófico sobre a distintividade da condição humana, não importa que sirva de signo ou causa de sua eleição (ou maldição) — a criação especial, a alma imortal, a cerebralização, a neotenia, a linguagem, o trabalho, o desejo, o tabu do incesto, a metaintencionalidade, o inconsciente, a consciência (...)". Como já citamos, "o que interessa não é a diferença transcendental, a glândula pineal que faz os humanos '*diferentes*' do resto da natureza, (mas) as diferenças que os humanos são efetivamente capazes de fazer" (Viveiros de Castro, 2007:109).

O mito ameríndio e sua ontologia da alteridade nos abrem uma perspectiva extremamente produtiva, radicalmente não moderna. Nesse mito, havia um tempo em que os homens e os animais ainda não se distinguiam. Fala-se, pois, de um estado do ser onde os corpos, os nomes, as almas e as ações, o Eu e o Outro se interpenetravam, mergulhados em um mesmo meio ambiente pré-subjetivo e pré-objetivo. Mas é preciso lembrar, diz Viveiros de Castro, "que — na cosmologia ameríndia — a condição original comum aos humanos e aos animais não é a animalidade, mas a humanidade" (Viveiros de Castro, 2002:374). Assim, não é a cultura que se afasta da natureza, mas a natureza que se afasta da cultura: os humanos continuando iguais a si mesmos, ao passo que os animais são ex-humanos (e não os humanos ex-animais): "a humanidade é a matéria do *plenum* primordial, ou a forma originária de virtualmente tudo" (Viveiros de Castro, 2002:355-6). Usando a distinção proposta por Ingold, Eduardo afirma que o referencial comum a todos não é o homem tomado como espécie (*human kind*), mas a humanidade tomada como condição (*humanity*).

Eis a clivagem que determina as tecnologias de segurança teorizadas por Foucault. Tecnologias de poder, aliás, destinadas a aprofundar essa mesma clivagem. O biopoder organiza e reforça a população enquanto espécie (*human kind*), ou seja, em torno da naturalização de suas dinâmicas completamente artificiais, o que permite perpetuar o dualismo entre cultura e natureza e, com ele, a transcendência do espírito. Aqui a globalização nos aparece como perda de sentido, tautologia do mercado e de seus fluxos financeiros, perda-de-mundo. Diante disso, a cosmologia ameríndia nos mantém no marco político da condição humana (*humanity*), ou seja, da mundialização como criação de sentido e, pois, hibridização de cultura e natureza, imanência terrestre. O que interessa aqui são os fluxos de troca e inter-relação, ou seja, aquela lógica que se afirma e desenvolve por meio do comum. Um comum que é sempre um fazer, um expandir-se, um excesso: a relação como ponto de partida para apreender os termos, os nomes como indicadores de posição.

Continuamos na exploração das brechas abertas pelo perspectivismo ameríndio, aquelas que aparecem no aprofundamento — sempre por Viveiros de Castro — da discussão dos conceitos clássicos da teoria do parentesco: os de aliança e filiação. Eduardo lembra que, no *Anti-Édipo*, Deleuze e Guattari afirmam a aliança como sendo sempre primeira: *"já e desde sempre há aliança"*. A aliança é da ordem do agenciamento e, pois, do devir: "O que é importante não são, nunca, as filiações, mas as alianças e as misturas; não são as heranças e as descendências, mas os contágios, as epidemias, o vento" (Deleuze, 1996:84). Com ainda mais força: o "devir não é uma evolução (...) por descendência e filiação. O devir não produz nada por filiação (...). Ele é de outra ordem. Ele é aliança' (Deleuze e Guattari, 1982:291).

Ou seja, o aliado por casamento — o afim — impede que a família prenda-se edipianamente ao *socius*. Isso faz com que as relações familiares sejam sempre coextensivas ao campo social. Por outro lado, lembra Eduardo, algo existe antes do princípio da aliança. Na "ordem metafísica, isto é, do ponto de vista mítico, a aliança é segunda". Assim, "o campo do parentesco pós-proibição do incesto (...)" é definido por uma "relação de pressuposição recíproca entre aliança e filiação" (Viveiros de Castro, 2007:112). No plano político-econômico, a relação é determinada pela aliança, ao passo que no plano mítico (virtual) ela é comandada pelo mito: "a aliança é o princípio da sociedade e o fim do mito" (Viveiros de Castro, 2007:113). Estamos discutindo, pois, a relação entre a atualidade das dinâmicas sociais e os mitos de uma era originária e perdida, a Idade de Ouro à qual fizeram referência Lévi-Strauss, mas também Rousseau. Trata-se também daquelas evocações que Paolo Virno problematiza, a partir de Freud, como os retornos perturbadores do recalcado que, na crise da modernidade, tornar-se-iam sintomas (tipicamente heideggerianos) da perda-de-mundo, do "não-se-sentir-na-própria-casa".

Na realidade, essas evocações contêm mitos bem diferenciados: a nostalgia de uma comunicação originária entre todas as espécies (entre humanos e não humanos) não é a mesma coisa que aquela nostalgia da vida '*entre si*', apenas entre os humanos (e que diz respeito à "fantasia pelo incesto póstumo"). Assim, na modalidade do recalcado, a procura pelo abrigo pode ser pior do que a própria ameaça perturbadora: à nostalgia da vida '*entre si*' pode corresponder o retorno à comunidade pegajosa da pequena pátria racista e xenófoba evocado por Virno (ver Virno 2008).

Nesses mesmos termos exprimem-se Deleuze e Guattari: "Poderíamos dizer que a luta *contra o caos* não acontece sem afinidade com o inimigo, porque uma outra luta se desenvolve e toma mais importância, *contra a opinião* que pretende nos proteger do próprio caos" (Deleuze e Guattari, 1991:193). É o mecanismo mafioso do parasita que pretende afirmar que está salvando suas vítimas. A clivagem não está mais entre sociedade e mito, entre aliança e filiação ou, poderíamos acrescentar, entre ameaça do recalcado e construção do refúgio, mas entre o tipo de aliança e o tipo de filiação bem como entre diferentes tipos de refúgio.

Lendo a análise do mito Dogon, proposta por Deleuze e Guattari, Eduardo explicita: "o aspecto crucial da análise do mito Dogon é a determinação da filiação intensiva como operador da síntese disjuntiva de inscrição", enquanto esta é "o regime relacional característico das multiplicidades". Nesse regime, a figura humana "é/são um e dois, homem e mulher", ao passo que a figura animal "é ao mesmo tempo filho, irmão e esposo da Terra etc." De repente, "o problema não é mais o de ir da filiação às alianças, mas 'o de passar de uma ordem energética intensiva a um sistema extensivo'" (Viveiros de Castro, 2007:114). E a ordem intensiva aparece como uma dinâmica plenamente monstruosa: ela "não conhece distinção de pessoa nem de gênero, tampouco conhece distinção de espécies". Ou seja, no mito não há distinção entre humanos e não humanos, pois temos um "campo interacional único [que é] ao mesmo tempo ontologicamente heterogêneo e sociologicamente contínuo": *uma mesma cultura e uma natureza múltipla*.

As dimensões prática e produtiva da ontologia se inscrevem em suas dinâmicas heterogênea e relacionista. O que é um agenciamento?, perguntam-se Deleuze e Claire Parnet: "[é] uma multiplicidade que comporta muitos termos heterogêneos e que estabelece ligações, relações entre eles, por meio das idades, dos sexos, dos reinos — das diferentes naturezas" (Deleuze e Parnet, 1996:84). A aliança intensiva é um agenciamento. O agenciamento funciona por síntese disjuntiva, plenamente monstruosa. É a aliança carnavalesca de Bakhtin: "as relações familiares que se comunicam a tudo: aos pensamentos, aos sistemas de valores, aos fenômenos, aos objetos. Tudo que a hierarquização fechava, separava, dispersava, entra em contato" (Bakhtin, 1970:181).[16] Algo que Eduardo explicita em sua análise do "parentesco": "Minha irmã é minha irmã na medida exata exclusiva que ela é uma esposa de (ou para) outrem, e vice-versa. É a relação de sexo oposto entre mim e minha irmã/esposa que gera minha relação de mesmo sexo com meu cunhado. (...). Dois cunhados estão relacionados da mesma maneira que as díades de sexo cruzado que fundam sua relação (irmão/irmã, marido/mulher): não a despeito de sua diferença, mas por causa dela" (Viveiros de Castro, 2007:115).

Mesmo que em termos um pouco diferentes, é disso que Descola fala quando lembra que, para os Achuars do Peru amazônico, o *savoir-faire* técnico é indissociável da capacidade de criar um meio ambiente (*milieu*) intersubjetivo no qual se desenvolvem relações reguladas de pessoa a pessoa. "Parentes pelo sangue para as mulheres, parentes por aliança para os homens, os seres da natureza se tornam verdadeiros parceiros sociais" (Descola, 2005:22-3). É a relação de sexo oposto que gera a relação de mesmo sexo. É a inclusão de uma terceira figura, da alteridade, que qualifica a relação. É a relação a outrem que constitui as bases do comum. Um comum que é o próprio âmbito dessas trocas de trocas de pontos de vistas e seu produto ao mesmo tempo: não a despeito de sua diferença, mas por causa dela. "Cada um vê-se a si mesmo como 'mesmo sexo' na medida em que o outro é visto 'como' de sexo oposto, e reciprocamente. Todos se tornam duplos, o relator e o relacionado (...)." (Viveiros de Castro, 2007:115). A aliança [é] demoníaca. Isso significa que "devir" e "multiplicidade" são uma coisa só e ao mesmo tempo que o devir é relacional, troca de pontos de vista. É essa troca, troca de trocas, que constitui o comum, pois é ela que diferencia. O "entre" não é um vazio, mas o cheio do devir, dessas trocas de trocas que passam por caminhos diferentes.

"O verbo devir", insiste Eduardo, "não designa uma operação predicativa ou uma ação transitiva: estar implicado em devir-onça não é a mesma coisa que virar uma onça. É o devir ele próprio que é felino, não seu objeto" (Viveiros de Castro, 2007:116). No devir, não há relação sujeito-objeto, mas criação recíproca. O "entre" é o devir, não a vida nua e em suspensão, mas a vida desnudada de qualquer transcendência, na plena imanência de seu devir.

O devir-aimará da Bolívia não significa que todos os bolivianos se tornam aimarás; a própria Bolívia — sua constituição política "plurinacional" — está implicada nas dinâmicas das diferenças indígenas; e isso na medida em que os próprios aimarás são implicados em novas relações (por exemplo, pósnacionais) que os fazem devir em outro agenciamento: aimarás-gás natural-assembleia constituinte.

O que interessa é o devir, na medida em que ele continua sendo tal, quer dizer, na medida em que ele continua diferenciando. Mas o que anima o devir é a ruptura da temporalidade, as lutas constituintes dos indígenas andinos. Não por acaso, *é a grande favela de El Alto*, fenômeno monstruoso de urbanização — pelos migrantes oriundos das comunidades indígenas do altiplano — que se constituiu na ponta-de-lança da insurreição contra o neoliberalismo e o Estado pós-colonial. El Alto, cidade-favela de 800 mil habitantes que se junta às ladeiras gigantescas de La Paz. Nelas, o "espaço-tempo urbano se mistura com o espaço-tempo rural", ou mais precisamente com as "formas e estratégias de organização do mundo dos *ayllus* (espaço-tempo de governo indígena), porque, lembra Pablo Mamani Ramirez, a cidade de El Alto e as ladeiras de La Paz são constituídas em sua maioria por migrantes" (Ramirez, 2006). Na favela dos migrantes de El Alto, o devir é diferença ontológica: "ao apontar a dimensão cultural da condição de classe, a etnicidade como núcleo explicativo da opressão unificadora, o movimento abre as portas a uma articulação de outros setores, de outras classes sociais, etnicamente dominadas embora menos exploradas (transportadores, comerciantes, operários). (...) Em zonas marginais como a cidade de El Alto, onde o enfraquecimento das antigas identidades urbanas fortes, como a operária sindical, começa a fundir-se ou ser substituída por uma identidade indígena, aimará-quíchua (...)" (Linera, 2004:177).

Em El Alto, a resistência indígena aparece, diz Linera, como "persistência" (Linera, 2004:199), insistência no ser, diriam Deleuze e Guattari! "Sustentar a permanência das tradições indígenas", diz Oscar Vega, "significa ser ao mesmo tempo um índio na Bolívia, na América e para o mundo" (Camacho, 2006:193). El Alto, "essa cidade que diariamente se apresenta como uma Babel de migrações, dos ofícios e das identidades sobrepostas [que se] articulam em uma sofisticada maquinaria social". Trata-se de "extensas, multidimensionais e complexas redes sociais de trabalho, de vizinhança, parentesco e amizade [que] funcionaram como uma confederação regional de multitudinários exércitos civis armados de paus e perfeitamente organizados e disciplinados por bairros e ruas (...)". Este foi o movimento que "ao final derrotou a polícia e o exército no controle territorial da cidade" (Camacho, 2006:589). Esta é a ruptura da temporalidade que ativa o devir. Uma intensificação do tempo pelo "ímpeto das organizações de base, as redes de bairro e rua, que se sublevaram de maneira autônoma, sem coordenação nem comando unificado (enquanto) os dirigentes eram rebaixados ao papel de porta-vozes" (Camacho, 2006:590). *El Alto, monstro híbrido e terreno de hibridização*: "Os jovens nascidos na cidade [de El Alto] desempenharam um papel fundamental mobilizando sua experiência no serviço militar e na modernização frustrada" (Ramirez, 2006).

Chegamos assim à definição de uma dinâmica de transformação que não implica nem a relação instrumental sujeito-objeto, nem a troca impessoal e possessiva do mercado, mas a troca — quer dizer, a circulação — de pontos de vistas: é o processo que interessa, em sua absoluta materialidade e imanência. *A relação ao "outro" é horizontal, heterogênea e indispensável.* O devir-aimará da Bolívia é assim um devir-Bolívia do Brasil e um devir-índio da Argentina: uma troca de trocas de pontos de vista entre El Alto, as *villas miséria* da grande Buenos Aires e as favelas afro e indígenas do Brasil. O que ela produz é exatamente a diferenciação ontológica: novas e múltiplas formas de vida: biopolítica! Abrindo-se para a desmedida biopolítica, o corpo é afetado por ela e essa afetação já é, ela própria, potência (Peixoto Jr., 2008).

Sabemos que o conceito da relação de produção como dominação de um sujeito (o Homem) sobre um objeto (a Natureza) legitima a subordinação, pelos que se definem homens (os Senhores), dos não homens, ou seja, daqueles seres antropomorfos que são os estrangeiros, os escravos etc. Esse é o mecanismo da transcendência e sua mecânica é fundamentalmente a de separar cultura e natureza, quer dizer, a mecânica de reduzir a produção biopolítica (das formas de vida, da condição humana) em biopoder, de naturalizar a população, como espécie e meio ambiente. Contudo, a nosso ver, não é o conceito de produção em si que precisa ser abandonado. É preciso abandonar, sim, as suas dimensões transcendentes (naturalizadas) e hierarquizadas (pela ideologia do mercado como "privação" e pela fragmentação individualista das relações que encontra na lógica da escassez sua base de legitimação). O que está em jogo aqui é um produzir ser como ontologia diferencial e heterogênea. A produção, nesse sentido, é uma criação de significação, de mundo. Estamos, pois, no plano da diferença pura; e esta é processo produtivo que nunca se resolve, nunca é determinado pela objetivação de um produto separado da práxis de sua produção. Nada a ver com qualquer suspensão da vida, ainda menos com o desmoronamento de um dos sujeitos sobre o outro. Parafraseando Eduardo, diremos que entre sujeito e objeto o trajeto não é o mesmo e que a produção é sempre também devir, no sentido de relação entre sujeitos humanos e não humanos. Mas a produção da qual estamos falando é na realidade uma diferenciação.

Em um primeiro movimento, podemos ir além do próprio conceito de produção: "devir (...) tampouco é produzir uma filiação ou produzir mediante uma filiação" (Viveiros de Castro, 2007:116). Ou seja, nem produção, nem filiação: "produção e devir [são/seriam] dois movimentos distintos". E isso porque, embora ambos envolvam a natureza, entre a produção e o devir, o trajeto não é o mesmo. Aqui prevalece o elemento da troca dos pontos de vista. E essa troca, sendo diferencial, é a base de toda produção como produção ontológica: produz excedente de ser, ontologia constitutiva. Chegamos assim a um segundo movimento: a produção aparece como processo no qual se realiza a simbiose do homem e da natureza, em que a natureza se revela ela mesma como produção. Em outras palavras: nesse segundo momento, criador e criação se reencontram. Viveiros de Castro recorre à frase, que já citamos, de Deleuze-Guattari: "a essência humana da natureza e a essência natural do homem se identificam na natureza como produção ou indústria".

Na realidade, contudo, Deleuze e Guattari retomam essa afirmação exatamente do conceito marxista de produção, como Marx o apresenta nos *Manuscritos de 44*: o próprio da atividade humana é revelar ao mesmo tempo a essência natural do homem e a essência humana da natureza (Marx, 1962:62 *apud* Fischbach, 2004:62). Com isso Marx afirma que a atividade produtora do homem considerada como atividade vital não é outra coisa que a atestação da própria unidade do homem e da natureza como unidade processual intermediada pelo homem. Mas "dizer que a vida física e intelectual do homem estão indissoluvelmente ligadas à natureza não significa outra coisa além de que a natureza está indissoluvelmente ligada a ela mesma, pois o homem é parte da natureza". Ou seja, observa Fischbach, "objetivando as forças essenciais do homem, a atividade humana produtora naturaliza a essência do homem; inversamente e ao mesmo tempo — elaborando e transformando o elemento natural, o homem humaniza a natureza por meio de sua atividade" (Fischbach, 2004:63): estamos diante de uma troca de trocas, sabendo que o caminho nas duas direções não é o mesmo, não é dialético.

Estamos na ordem de uma naturalização do homem e de uma humanização da natureza que definem a sociedade como unidade essencial de homem e natureza: "A essência *humana* da natureza está aqui só para o homem *social*; pois é somente na sociedade que a natureza é para ele como *laço* com o *homem*" (Marx, 1962:89 apud Fischbach, 2004:63). Isso significa que a relação humana com a natureza é sempre uma relação social e que a natureza existe para os homens por meio da atividade social pela qual eles a transformam e são transformados por ela. A única natureza realmente existente para os homens é a natureza "em devir na história humana", é "a natureza tal que a indústria a faz". Mas a indústria não é senão "a atividade natural e essencial dos homens" (Fischbach, 2004:66).

Avançamos nessa direção. Em sua breve e ao mesmo tempo potente esquematização dos cinco grandes dispositivos do processo de antropogênese, Sloterdijk (2000:47) lembra que o primeiro (o dito da *"insulation"*) se define exatamente como um evento contranatural, de ruptura em relação à pressão da seleção. Eduardo (2007:117) também lembra que o "devir (...) é uma participação antinatural (*contre nature*) entre o homem e a natureza, movimento instantâneo, não processivo de captura, de simbiose, uma conexão transversal entre heterogêneos. [A] natureza só procede assim, contra si mesma. Estamos longe da produção filiativa ou da reprodução hereditária. Nesse sentido, o devir é antiprodutivo ou contraproducente". Então, se a evolução comporta algum autêntico devir, "é no vasto domínio das simbioses, que envolve seres de escalas e reinos totalmente diferentes, sem nenhuma filiação possível entre si".

Eis o *agenciamento orquídea-vespa* proposto por Deleuze-Guattari. "A vespa e a orquídea dão o exemplo. A orquídea parece formar uma imagem de vespa, mas na realidade há um devir-vespa da orquídea, um devir-orquídea da vespa, uma captura dupla, pois o *'que'* cada um se torna não é menos do que aquilo de que devém. A vespa devém o aparelho de reprodução da orquídea, ao passo que a orquídea devém o órgão sexual da vespa" (Deleuze, 1996:8-9). Trata-se, enfatiza Eduardo, de "um agenciamento do qual 'nenhuma vespa e nenhuma orquídea jamais nascerá e sem o qual, acrescente-se, nenhuma vespa e nenhuma orquídea, tais como as conhecemos, jamais poderiam nascer, porque a filiação natural dentro de cada espécie depende dessa alternância contranatureza entre as espécies". "Todo animal (...) define uma socialidade múltipla, lateral, radicalmente extrafiliativa e extrarreprodutiva que arrasta a sociedade humana em uma demoníaca metonímia universal". Eduardo cita Deleuze e Guattari: "'nós opomos a epidemia à filiação, o contágio à hereditariedade (...) as participações e núpcias contranatureza são a verdadeira Aliança que atravessa todos os reinos da natureza', (*apud* Viveiros de Castro" 2007:118). Como nos explica Bakhtin, o carnaval e suas alianças contranaturais (*mésalliances*) não são um momento catártico: são momentos fundadores, constituintes. Ao exemplo da vespa e da orquídea podemos comparar as relações entre uma comunidade e outra, nos termos propostos por Descola: "Da mesma maneira que seus vizinhos do conjunto linguístico Tukano, os Yukuna desenvolveram associações referenciais com determinadas espécies animais e algumas variedades de plantas cultivadas que lhes servem de alimentos privilegiados, pois sua origem mítica e, para os animais, suas casas comuns se situam nos limites do território tribal. Cabe aos xamãs locais a tarefa de supervisionar a regeneração ritual dessas espécies que, ao contrário, são proibidas pelas tribos Tukano vizinhas dos Yukuna. A cada grupo tribal cabe assim a responsabilidade de *vigiar* as populações específicas de plantas e animais dos quais se alimentam; essa divisão de tarefas contribuirá para definir a identidade local e o sistema de relações interétnicas em função da relação a conjuntos diferenciados de não humanos" (Descola, 2005:27-8). No mesmo sentido, um grupo de pesquisadores dirigidos pelo americano Todd Palmer publicou um artigo na revista *Science* (12 de janeiro de 2008) que fala da proteção mútua entre uma planta e colônias de formigas. A árvore fornece seu néctar para nutrir as formigas e os espinhos para protegê-las. Em contrapartida, as formigas protegem a planta contra os insetos herbívoros. Relações interespecíficas também se desdobram, pelo papel desempenhado pelas girafas e os elefantes, pois deles depende o nível de produção do néctar pelas acácias (Palmer, 2008).

Esses exemplos nos fazem pensar no que Deleuze define como "blocos de devir". Os dois termos de uma relação não trocam nada entre si, mas um deles devém o outro somente se este devém ainda outra coisa ao passo que os termos desaparecem. *No cerne do devir temos, pois, a multiplicidade, ou seja, o agenciamento: a máquina.* A Floresta Amazônica, para a antropologia imanentista é um agenciamento maquínico. Uma máquina produzida e produtora de/por multiplicidade. "Cada multiplicidade já é composta de termos heterogêneos em simbiose, ela não cessa de se transformar em outra multiplicidade." Assim, as abelhas se transformam em enxame, "onde os elementos heterogêneos compõem a multiplicidade de simbiose e devir" (Deleuze e Guattari, 1982:305). Em um devir-animal, temos sempre uma matilha, uma população, um povoamento. Mas o que significa, perguntam Deleuze e Guattari, o animal como bando ou matilha? Como conceber um povoamento, uma propagação, um devir, sem filiação, nem produção hereditária? O que é uma multiplicidade sem a unidade ancestral? *Significa, nos dizem, que os bandos humanos e animais proliferam por contágio e epidemias, nos campos de batalha e nas catástrofes.* Da mesma maneira que se os *híbridos* nascidos de uma relação sexual não se reproduzem, assim também a relação terá que recomeçar a cada vez, ganhando cada vez mais terreno. "Para nós, há tantos sexos quanto há termos de simbiose, tantas diferenças quanto elementos que intervêm no processo de contágio" (Deleuze e Guattari, 1982:293-5). O devir é uma teoria prática da multiplicidade!

Estamos mergulhados nas características da produção contemporânea. Nela, a atividade humana que produz riqueza não corresponde mais ao mel produzido pelas abelhas operárias humanas, mas à circulação infinitamente mais produtiva de polinização das relações sociais.[17] Dela é que dependem, como o sugere Yann Moulier Boutang, os graus de inovação, adaptação e flexibilidade da economia (2007:218). Quer dizer, por um lado, temos o trabalho sujeito-objeto próprio da produção de mel, cujo mecanismo de acumulação está baseado na expropriação — quantitativa — da produção excedente (do fato de que as abelhas operárias produzem mais mel do que o necessário para a sua reprodução). Por outro lado, temos a produção (na agricultura e na floresta) gerada pela polinização, e esta é, ao mesmo tempo, "n" vezes maior que o mel e desmedida, pois não é possível calculá-la em termos de excedente de produto. Seu excedente desmedido é meramente relacional, excedente de relação, excedente de diferença, de vida. Nessa economia, como na cosmologia ameríndia, é a própria relação, a troca de trocas de pontos de vista, que é produtiva. *A polinização é a própria relação*, é o devir, a produção de ser, a nova ontologia da multiplicidade.

Mas então, como afirma Viveiros de Castro, podemos afirmar que há duas alianças: "Uma interna ao *socius*, (...) extensiva, cultural e sociopolítica e que distingue filiações": é um biopoder. Uma outra "imanente ao devir, irredutível tanto à produção e metamorfose imaginária (genealogia mítica, filiação ao animal) como à troca e à classificação simbólica (aliança exogâmica, totemismo). Intensiva, confunde espécies. (...). Quando o xamã ativa um devir-onça, ele não *produz* uma onça, tampouco se filia à descendência dos jaguares. Ele faz uma aliança: *uma zona de indistinção* (...) um deslizamento, não uma filiação natural, mas uma aliança contranatureza" (2007:119): essa zona de indistinção é uma biopolítica, ela produz uma segunda, uma terceira natureza: a vida desnuda é na realidade uma vida vestida, vestida de imanência!

Sempre de acordo com Viveiros de Castro, isso significa — e aqui está mais um elemento potente de sua proposta — que não se trata, como nas teorias clássicas do parentesco, de opor filiação natural a aliança cultural, cultura *versus* natureza. E isso porque a "contranaturalidade da aliança intensiva é igualmente contracultural, e contrassocial. Estamos falando de um terceiro incluído, uma outra relação, uma 'nova aliança'" (2007:119). Trata-se, pois, de uma "aliança demoníaca que se impõe do exterior, e que impõe sua lei a todas as filiações (aliança forçada com o monstro, com o homem-animal)". "Não estamos mais no elemento místico-serial do sacrifício, nem no elemento míticoestrutural do totemismo, mas no elemento mágico real do devir." A participação contra natureza diz respeito ao "plano de composição, o plano de natureza, para tais composições que não cessam de fazer e desfazer seus agenciamentos usando todos os artifícios" (Deleuze e Guattari, 1982:315).

Essa zona de indistinção contém uma potência inversamente proporcional àquela que Agamben vê na precariedade da separação entre humanidade e animalidade. Aqui não temos uma ontologia negativa, mas uma ontologia da multiplicidade, da hibridação proliferante. Descola fala da identidade mista entre cultura e natureza, que "combina traços do comportamento, dispositivos e objetos rituais, taxinomias ao mesmo tempo sociológicas e biológicas, nomes e narrativas, e trajetos, todos elementos que não saberíamos como distribuir ao longo de uma linha imaginária que separaria a natureza da cultura". Quer dizer, "não se trata de uma aliança ou contrato de assistência entre o bruxo e sua espécie totêmica, mas de uma hibridação procurada e assumida cuja finalidade é certamente social (...) mas cuja realização concreta exige adquirir propriedades compartilhadas com uma espécie humana" (Descola, 2005:208-232). O devir não é produção de um objeto transformado. O devir é uma aliança monstruosa.

O animismo nos permite uma reflexão para além dos aparelhos antropocêntricos, em direção à ontologia maquínica. Na máquina ontológica amazônica, a nova aliança, "ambígua, disjuntiva, noturna e demoníaca (...) é, antes, parte da máquina de guerra anterior e exterior ao parentesco enquanto tal. Uma aliança contra a filiação: não no sentido de ser a representação recalcante de uma filiação intensiva primordial, mas porque impede que a filiação funcione como um germe de uma transcendência (a origem mítica, o ancestral fundador, o grupo de filiação identitário)". Se Deleuze e Guattari diziam que toda filiação é imaginária, Eduardo acrescenta: "e toda filiação projeta um Estado, é filiação de Estado. A aliança intensiva amazônica é uma aliança contra o Estado (Viveiros de Castro 2007:122-3). O deslocamento que a cosmologia ameríndia permite é que, nesse plano, não pode haver distinção entre aliança e filiação. Ou, se há duas alianças, há também duas filiações. Se toda produção é filiativa, nem toda filiação é (re)produtiva. Se há filiações reprodutivas e administrativas (representativas, de Estado), há também filiações contagiosas e monstruosas, em nossa linguagem diríamos "produtivas": as que resultam de alianças de devires contranatureza: "vespa-encontrar-orquídea" é um devir maquínico, da mesma qualidade que o agenciamento "homem-cavalo-estribo", quer dizer, de uma mesma máquina social. "Essas multiplicidades em termos heterogêneos, em cofuncionamento de contágio, se inserem em algum agenciamento; e aí o homem opera seus devires-animais. (...) Há toda uma política de devires-animais (...). Essa política se elabora dentro de agenciamentos que não são nem os da família, nem os da religião, nem os do Estado. Eles exprimem, ao contrário, grupos minoritários, ou oprimidos, ou vetados, ou revoltados, ou sempre nas margens das instituições reconhecidas (...) enfim, anômicos" (Deleuze e Guattari, 1982:296-302).

Pode-se dizer: *"índios aimarás-El Alto-gás natural", eis um agenciamento maquínico, o devir constituinte da Bolívia pós-nacional; "negros-Brasil-políticas de cotas", mais um agenciamento: o devir democrático do ensino superior brasileiro e o devir-negro da democracia no Brasil.* Em outras palavras, trata-se de um agenciamento do tipo "homem-animal-objeto manufaturado". Nos termos de Deleuze-Guattari, "trata-se de uma nova simbiose homem-animal, um novo agenciamento de guerra, que se define por seu grau de potência, de liberdade, bem como por seus afetos, sua circulação de afetos: o que pode um conjunto de corpos" (Deleuze, 1996: 84-5). *Passamos assim de um modelo antropomórfico a um modelo cosmológico*: "A individuação social não supera, mas integra as outras individuações". Quer dizer, "o homem não é apenas um conjunto de relações sociais, mas a coordenação de diferentes relações: sociais, vitais, físicas" (Lazzarato, 2007:54). O agenciamento diz respeito a uma máquina ontológica, sua matéria é a própria produtividade. Estamos dentro de um materialismo maquínico extremamente vital. Não há espírito, mas simbiose entre corpos e almas nas relações entre os cérebros. Não há mercadoria que não seja um cérebro, nenhum cérebro que não seja comum, quer dizer, rede de cérebros, *General Intellect*, cérebro social.

No devir-Brasil do mundo há um devir produção da reprodução e as bases de uma nova aliança e de uma nova filiação, para além da clivagem ocidental entre cultura e natureza. A produção desejante distingue-se mal de um processo de circulação generalizada. É a sociedade contra o Estado, de Pierre Clastres. Podemos até dizer que o capitalismo contemporâneo se caracteriza como aparelho de captura da riqueza da sociedade (a polinização) diante da miséria da organização social (Boutang, 2007:199) Essa captura transforma a riqueza da sociedade-pólen em miséria de um presente que pretende erguer-se a horizonte único.[18]

CONCLUSÃO INTERMEDIÁRIA

> *"Realities are what we make them, not what they make us, or what they make us do."*
>
> Roy Wagner

Tentemos uma conclusão provisória e intermediária dessas reflexões sobre a antropologia imanentista. Viveiros de Castro afirma que, se é desejável e até necessário fazer a distinção entre a produção necessitada da economia política e a produção desejante da economia maquínica, entre produção-trabalho e produção-funcionamento, pode-se argumentar por analogia que seria igualmente interessante distinguirmos entre uma aliança-estrutura e uma aliança-devir, uma troca-contrato e uma troca-metamorfose. Então, nós precisamos pensar a troca-metamorfose em uma produção-funcionamento organizada a partir de uma aliança-devir, ou seja, uma troca que é hibridização e produção ao mesmo tempo: produção porque hibridização, e vice-versa.

"A troca sempre foi tratada", diz Eduardo em conclusão de seu artigo sobre "filiação intensiva e aliança demoníaca", "pela antropologia como a forma mais eminente de produção: produção da sociedade, justamente. A questão portanto não é a de revelar a verdade nua da produção por debaixo do véu hipócrita da troca e da reciprocidade, mas, antes, a de libertar estes conceitos de suas funções equívocas dentro da máquina da produção filiativa e subjetivante, devolvendo-as a seu elemento (contra)natural, o elemento do devir. A troca, ou a circulação infinita de perspectivas — troca de trocas, metamorfose de metamorfose, ponto de vista sobre ponto de vista, isto é: devir" (2007:126). É um pensamento do ser que ultrapassa a questão do ser: "nós não somos, nós existimos no quadrado seguinte" (Serres, 2001:192).

Resumindo, podemos dizer que a crítica à cisão ocidental entre cultura (homem) e natureza (mundo) encontra na antropologia imanentista uma linha de fuga afirmativa. Uma afirmação que nos coloca para além da armadilha agambeniana da "vida nua" e de sua ontologia da impotência. Na trilha indicada por Deleuze-Guattari, Eduardo apreende a crise da tradição ocidental desde o ponto de vista da cosmologia ameríndia. A potência de sua proposta não está em um exercício demonstrativo da diversidade cultural que permita a relativização da hegemonia ocidental. Estamos completamente dentro da definição perspectivista e relacionista de cultura e do saber. Eduardo mobiliza a definição de Roy Wagner de suas relações iniciais com os Daribi: "o modo como eles não me compreendiam não era o mesmo modo como eu não os compreendia". A ontologia é constitutiva e relacionista.

O perspectivismo ameríndio não desenha apenas uma alternativa radical ao dualismo homem *versus* natureza, ele constitui-se também e ao mesmo tempo como um relacionismo potente. Por um lado, perspectivismo e relacionismo convergem em uma cosmologia literalmente oposta àquela da nossa tradição: não mais multiculturalismo *versus* universalismo natural, mas universalismo cultural *versus* multinaturalismo. Por outro lado, a ontologia prática que se desprende do perspectivismo relacionista está completamente interna a uma ultrapassagem do dualismo em direção à hibridização sistemática entre culturas e entre cultura e natureza: *uma nova antropofagia política*. Na floresta amazônica não há espaço para uma natureza natural, nem para uma vida em suspensão. Ao contrário, é exatamente ali que encontramos uma ontologia heterogênea e potente e, com ela, a afirmação de que "o ser não pode ser destruído" (Negri, 2007:55), devir-Brasil do mundo e devir-mundo do Brasil: MundoBraz! Na perspectiva do MundoBraz, na troca de trocas de pontos de vista entre devir-mundo do Brasil e devir-Brasil do mundo, podemos enxergar um horizonte aberto dos possíveis, o porvir de um devir cuja posição é a de uma "atividade imanente do atual (...) como produtividade indefinida de ser-tempo" (Bove, 2008:119). Ao mesmo tempo, MundoBraz é necessariamente MundoBol, Mundoguai.[19]

NOTAS

1. Descola (2005), como ele mesmo o sublinha, está usando a noção de "coletivo" proposta por Bruno Latour (1991). Por "coletivos", Latour entende "produções de naturezas-culturas (que são) diferentes tanto da sociedade dos sociólogos — os homens entre eles — quanto da natureza dos espistemólogos — as coisas em si". Aos olhos da antropologia comparada (ou simétrica) de Latour, esses coletivos são todos parecidos, pois eles distribuem ao mesmo tempo os futuros elementos da natureza e os futuros elementos do mundo social. Trata-se, evidentemente, de uma noção em aberta ruptura com o dualismo moderno: "ninguém jamais ouviu falar de um coletivo que não mobilizaria em sua composição o céu, a terra, os corpos, os bens, o direito, os deuses, as almas, os ancestrais, as forças, os animais, as crenças, os seres de ficção (...)" (Latour, 1991:144-

5). Por sua vez, a noção de coletivo é muito próxima da de *"agencement"* usada por Deleuze e Guattari. "A unidade real mínima não é a palavra, nem a ideia, nem o conceito, nem o significante, mas o *agencement* (...) sempre coletivo, que mobiliza em nós, e fora de nós, populações, multiplicidades, territórios, devires, afetos, eventos" (Deleuze e Parnet, 1977:65).
2. Carl von Linné (em latim *Linnaeus*), dito Lineu, naturalista e botânico sueco (1707-1778).
3. "A ilusão, por consequência, em vez de ser definida pelo movimento que a criticava em uma reflexão sobre o conhecimento, era referida a um nível anterior onde ela aparecia ao mesmo tempo desdobrada e fundada: ela se tornava verdade da verdade — aquilo a partir de onde a verdade está sempre aqui e nunca é dada; ela se tornava assim a razão de ser e a fonte da crítica, o ponto de origem desse movimento pelo qual o homem perde a verdade e se encontra continuamente chamado por ela. Essa ilusão, agora definida *finitude,* se tornava por excelência a *retraite* da verdade: aquilo em que ela se esconde e aquilo em que é sempre possível encontrá-la. É nisso que a ilusão antropológica é, desde um ponto de vista estrutural, como que o avesso, a imagem espelhada da ilusão transcendental" (Foucault, *in* Kant, 2008:77).
4. Agamben (2002) continua: *"Homo* é um animal constitutivamente *'antropomorfo'* (...) que deve, para ser humano, se reconhecer em um não homem".
5. No caso dos modernos, a máquina "funciona (...) pela exclusão fora de si como (ainda) não humano de um já humano, quer dizer, animalizando o humano, isolando o não humano no homem: *homo alalu*, ou homem-símio. E é suficiente avançar de algumas décadas nosso campo de pesquisa para, no lugar dessa inocente descoberta paleontológica (i.e. o *homo alalu*), encontrar o judeu, quer dizer, o não homem produzido no homem, ou o neomorto e o paciente em coma profundo, ou seja, o animal isolado no corpo humano ele mesmo. A máquina dos antigos funciona de maneira exatamente simétrica. (...) aqui o dentro é conseguido por inclusão de um fora, o não homem por humanização de um animal: o símio-homem,

l'enfant-sauvage ou *Homo ferus* — mas também e antes de tudo, o escravo, o bárbaro, o estrangeiro como figuras de um animal de forma humana" (Agamben, 2002:60).

6. Vide Pelbart (2002).
7. Cabe aqui lembrar algumas das conclusões do vasto trabalho de Descola: "Cada tipo de presença no mundo, cada maneira de se ligar a ele e de usá-lo constitui um compromisso específico entre dados da experiência sensível acessíveis a todos, mas interpretados diferentemente, e um modo de agregação dos [existentes] adaptado às circunstâncias históricas, de modo que nenhum desses compromissos (...) é capaz de oferecer uma fonte de ensino adequada a todas as situações" (Descola, 2005:552).
8. Assim, Eduardo não tem as mesmas preocupações de Michel Serres de evitar o animismo, nem limita sua ontologia ao embate interno contra a metafísica ocidental, como no caso de Peter Sloterdijk.
9. Como o sublinha Descola, a metamorfose é a melhor solução da questão das relações no mesmo plano entre humanos e não humanos. Com efeito, a metamorfose constitui o "auge" culminante de uma relação por meio da troca de perspectivas (Descola, 2005:194-5). Descola desenvolve em seguida a metamorfose como solução da angústia própria do animismo de ter que "se comer um sujeito": "A metamorfose (...) é mais um tipo de anamorfose, o *experimentum crucis* de uma relação entre humano e não humano: mudando seu envelope corporal, chega-se a entrar na pele do outro para identificar-se com sua subjetividade, ancorada a seu corpo. (...) A metamorfose permite as interioridades encerradas na fisicalidade e com pontos de vista heterogêneos encontra um terreno de compreensão onde as interações sociais podem desenvolver-se sem ter que emancipar-se dos constrangimentos da *vraisemblance*". E mais, "a metamorfose torna manifesta a separabilidade entre fisicalidade e interioridade" (Descola, 2005:394-4).
10. "No alto Xingu (...) os jovens têm o corpo literalmente fabricado, imaginado por meio de remédios, de incisões e de certas técnicas como a escarificação. Em suma, ficava claro que não

havia distinção entre o corporal e o social: o corporal era social e o social era corporal (Viveiros de Castro, 2002:477).
11. Deleuze e Guattari continuam dizendo que o corpo é uma "*heccéité*", ou seja, um poder de afetar e ser afetado. O corpo se compõe, pois, de uma longitude e uma latitude. Ou seja, o corpo pode ser cartografado em função das relações de movimento e repouso, velocidade e lentidão (longitude), ou dos graus de potência, quer dizer, dos afetos intensivos dos quais é capaz (latitude). O corpo diz respeito à individuação de uma vida e não do sujeito que a porta. Seu tempo é *Aión*, tempo indefinido do evento, uma velocidade que não cessa de se dividir, um já-aqui e ainda-não. Algo completamente diferente de *Chronos*, o tempo da medida que fixa as coisas e as pessoas. Nesse sentido, sendo corpos, cessamos de ser sujeitos e nos tornamos eventos, dentro de agenciamentos inseparáveis de uma hora, de uma estação, de uma atmosfera, quer dizer, de uma vida, de um devir! (Deleuze e Guattari, 1982:314-321).
12. Trata-se da experiência de laboratório da cidade alemã de Rostock, relatada por Uexküll, durante a qual um carrapato foi isolado de seu "ambiente vital" e se manteve em vida por mais de 8 anos. Vide Agamben (2002:69ss.).
13. Notamos que Descola estabelece uma relação entre a cosmologia animista e o conceito de *Umwelt* de Uexküll: "O sujeito animista está por toda parte (...). Os existentes dotados de uma interioridade análoga à dos humanos são todos sujeitos, animados por uma vontade própria e dotados (...) de um ponto de vista sobre o mundo (...). Dizer que são pessoas significa reconhecer-lhes uma autonomia, uma intencionalidade e um ponto de vista da mesma natureza que a dos humanos, mas situada no interior de esferas de práticas e de significação que são particulares a cada um deles, pois que cada um deles compartilha unicamente com seus congêneres o que Uexküll chama uma *Umwelt*, um mundo vivido e agido caracterizado pelo que um animal pode fazer nele a partir de suas propriedades físicas. (...) A tranquila evidência de que as coisas são mesmo as que percebemos (...) nasce (...) da condição, ancorada em um aparelho perceptivo, um *ethos* e uma situação definida, de

que o mundo é conforme ao uso que se faz dele: uma extensão sensível do corpo, não uma representação". Ao mesmo tempo, o próprio Descola esclarece que o animismo não é um relativismo: "Em primeira aproximação, o animismo parece desembocar em uma abordagem relativista do conhecimento, não por causa da fonte do ponto de vista que se exprime sobre ele (...) mas por causa das condições que o tornam possível: a cada tipo de fisicalidade corresponde um tipo de percepção e de ação, uma *Umwelt*, uma relação a coisas que não podemos definir de maneira absoluta (...). Mas o animismo mostra também um universalismo nítido quando recusa limitar a subjetivação apenas aos humanos: toda entidade dotada de alma acede à dignidade de sujeito e pode ter uma vida social tão rica de significações quanto a atribuída ao *Homo sapiens*. (...) Deveríamos falar de um relativismo natural e de um universalismo cultural" (Descola, 2005:389, 390-1).

14. Estamos fazendo referência a Levi (1958), *É isto um homem?*.
15. É importante salientar que Negri apresenta sua "exegese" do Livro de Jó como uma reflexão sobre sua vivência pessoal da dor da prisão, na procura de uma saída que lhe permitisse uma análise do sofrimento como resistência.
16. Devo a Barbara Szaniecki a indicação deste trecho.
17. Aliás, o crescimento da mortandade das abelhas faz com que a maior atividade dos apicultores norte-americanos seja hoje a transumância das colmeias, para alugá-las aos agricultores que as usam para polinizar as diferentes regiões.
18. Estamos parafraseando o título do livro de André Gorz (1997), *Misères du présent, Richesse du Possible*.
19. A explicitação desses termos Mundo Bolívia, Mundo Paraguai, vem de um diálogo construtivo com Salvador Schavelzon.

CAPÍTULO 4 Hibridizações, antropofagias, racismo e ações afirmativas

As máquinas binárias (...) não são meramente dualistas, elas, mais do que isso, são dicotômicas: podem operar diacronicamente (se você não é nem a nem b, então você é c): o dualismo foi transportado e já não concerne aos elementos simultâneos dentre os quais se tinha de escolher, mas a escolhas sucessivas; se você não é nem branco nem preto, você é mestiço (...).

Gilles Deleuze e Claire Parnet

Tupi or not Tupi, that is the question.

Manifesto Antropófago

4.1 HIBRIDIZAÇÕES

A troca de trocas de pontos de vista, a circulação infinita de perspectivas, os pontos de vista sobre os pontos de vista, quer dizer, o *devir*, nos levam para uma paisagem desenhada pela multiplicação dos híbridos, pela mestiçagem generalizada ou pela *créolisation* teorizada por Glissant (Corsini, 2008). Já vimos que essa é sobretudo a base das tentativas de desenvolvimento, para além da clivagem cultura *versus* natureza de uma antropologia simétrica, como é o caso de Bruno Latour. Cabe perguntar: a perspectiva da hibridização generalizada nos salva de um genérico relativismo?

Fazendo referência às apostas em direção a uma mistura de natureza e cultura e, pois, à proliferação de realidades híbridas, Descola lembra a afirmação de Bruno Latour: a constituição dualista dos modernos na realidade amplifica a produção de híbridos, ao contrário dos pré-modernos que se concentraram em teorizar os híbridos e assim os desenvolveram muito pouco. Mas, lembra Descola, dessa maneira, Latour não contesta a absoluta singularidade da cosmologia moderna: "que o dualismo seja uma máscara para a prática que o contradiz não elimina sua função reitora na organização das ciências" (Descola, 2005:130). Podemos aprofundar: o dualismo moderno nega as bases dos processos que ele captura das práticas constituintes, porque isso participa da dinâmica de poder que caracteriza sua efetividade. Por meio disso, quer dizer: do não reconhecimento das práticas sociais imanentes aos processos de criação, o dualismo moderno reintroduz a transcendência e as relações de dominação. Negri e Hardt enfatizam — aliás em referência explícita às dúvidas de Descola, a necessidade de não aceitar o relativismo de Latour: "Se é verdade que o mundo nas margens entre natureza e cultura se apresenta a nós sempre por trechos, rupturas e recomposições (...), não devemos nos mobilizar com ceticismo, mas com confiança, sempre propondo a *tradução* das realidades mistas (híbridas) que nos circundam e dos fragmentos de ser que apreciamos sem sermos capazes de recompô-los. Temos de construir — praticamente — o tecido da experiência, (...) respeitando as formas de vida" (Negri e Hardt, 2008).

Podemos concordar com Agamben e afirmar que a antropologia não está acima da crise paradigmática de nossa cultura ocidental e assumir a crítica de Descola a Latour para dizer que a saída pela hibridização não pode constituir-se em uma redução do dualismo moderno e de seus aparelhos de poder. O *"tâtonnement"* de Latour mantém um horizonte bastante ambíguo. Uma ambiguidade que pode, pela afirmação de que "jamais fomos modernos", chegar a dizer que a modernidade não foi um efetivo e real mecanismo de poder e opressão. "A modernização foi impiedosa para os pré-modernos, mas o que dizer da pós-modernização?" Logo, continua Latour, "nós não temos de lutar contra a modernização", como sugerem a militância dos antimodernos ou a decepção dos pós-modernos (Latour, 1997:180-1).

Ora, o que nunca foi moderno foi a "outra modernidade", quer dizer, a potência que vinha dos processos constituintes, como diria Negri; das linhas de fuga, como diriam Deleuze e Guattari. Se a potência da própria modernidade estava fora dela, sua constituição (Latour), seus dispositivos de poder (Foucault) e seus aparelhos de captura (Deleuze) se exerceram exatamente contra essa potência. *O mecanismo fundamental dessa efetividade foi a captura. Uma captura que modula, por hibridização, as máquinas ontológicas.*

Como veremos na discussão específica sobre o Brasil, a hibridização não é, em si, um processo de libertação. Ela apenas constitui o terreno da luta. Não se trata de saber se os modernos eram modernos exatamente porque conseguiam, ao mesmo tempo, não o ser. O que precisamos apreender é como os aparelhos logravam (e logram) capturar as linhas de fuga e os processos constituintes sem os quais — muito simplesmente — não teria havido "constituição" moderna. Latour afirma: "os modernos têm razão de querer ao mesmo tempo a realidade, a linguagem, a sociedade, o ser. Eles estão errados só porque os pensam como necessariamente contraditórios". Ora, essa assimetria não é apenas um problema de visão. Da mesma maneira, Latour contradiz sua própria *démarche*, afirmando que ela possa ter-se organizado em torno dos regimes de erro e/ou acerto (ter ou não ter razão). Em torno da assimetria epistemológica, são as relações e as disputas de poder que se organizam!

Nos termos de Deleuze, podemos dizer que a "distinção natureza-artefato não é pertinente [pois] não há desejo que não faça coexistir muitos níveis dos quais alguns podem ser definidos naturais relativamente a outros, mas é uma natureza que deve ser construída com todos os artefatos do plano de imanência" (Deleuze e Parnet, 1996:117). Ou seja, na base da "constituição" moderna há uma potência, a potência do desejo, ao passo que em seu funcionamento se insere seu esvaziamento, a separação entre o processo e o resultado, a transcendentalização: a redução do desejo, a necessidade da criação significante pela produção insensata, o vazio da significação, a tautologia da acumulação monetária: espetáculo e finanças!

Se o projeto de Latour, de antropologizar o próprio mundo moderno, é adequado aos esforços para apreender as redes, ele não responde por si só à questão de saber como o desejo é capturado (e transformado em necessidade), de saber como o próprio desejo pode ser atravessado pelo seu contrário. Retomando La Boetie, Deleuze pergunta: "Como pode o desejo desejar sua própria repressão, como pode desejar sua escravidão?". A resposta é a seguinte: "não há mais desejo *de* revolução do que desejo *de* poder, desejo *de* oprimir do que *de* ser oprimido; mas revolução, opressão, poder etc. são linhas que compõem atualmente um agenciamento dado" (Deleuze e Parnet, 1996:160-1). Esse agenciamento é pois o fato do entrecruzamento de linhas diversas e de diferentes máquinas. Mas isso não significa relativizar as alternativas radicais que qualificam e diferenciam os agenciamentos; apenas nos diz que "as diferenças efetivas passam entre as linhas" (Deleuze e Parnet, 1996:172): a molar, a molecular e a "de fuga".[1]

Se Deleuze afirma, por um lado, que uma sociedade é como um gás, tudo foge, que uma sociedade se define por suas linhas de fuga, ele nunca deixa de completar: "fugir, mas fugindo, procurar uma arma!" (Deleuze e Parnet, 1996:164).[2] O que isso significa? O próprio Deleuze responde: "a questão sempre foi organizacional" (Deleuze e Parnet, 1996:174), ou seja, é de fato possível uma organização que não se molde no aparelho de Estado; é de fato possível opor a máquina de guerra das linhas de fuga ao aparelho de Estado!

Provavelmente, um dos mecanismos fundamentais da captura estava — e ainda está — no fato de que o processo de purificação próprio da constituição moderna visa a (e permite) separar o governo dos híbridos, de um lado, e, de outro lado, o processo de hibridização que os produz, quer dizer, separar o produto (sempre híbrido) do ato de sua produção (que, ao contrário, é objeto da purificação). Ou seja, a característica do trabalho de "purificação" é exatamente organizar a oposição do híbrido à hibridização: do bandeirante mulato à liberdade dos africanos e dos índios, da homogeneidade cinzenta do "pardo" à multiplicação das cores de uma mestiçagem em devir, que não para de devir.

Em suas reflexões sobre Gabriel Tarde, Maurizio Lazzarato sublinha que "o sujeito não se firma por si mesmo (...) mas sobre outras individuações, químicas, biológicas, orgânicas". Ou seja, o sujeito é constituído por uma multiplicidade. O modelo de subjetivação é, pois, o monstro. O devir-monstro é a multiplicidade no lugar "da" classe, os mil sexos no lugar da "heterossexualidade" (Lazzarato, 2006:72), a filiação por simbiose e contágio: *uma conexão transversal entre heterogêneos*, como entre a vespa e a orquídea ou no agenciamento homem-estribo-cavalo, quer dizer, no devir maquínico que nos leva para além da clivagem cultura *versus* natureza: é aqui que podemos explicitar a clivagem que separa, por um lado, a fixação insensata do devir no futuro (ou na falta de futuro), como linearidade de um progresso que passa pela dominação (ou pelo respeito, é a mesma coisa) da natureza e, por outro, a natureza monstruosa, a criação desejante, o devir aberto da criação do mundo como agenciamento maquínico, ontologia maquínica (homem-universo-significação).

Nesse sentido, o "processo constitutivo cosmológico só pode implicar produções de subjetividades desumanas", e isso porque o indivíduo (célula, ser humano ou sociedade) se constitui no vácuo da ação do princípio coordenador e da vontade de apropriação do mundo, ou seja, um movimento contínuo para ultrapassar esta mesma coordenação. As forças momentaneamente sujeitadas, porém virtualmente livres, agem. A monstruosidade é a regra! (Lazzarato, 2006:56-7).

Ora, como dissemos, essa infinita monstruosidade (o devir-monstro) é submetida ao regime de reprodução dos dualismos binários homem-mulher, patrão-empregado, cultura-natureza (Lazzarato, 2006:69), sujeito-objeto. Como enfatiza Deleuze, essa *captura* do devir-monstro não funciona por meio de uma redução simples, mas por meio do *desdobramento dos dualismos em escolhas sucessivas*: se você não é nem homem nem mulher, é homossexual; se não é patrão nem empregado, é desempregado: nem cultura, nem natureza, mas uma natureza "agredida" ou "reservada": o híbrido é resolvido em um novo e desdobrado mecanismo identitário.

Assim, a submissão do monstro ao regime dos dualismos aprisiona o fora, o virtual, para neutralizar a potência e subtrair da repetição toda possibilidade de variação. A repetição é reduzida a reprodução, e o devir é bloqueado: nos termos de Lazzarato: "a exclusão do fora e do devir significa reduzir a multiplicidade dos mundos possíveis pela planificação que transforma a diferença em reprodução" (Lazzarato, 2006:70-1).

Cabe lembrar que reduzir a diferença à reprodução diz respeito ao próprio mecanismo de uma das figuras fundamentais da escravidão: a do modelo teocrático do Estado judeu primitivo, com sua lógica de automação dos indivíduos. Nesse modelo de soberania, "não há causas pelas quais a imaginação possa exercer-se, não há dúvidas possíveis; assistimos à mineralização dos *conatus*, ao controle absoluto da socialização; toda criatividade é atualizada, uma vez por todas, na fundação atribuída a Moisés; todo o resto deve seguir-se de maneira reprodutiva" (Bove, 2004). Se na figura da escravidão turca o homem é animalizado (*besta bruta*), na escravidão teocrática ele é transformado em aparelho (*automata*). Nos dois casos, a multiplicidade dos possíveis é reduzida a um único possível já dado.

Nesse nível de reflexão, mais uma vez, o devir-Brasil do mundo e o devir-mundo do Brasil, *MundoBraz*, constituem elemento de reflexão criativa que nos permite avançar em nossa problematização das dinâmicas da hibridização generalizada e de seus desafios. Mobilizaremos o devir brasileiro em dois níveis de discussão.

Por um lado, trata-se de passar ao crivo as antecipações teóricas e políticas do debate sobre mestiçagem que se deram no Brasil na passagem do século XIX ao século XX. Ou seja, trata-se de reapreender a maneira pela qual o Brasil conseguiu reverter a percepção generalizada, naquele momento (entre a constituição da República Velha e o período entre as duas guerras), da mestiçagem como tara, degeneração irreversível da "identidade raiz única" que, como o sublinha Glissant (2007), assumia o mestiço enquanto *"poltron, mauvais drille*, traidor, [alguém que] herdou os vícios dos dois lados de sua ascendência, e nenhuma das qualidades".

A literatura, a arte (o modernismo antropófago) e a sociologia brasileiras (Euclides da Cunha, Gilberto Freyre) mais potentes e universais são fruto desse debate e de sua especificidade. Uma potência atualizada nos anos 1960 e 1970 pelos movimentos concreto e neoconcreto e o tropicalismo. Por outro lado, os desafios do debate atual sobre as questões do combate ao racismo e a ação afirmativa no Brasil abrem um novo leque de reflexão: *vis-à-vis* à herança da suposta "harmonia" racial brasileira e sobretudo à universalidade das questões ligadas à mestiçagem universal.

4.2 A ATUALIDADE DO MANIFESTO ANTROPÓFAGO[3]

"A murta tem razões que o mármore desconhece."

Eduardo Viveiros de Castro

Um dos signos mais marcantes da potência política e teórica de Oswald de Andrade pode ser encontrado, mais uma vez, numa das referências inspiradoras deste ensaio, ou seja, nos trabalhos de Eduardo Viveiros de Castro. A inovação revolucionária dos modernistas antropófagos é neles uma referência explícita. Melhor dizendo, é uma referência que permite a esse pensador explicitar as implicações políticas globais e atuais de suas pesquisas sobre o canibalismo Tupi na perspectiva do relacionismo ameríndio. "A chave da antropologia Tupiguarani", escreve Viveiros de Castro, encontra-se "na capacidade [que os índios têm] de se ver como Outro — ponto de vista que é, talvez, o ângulo ideal de visão de si mesmo" (Viveiros de Castro, 2002:281). Na antropofagia tupinambá, Eduardo encontra aquela alteridade radical que permite deslocar as ilusões culturais. É o que afirma Roy Wagner (1981), ao dizer que as características de cada contexto de associações linguísticas e simbólicas são dadas pelas relações com *outros* contextos: essas características "são dadas pelas relações com uma *outra* [característica]. A ideia de que algo dos contextos reconhecidos em uma cultura seja *básico* ou *primário*, ou apresente o *inato* ou que suas propriedades sejam algo essencialmente objetivo ou real, é uma *ilusão cultural*". Ao descrever as transformações da sociedade Tupi, "admiravelmente constante em sua inconstância", Viveiros de Castro elabora de modo extremamente original a transformação do canibalismo Tupinambá que acompanha a colonização europeia.

De um lado, afirma a dimensão fundamental do canibalismo nas sociedades tupis:

"No caso Tupinambá, o canibalismo coincidia com o corpo social inteiro: homens, mulheres, crianças, todos deviam comer do contrário. De fato, ele era o que constituía este corpo em sua máxima densidade e extensão, no momento dos festins canibais. Sua prática, entretanto, exigia uma exclusão aparentemente menor e temporária, mas decisiva: o matador não podia comer sua vítima. (...) A abstinência do matador aponta para uma divisão do trabalho simbólico no rito de execução e devoração, onde, enquanto a comunidade transformava-se em malta feroz e sanguinária, encenando um devir-animal (...) e um devir-inimigo, o matador suportava o peso das regras e dos símbolos, recluso, em estado liminar, prestes a receber novo nome e nova personalidade social. Ele e seu inimigo morto eram, num certo sentido, os únicos propriamente humanos em toda a cerimônia. O canibalismo era possível, porque um não comia". A saber, "o canibalismo não era o *sine qua non* do sistema de vingança guerreira, mas sua forma última" (Viveiros de Castro, 2002:262).

De outro lado, Viveiros de Castro destaca o fato de que os Tupinambás, logo depois da chegada dos portugueses, rapidamente abandonaram esta prática para eles tão fundamental, aparentemente por efeito da pressão religiosa dos jesuítas. O desaparecimento desta prática, já em 1560, teria significado "a perda de uma dimensão essencial da sociedade Tupinambá: a 'identificação' com os inimigos, isto é, sua *autodeterminação pelo outro*, sua essencial *alteração*". De fato, propõe Viveiros de Castro, isto foi determinado desde que os europeus ocuparam o lugar e as funções dos inimigos na sociedade Tupi, "de uma forma tal que os valores que portavam, e que deviam ser incorporados, terminaram por eclipsar os valores que eram interiorizados pela devoração da pessoa dos contrários". Assim, a "persistência da vingança guerreira (...) certifica que o motivo da predação ontológica continuou a ocupar os Tupinambás por algum tempo ainda. Atesta também que, como o atesta a etnologia dos ameríndios contemporâneos, não é necessário comer literalmente os outros para continuar dependendo deles como fonte da própria substância do corpo social, substância que não era senão esta relação canibal com os outros" (Viveiros de Castro, 2002:263).[4]

Aqui, Viveiros de Castro recorre à sua leitura dos *Sermões* do padre Antonio Vieira. Em 1675, Vieira escrevia: "Eis aqui a diferença que há entre umas nações e outras na doutrina da fé. Há umas nações naturalmente duras, tenazes e constantes, as quais dificultosamente recebem a fé e deixam os erros de seus antepassados; resistem com as armas, duvidam com o entendimento, repugnam com a vontade, cerram-se, teimam, argumentam, replicam, dão grande trabalho até se renderem; mas, uma vez rendidas, uma vez que receberam a fé, ficam nela firmes e constantes, como estátuas de mármore: não é necessário trabalhar mais com elas. Há outras nações, pelo contrário — e estas são as do Brasil —, que recebem tudo o que lhes ensinam, com grande docilidade e facilidade, sem argumentar, sem replicar, sem duvidar, sem resistir; mas são estátuas de murta que, em levantando a mão e a tesoura o jardineiro, logo perdem a nova figura, e tornam à bruteza antiga e natural, e a ser mato como dantes eram (...)" (Vieira [1857] s/d, *apud* Viveiros de Castro, 2002:184). "A inconstância é uma constante da equação selvagem" (Viveiros de Castro, 2002:185). "No Brasil", destaca Viveiros de Castro, "a palavra de Deus era acolhida alacremente por um ouvido e ignorada com displicência pelo outro. O inimigo aqui não era um dogma diferente, mas uma indiferença ao dogma, uma recusa a escolher" (Viveiros de Castro, 2002:185). Nas palavras do padre Vieira: "Outros gentios são incrédulos ao ponto de crerem; os *brasis*,[5*] mesmo depois de crerem, são incrédulos" (*apud* Viveiros de Castro, 2002:184.)

Ora, Viveiros de Castro não se serve destes "comentários" dos jesuítas sob a categoria da vitimização multiculturalista, ou seja, não denuncia o que seria uma estigmatização dos índios. "Sabemos que os jesuítas escolheram os costumes como inimigo principal: bárbaros de terceira classe, os Tupinambás não tinham propriamente uma religião, apenas superstições" (Viveiros de Castro, 2002:192). Por outro lado, "os modernos não aceitamos esta distinção etnocêntrica e diríamos: os missionários não viram que os 'maus costumes' dos Tupinambás eram sua verdadeira religião" (Viveiros de Castro, 2002:192).

Os missionários progressistas de hoje refazem a mesma operação, mesmo que ao contrário. Agora, são os índios que portam as novas noções de "bem" e de "belo" às quais é preciso converter-se (Viveiros de Castro, 2002:193). Os antigos e os modernos são duas faces de uma mesma máquina antropológica ocidental, como diriam Descola ou Agamben.

A linha que Viveiros de Castro propõe-se a acompanhar impõe, no centro da reflexão, o outro lado da mesma história. Que razão levava os Tupinambás a serem "inconstantes em relação à sua própria cultura-religião"? Por que "(...) mostravam-se dispostos a prestar tão bom ouvido a patranhas alheias?" (Viveiros de Castro, 2002:194). Por que eram tão constantes em sua inconstância? O que interessa, sublinha Viveiros de Castro, é, precisamente, apreender "o sentido desse misto de volubilidade e de obstinação, docilidade e recalcitrância, entusiasmo e indiferença com que os Tupinambás receberam a boa-nova" (Viveiros de Castro, 2002:195). De fato, a resposta está na transformação pela qual passou o canibalismo depois da chegada dos europeus.

"Os Tupis desejaram os europeus em sua alteridade plena, que lhes apareceu como uma possibilidade de autotransfiguração, como um signo de reunião do que tinha sido separado na origem da cultura, capazes de vir ampliar a condição humana, ou mesmo de ultrapassá-la." Mobilizando Clifford, Eduardo Viveiros de Castro explicita: "a inconstância da alma selvagem, em seu momento de abertura, é a expressão de um modo de ser onde 'é a troca, não a identidade, o valor fundamental a ser afirmado'" (Viveiros de Castro, 2002:206). O desaparecimento da dimensão literal do canibalismo confirma a dimensão geral, ontológica, do canibalismo! "A captura de alteridades no exterior ao *socius* e sua subordinação à lógica social 'interna' (...) eram o motor e motivo principais dessa sociedade, respondendo por seu impulso centrífugo. (...) Vingança canibal e voracidade ideológica exprimiam a mesma propensão e o mesmo desejo: absorver o outro e, neste processo, alterar-se" (Viveiros de Castro, 2002:207), devir. A sociedade Tupi "não existia fora de uma relação imanente com a alteridade", e isto na medida em que sua religião, "radicada no complexo do exocanibalismo guerreiro, projetava uma forma onde o *socius* constituía-se na relação ao outro, onde a incorporação do outro dependia de um sair de si — o exterior estava em um processo incessante de interiorização; e o interior não era mais que movimento para fora" (Viveiros de Castro, 2002:220).

O *Manifesto antropófago* inscreve-se como uma antecipação política e uma intuição teórica do que a antropologia contemporânea desenvolverá adiante. Os comentários do próprio Oswald sobre seu *Manifesto* não deixam qualquer dúvida sobre isto. Em conferência, em 1945, ele diria: "Pois é evidentemente primordial que se restaure o sentido de comunhão do inimigo valoroso no ato antropófago. O índio não devorava por gula e sim num ato simbólico e mágico onde está e reside toda a sua compreensão da vida e do homem" (Andrade, 1945, 1991:104). E, em 1954, nove anos depois, em comunicação enviada ao Rio de Janeiro, ele enfatizava: "O indígena não comia carne humana nem por fome nem gula. Tratava-se de uma espécie de comunhão do valor que tinha em si a importância de toda uma posição filosófica. A antropofagia fazia lembrar que a vida é devoração (...)" (Andrade, 1954, 1991:231). E concluía com um "apelo a todos os estudiosos desse grande assunto para que tomem em consideração a grandeza do primitivo, seu sólido conceito da vida como devoração, e para que levem avante toda uma filosofia que está para ser feita" (Andrade, 1954, 1991:232).

Em entrevista que se poderia definir como antropófaga, Viveiros de Castro também explicita sua relação teórica e política com esta intuição revolucionária de Oswald de Andrade. A antropofagia oswaldiana, diz ele, foi a "reflexão metacultural mais original produzida na América Latina até hoje". E, de modo ainda mais explícito e forte: "A antropofagia foi a única contribuição realmente anticolonialista que geramos. (...) Ela jogava os índios para o futuro e para o ecúmeno; não era uma teoria do nacionalismo, da volta às raízes, do indianismo. Era e é uma teoria realmente revolucionária..." (Viveiros de Castro, 2007b:11). Oswald, como disse Silviano Santiago, foi o "comandante Che Guevara do Modernismo brasileiro" (Santiago, 2000:22).

Mais uma vez, palavras que coincidem perfeitamente com o que o próprio Oswald dizia. Na Conferência de 1923, na Sorbonne, sobre as transformações culturais do Brasil de então, Oswald disse: "O Brasil, sob o céu deísta, toma consciência do seu futuro" (Andrade, 1923, 1991:38). Mais de duas décadas depois, em conferência de 1948, dedicada às transformações do interior do Brasil, ele definia o movimento antropófago como um indianismo, só para mais claramente distingui-lo da exaltação romântica dos índios, e antecipava: "Hoje a Antropofagia só pode se enriquecer com a orientação que tomaram os estudos sociológicos contemporâneos" (Andrade, 1948, 1991:199).

Oswald foi o grande "teórico da multiplicidade", diz então Viveiros de Castro, e "hoje, todo o mundo está descobrindo que é preciso hibridizar e mestiçar" (Viveiros de Castro, 2007:12). Em que consiste, hoje, então, a atualidade do movimento antropófago oswaldiano? Por exemplo, os movimentos de crítica da propriedade intelectual: "O *Creative Commons* está tentando consagrar do ponto de vista jurídico o processo de hibridização, a antropofagia, o saque positivo, o saque como instrumento de criação. Estão tentando fazer com que o saque e a dádiva possam se articular" (Viveiros de Castro, 2007b:12). As implicações políticas são evidentes.

Ao responder sobre se prefere o saque ao dom, o antropólogo brasileiro diz: "Nós temos que virar Robin Hood. Saquear para dar. O ideal é mesmo tirar dos ricos para dar aos pobres. (...). A antropofagia o que é? Tirar dos ricos. Entenda-se: 'vamos puxar da Europa o que nos interessa'. Vamos ser o outro em nossos próprios termos. Pegar a vanguarda europeia, trazer para cá, e dar para as massas". Este é o sucesso da antropofagia, conclui Viveiros de Castro, depois de citar uma das grandes "fórmulas" de Oswald: "a massa ainda comerá o biscoito fino que fabrico" (Viveiros de Castro, 2007b:18).

4.3 OSWALD E A VALORIZAÇÃO DA MESTIÇAGEM: COMO LINHA DE FUGA E CONSTITUIÇÃO DA LIBERDADE

A antecipação oswaldiana, portanto, apreende a dinâmica brasileira, entre a herança da colonização europeia e a projeção para o devir. Oswald viu, no Brasil que entrava na modernidade, "um país do futuro"; não do ponto de vista da dinâmica de construção de uma trajetória nacional de desenvolvimento, mas sob a perspectiva do desenvolvimento da relação brasileira (indígena) à alteridade colonial.

A radicalidade de Oswald está, justamente, em ter posto no coração de sua proposição teórica e política as dinâmicas constituintes da mestiçagem brasileira e, a partir disto, em ter atualizado o ponto de vista Tupi. Um ponto de vista índio que, como Viveiros de Castro destacou, nada tem a ver com o indianismo e a busca de raízes tropicais de alguma identidade nacional.

A revolução antropófaga, à medida que projetava os índios no mundo, fundava-se numa teoria da multiplicidade, não em alguma teoria da diversidade. O anticolonialismo não era, ali, um nacionalismo e, menos ainda, um tipo de isolacionismo, mas uma máquina de guerra para pilhar da Europa dos ricos "o que nos interessa". O anticolonialismo, em relação ao exterior, implicava, de fato, um anticolonialismo dirigido contra o "colonialismo interno que trata os povos indígenas como obstáculos à padronização da nacionalidade" (Viveiros de Castro, 1992:16). O anticolonialismo antropófago implica superar qualquer manobra que vise a explicar os impasses brasileiros apenas por determinantes exógenos; e não se compromete com nenhuma aliança de tipo nacional. A resposta que a América Latina tem de dar à alienação cultural é aprofundar ainda mais a mestiçagem e a hibridização com os fluxos mundiais.

Ora, numa obra tão vasta e tão complexa, com aberturas literárias, políticas e filosóficas, como a de Oswald, há fases, passagens. Mas não cremos que se possa falar de rupturas e revisões, como fazem vários de seus críticos.[6] A obra de Oswald, ao contrário, é atravessada, desde o início, por uma potência da qual derivam, simultaneamente, suas dimensões estéticas e políticas. Esta potência traça uma linha de fuga marcadamente contínua. Uma linha que, de um lado, acompanha as dinâmicas de constituição da liberdade; e, de outro lado, os processos (ontológicos) de produção da hibridização.

Dentre as muitas referências que cabem aqui, "Sol da meia-noite", artigo publicado em 1943, não poderia ser mais adequado a nosso propósito. Ali diz Oswald que "a Alemanha racista (...) precisa ser educada pelo nosso mulato, pelo chinês, pelo índio mais atrasado do Peru ou do México, pelo africano do Sudão. E precisa ser misturada de uma vez para sempre. Precisa ser desfeita no *melting-pot* do futuro. Ela precisa mulatizar-se" (Andrade, 2004:122). A mestiçagem, a hibridização é uma linha de fuga. O êxodo é terreno de luta: "Fugir mas, fugindo, procurar uma arma" (Deleuze e Parnet, 1996:164). Em seguida, Oswald liga esta linha à constituição da liberdade: "Pela liberdade, nós também, os da América, somos capazes de dar a vida. Toda a história de nosso continente, principalmente a história rica, dramática e colorida na

América Latina, é coriscada por gestos libertários" (Andrade, 2004:123). Se, em 1943, o combate contra o fascismo ocupa totalmente o horizonte, já em 1944 Oswald qualifica seu conceito de liberdade de modo mais geral e, para isto, cita a famosa frase de Spinoza: "O fim da República não é dominar nem manter os homens sob o medo e submetê-los a outros homens. Não é o fim da República metamorfosear, transformar homens racionais em bestas ou em máquinas, mas o contrário. Em uma palavra, o objetivo da República é a liberdade" (Spinoza *apud* Andrade, 2001:183).

Não há portanto qualquer ruptura entre o trabalho de criação e de crítica, mas as convulsões do engajamento militante nas diferentes condições materiais da luta política de sua época. O engajamento estético, político e literário de Oswald faz-se sempre num esforço de liberação afirmativa, não dialética. Aí se vê a imensa clareza da clivagem, do *divisor de águas*, como ele o definia, em relação aos demais modernistas, que deslizavam para o nacionalismo xenófobo e fascista que jamais escapou da irresistível ironia de Oswald.[7]

É precisamente em relação às questões da mestiçagem que Oswald mostra os níveis mais altos de criatividade conceitual, linguística, estética e de engajamento político. No campo da mestiçagem e da hibridização, forma e conteúdo coincidem perfeitamente — e manifestam uma potência de libertação sempre intacta e renovada. Sua linguagem não é só conotativa; ela mesma é mista e mestiça. Nesta dinâmica de resistência e de criação, sua "brasilidade" é incompatível com qualquer tipo de xenofobismo nacionalista. Esta "brasilidade" já estava presente no *Manifesto da Poesia Pau-Brasil* (1924) e é radicalizada no *Manifesto Antropófago* de 1928. No primeiro, reivindica a contribuição milionária de todos os erros: "Como falamos. Como somos". A poesia de exportação deve, portanto, basear-se numa língua "natural e neológica". "Temos uma base dupla e presente — a floresta e a escola. (...)

Obuses de elevadores, cubos de arranha-céus e a sábia preguiça solar" (Andrade, 1924).

Quando os acadêmicos ilustres tentam construir uma língua independente da Europa, um português brasileiro, Oswald já está preocupado com o "jargão das grandes cidades brasileiras, onde começa a brotar, em São Paulo principalmente, uma surpreendente literatura de novos imigrantes" (Andrade, 1923, 1991:34). "O esforço intelectual. São Paulo e as fazendas de café foram a grande inspiração dos modernistas, primeiro; e dos antropófagos, depois. E São Paulo funcionava como o grande caldeirão onde as diferentes raças tornavam-se uma única sopa. Oswald dizia que as raças caldeavam-se (Andrade, 1948, 1991:191). Nada a ver com alguma sopa na qual todas as diferenças desaparecessem e cedessem lugar a alguma identidade que, embora mestiça, fosse homogênea e nacional. O que interessa ver é que a antropofagia é a multiplicação das diferenças; não o caldo, mas o 'caldeamento'.

Não é por acaso que Oswald se encaminhe, de um certo modo, dos primeiros esforços para construir a ideia ou a imagem de um povo brasileiro (no final do século XIX) até a afirmação madura do mesmo projeto, ao longo dos anos 1930. Oswald está, portanto, no meio do caminho, como uma virada revolucionária, entre *Os sertões* (1901) de Euclides da Cunha e *Casa-grande & senzala* (1933), de Gilberto Freyre. Pode-se dizer, esquematicamente, que em *Os sertões* a potência da mestiçagem (a composição étnica do sertanejo) aparecia ainda bruta, na monstruosidade das condições de vida dos habitantes do *Sertão* e na brutalidade dos combates que opunham os moradores de Canudos ao exército republicano e nacional. Mas em Euclides já havia uma ruptura, o pessimismo de um Machado de Assis já havia sido ultrapassado pela aparição de uma esperança do povo e de sua mística. Melhor: em *Os sertões*, anunciam-se uma nova terra e um novo povo (Andrade, 2004:173).

Em Freyre, com *Casa-grande & senzala*, entramos numa análise sociológica bem mais sofisticada que, além do mais, corresponde a um movimento preciso do projeto de construção nacional, com a chegada de Vargas ao poder e os primeiros passos do projeto nacional-desenvolvimentista. Oswald vê as coisas também nestes termos. Já em 1923, bem no início de sua trajetória política e estética, ele mobilizava o autor de *Os sertões* para o público brasileiro: "Excelente contribuição, entretanto, trouxe-nos um homem de ciência, Euclides da Cunha, escritor poderoso, engenheiro e geólogo que, como oficial do Exército, fez parte da repressão de uma revolta mística que convulsionou o estado da Bahia; e ele fixou em seu livro *Os sertões* o cenário, a alma e a vida daquela população oriunda do aventureiro e da mestiça" (Andrade, 1923, 1991:32). As referências a Gilberto Freyre são muitas. Sua sociologia é explicitamente mobilizada em termos políticos, também em relação aos conflitos que atravessarão o movimento modernista, justamente com a cisão entre os modernistas que serão "antropófagos" e os que formarão o grupo *Verde Amarelo* e, adiante, adotarão o nome *Anta*.

Assim, já em 1937, Freyre é citado, em artigo publicado no jornal *O Estado de S.Paulo* dedicado à cisão do modernismo, como, ao lado de Sérgio Buarque de Hollanda, um dos intelectuais que "se dirigiam" para a esquerda: "muita gente direita pode não estar na 'direita' (Andrade, 1937, 1991:55). Oito anos mais tarde, Freyre é citado para reforçar esta ideia: "a voz culta e poderosa do autor de *Casa-grande & senzala* [afirmava] que a Antropofagia salvou o movimento [modernista] de 1922" (Andrade, 1945, 1991:105).

Para Oswald de Andrade, o elo entre Freyre e Euclides da Cunha é então bem claro: "De um certo modo, *Casa-grande & senzala*, em 1948, é um complemento de *Os sertões* de Euclides, pois estuda a fixação dos engenhos enquanto a gravura euclidiana exprime a resistência do elemento místico em torno de um chefe nômade" (Andrade, 1991:197). No meio desta deriva, o movimento antropófago.

De fato, é pelo Manifesto Antropófago que Oswald, ao mesmo tempo, mantém seu projeto anticolonial brasileiro e abre uma formidável linha de fuga que lhe permite escapar do curto-circuito nacionalista e nativista dos modernistas que aderiram ao Integralismo.[8] Por isto, Oswald dirá, ao longo de toda a vida, que a antropofagia fora o divisor de águas entre a direita e a esquerda modernistas. "Abandonamos os salões e nos tornamos os vira-latas do modernismo." Vira-latas que "comeram cadeia, passaram fome, (...). É que a antropologia salvava o sentido do modernismo e pagava o tributo político de ter caminhado com decisão para o futuro" (Andrade, 2004:167).

A hibridização não é projeto abstrato, mas uma prática. É bem provável que Oswald tenha descoberto o Brasil num quarto de hotel, "provavelmente em Paris" (Viveiros de Castro, 2007b:13), assim como Freyre descobriu o Brasil em Columbia", nos EUA. Paulo Prado, aliás, escreveu, na introdução à *Poesia pau-brasil* em 1924: "numa viagem a Paris, do alto de um *atelier* da Place de Clichy — umbigo do mundo — [Oswald] descobriu, deslumbrado, a sua própria terra" (Prado, 2000:89). Oswald não teria sido mais explícito nem mais consciente de sua própria hibridização. Depois de haver fustigado com violência a "xenofobia triste" de uma "macumba para turistas" dos modernistas de direita, afirma com energia sua inspiração estrangeira: "se alguma coisa eu trouxe das minhas viagens à Europa dentre as duas guerras, foi o Brasil mesmo" (Andrade, 2004:165-6). Aliás, ele atribui a própria intuição antropófaga à leitura de Montaigne.[9] Embora bastante obcecado pelo tema da "dependência" como algo que os brasileiros teriam tendência a reconhecer como natural e inevitável, Antonio Candido também nos fala que "não há imitação nem reprodução mecânica. Há participação nos recursos que se tornaram bem comuns através do estado de dependência, contribuíram para fazer deste uma interdependência" (Antonio Candido, 2006:187).

Pode-se dizer que os maiores brasilianistas são, eles mesmos, produtos desta troca de pontos de vista que teve, por precursor, o canibalismo Tupinambá. Viveiros de Castro, assim, opõe-se violentamente à noção de "*ideias fora do lugar*" desenvolvida por Roberto Schwarz: "esqueça-se o clichê marxista sobre as ideias fora de lugar, ele próprio um pouco deslocado e anacrônico" (Viveiros de Castro, 1992:16).[10] De um lado, as ideias são sobre o lugar; de outro, propagam-se por devoração, por hibridização. Assim, referindo-se a Sérgio Milliet,[11] Oswald falava de um náufrago "[cujas] inocentes carnes genebrinas facilmente devoramos" (Andrade, 1950b, 1991). O Brasil, dizia, nada mais era senão "deglutição pura" (idem).

De fato, Roberto Schwarz reconhece que "nada [foi] mais aberto a influências estrangeiras do que o modernismo de 1922". Ao mesmo tempo, Schwarz articula esta visão positiva de abertura com o combate que sempre atravessou a esquerda brasileira (e latino-americana mais em geral) no processo de construir uma ideia de povo, a noção de "cultura popular". De um lado, então, tínhamos o modernismo que transformava a realidade popular em elemento ativo da cultura brasileira, do projeto nacional. De outro, havia um nacionalismo programático que se afundava no pitoresco e, embora sem querer, assumia como "autênticos" aspectos que derivavam de nossa condição de república de bananas (Schwarz, 2006:48).[12] Schwarz insiste: "o problema não é ser a favor ou contra o influxo externo, mas considerá-lo — como a tradição nacional — em uma perspectiva popular" (Schwarz, 2006:49). Resta saber de que povo se fala!

Ora, como veremos, a questão é precisamente esta construção do nacional-popular ou, em termos mais gerais, a construção da ideia de povo. Uma questão que, no Brasil republicano pós-abolição da escravatura, obriga a compreender o modo como se enfrentou, no Brasil, o quebra-cabeça no qual se converteram a herança colonial escravagista e a atualidade da migração. O quebra-cabeça era de tipo étnico e apresentava-se como uma vasta mistura de etnias, populações e línguas em território também muito vasto, cujas linhas de horizonte conectavam-se aos fluxos de migrantes e à passagem das formas de dependência coloniais (ou neocoloniais), às formas de dependência típicas do imperialismo.

Benedito Nunes diz bem, sobre o violento conflito interno ao modernismo, entre a deriva esquerdista e comunista de Oswald e o fascismo tropical de Cassiano e Plínio: "Não foi o prazer de discutir que pôs [os modernistas] em grupos antagonistas. Foi um antagonismo que se pode perceber no *sentido étnico* invocado pelos dois grupos opostos, que os obrigava ao prazer de debater" (Nunes, 2001:24-5).

De fato, não foi nem um debate acadêmico nem uma tranquila disputa intelectual. Tratava-se de um violento conflito social e político, atravessado em profundidade por inumeráveis linhas de cor, de classe, de etnia e de língua. Um conflito cuja complexidade desdobrava-se mediante as condições específicas nas quais se disputava e se consolidava a transição do escravismo ao trabalho livre, com o processo e os temas da modernização e do desenvolvimento que a modernização implicava. Uma transição marcada pelas relações de forças na agricultura, às quais corresponde perfeitamente a citação de Plínio O Jovem, por Oswald, num dos grandes afrescos históricos e filosóficos de sua produção tardia: "*Latifundia perdidere Italiam*" (Andrade, 1950b:262). Os latifúndios arruinaram o Brasil e reduziram o impacto e o alcance da transição para fora da escravatura.

Ora, é preciso refletir sobre as condições da transição para fora da escravatura, para ver se o deslocamento do quebra-cabeça da construção do "povo" brasileiro e da nacionalidade proposto pelos antropófagos e, depois, pela sociologia de Freyre, conseguiu mediar os conflitos que caracterizaram o trânsito e as novas relações sociais de produção. Em outras palavras, trata-se de perguntar se os trabalhos de Freyre, de Oswald e, mais em geral, o discurso sobre a mestiçagem foram, num segundo momento, mobilizados para resolver — do ponto de vista do poder — o quebra-cabeça da construção de um povo, para o então nascente projeto nacional.

Falando sobre a experiência do governo Lula (em 2006), Viveiros de Castro diferencia dois tipos de "soluções", dois tipos de projetos "chamados de nacionais", que dividem ao meio o governo. De um lado, temos "um projeto nacional clássico, no mau sentido da palavra, que consiste em inventar (ou descobrir) essa coisa chamada de 'identidade nacional'". De outro, o projeto pelo qual, diz ele, "nós temos que 'desinventar' o Brasil". Nesta segunda perspectiva, não se trata de um projeto nacional, mas pós-nacional, não "só nós, Viva o Brasil", mas o "tudo é Brasil" (Viveiros de Castro, 2007b:12). Ora, esta linha de demarcação já não estava também bem clara e potente no discurso da mestiçagem que se desenvolveu depois de Euclides da Cunha até Gilberto Freyre, passando, justamente, por Oswald? De um lado, esta demarcação reproduz o conflito que opunha entre eles os modernistas — de um lado, os antropófagos; do outro, o grupo fascista e xenófobo da Anta — sobre a questão étnica. De outro lado, uma vez que o discurso da mestiçagem tornou-se dominante, não é nas nuances — às vezes tão finas, às vezes tão grosseiramente violentas — de uma gestão dos fluxos da hibridização que a problemática da mestiçagem foi capturada pelo poder, por uma gestão do racismo pelos fluxos?

O que era a antropologia cultural e política Tupinambá em relação não à alteridade dos colonizadores portugueses, mas à alteridade dos escravos "importados" da África? Que antropofagia, que devir-Brasil foram mobilizados pelos escravos libertos, ante a alteridade dos fluxos dos imigrantes estrangeiros que começaram a povoar massivamente cafezais paulistas que tanto inspiraram o movimento modernista em geral, e Oswald em especial?

Não pretendemos aqui responder ao conjunto destas interrogações. Mas nos parece interessante discutir a atualidade revolucionária e constituinte do Manifesto Antropófago à luz destas questões, na perspectiva indicada por Viveiros de Castro, quer dizer, na perspectiva do devir-Brasil do mundo e do devir-mundo do Brasil.

Nada melhor, para esta reflexão, do que a pôr à prova do debate atual sobre o racismo no Brasil: a clivagem que atravessa o governo Lula sobre o projeto nacional reproduz-se particularmente no plano das políticas de combate à discriminação racial. Estas reflexões são tanto mais importantes quanto mais se lembra que a hegemonia do discurso da mestiçagem transformou-se em discurso oficial, nacional, dito republicano, sobre a inexistência de racismo no Brasil.

4.4 RACISMO E MESTIÇAGEM NO BRASIL CONTEMPORÂNEO

No Brasil, desde o final dos anos 1990, a hegemonia do discurso da "democracia racial" foi fortemente questionada por uma nova geração de estudos sociológicos e estatísticos que, depois de pesquisas dedicadas às desigualdades, estabeleceram a manifesta correlação entre estratificação social e "cor" da pele.[13] O que o movimento negro afirmava sem sucesso desde os anos 1940 converteu-se em uma espécie de evidência "científica".[14] O destaque que o discurso neoliberal dava à questão das desigualdades, para construir uma legitimidade social à renúncia ao crescimento em nome de políticas de estabilização macroeconômica, encontrava assim um eco nos esforços para definir novos instrumentos para quantificar os elementos qualitativos do desenvolvimento.[15]

A porcentagem de pretos e de pardos nas camadas pobres e extremamente pobres começava a aparecer sempre claramente mais alta que sua participação na composição demográfica. Uma repartição desigual confirmada nos estudos estatísticos em todos os recortes: educação, violência, moradia etc. A correlação que se observava entre desigualdade social (em termos de nível de renda e hierarquização social do trabalho) e cor da pele rapidamente encontrou uma base "objetiva". Rapidamente se tornaram visíveis as muitas linhas de discriminação claramente racializadas, dificilmente compatíveis com o consenso oficial sobre a harmonia das relações inter-raciais, de que o Brasil seria o teatro, depois da abolição da escravatura.

Estes questionamentos "estatísticos" terminaram por reforçar as tentativas de abrir brechas inovadoras no nível das políticas de combate ao racismo, notadamente a adoção do modelo norte-americano da *affirmative action* (ação afirmativa). Este novo debate concentrar-se-ia e articular-se-ia em torno das condições de acesso ao ensino. De um certo modo, era inevitável que assim fosse, quase "natural". As universidades brasileiras exibem níveis escandalosos de exclusão e um modo simplesmente iníquo de recrutamento de novos alunos. De um lado, as universidades públicas (federais e estaduais) oferecem vagas suficientes para apenas 3% dos jovens em idade de frequentá-las. De outro lado, o sistema privado absorve 7% do mesmo total. Ao todo, se se somam os dois segmentos, chega-se a apenas 10%. É ainda mais inquietante que o acesso ao sistema público — que oferece ensino de qualidade e inteiramente gratuito —, seja regido por um exame vestibular no qual só são bem-sucedidos os alunos que possam pagar por cursos pré-vestibulares (ou egressos de escolas privadas), chances que diminuem em correlação direta com o prestígio

HIBRIDIZAÇÕES, ANTROPOFAGIAS, RACISMO E AÇÕES AFIRMATIVAS

social e econômico atribuído às diferentes escolas. Candidatos egressos de escolas públicas têm mínima probabilidade de entrar nas faculdades públicas e praticamente nenhuma probabilidade (salvo raríssimas exceções) de entrar nas mais prestigiadas. Trata-se, aí, de um nível de exclusão incompatível com as dinâmicas do capitalismo contemporâneo, cada vez mais organizado a partir da economia do conhecimento e da difusão social dos processos de inovação e de mobilização produtiva.

Ora, a correlação entre cor da pele e exclusão é visível: basta andar por qualquer campus de qualquer universidade pública, inclusive em Salvador (Bahia) — onde a população negra e mestiça é maioria na população.[16]

O debate sobre o racismo e as primeiras políticas de ação afirmativa concentraram-se justamente sobre a crítica do sistema de acesso ao ensino superior. No início da década, a Assembleia Legislativa do Estado do Rio de Janeiro votou uma lei que fixava critérios de discriminação positiva para acesso à prestigiosa Universidade do Estado do Rio de Janeiro (Uerj). A mesma medida foi adotada por número crescente de universidades federais, no quadro do regime de autonomia universitária; a medida foi transformada, pelo governo Lula, em projeto de lei articulado a um conjunto de políticas de reforma universitária que visam, dentre outros objetivos, a aumentar o número de estudantes e a democratizar as condições de acesso.

Ora, esta generalização das medidas de ação afirmativa, tanto quanto a instituição, sempre pelo governo Lula, de um Ministério da Igualdade Racial (que elaborou um Estatuto da Igualdade Racial) suscitou o que bem se pode descrever como um verdadeiro cataclismo. De um lado, a onda de oposição às medidas afirmativas não impediu que aumentasse o número de universidades federais que adotaram — graças ao instituto da autonomia universitária — os dispositivos da ação afirmativa. De outro lado, conseguiu bloquear os dois projetos de lei: o da ação afirmativa e o do Estatuto da Igualdade Racial. A oposição a estes projetos é conduzida, com extrema violência, pelos grandes veículos de mídia. Esta atitude dos grandes grupos midiáticos em relação ao governo Lula não é exceção, mas a regra; e mostra bem a força dos preconceitos em relação a um presidente que não nasceu da elite: é um mestiço, um migrante nordestino sem educação formal. Esses preconceitos são tanto mais gratuitos quanto se sabe que o governo Lula, apesar de extremamente moderado, conseguiu resultados muito bem-vindos, se consideradas as últimas décadas, no plano social, econômico e das relações internacionais.

Nosso objetivo não é, evidentemente, reconstituir aqui este debate político e midiático. Contudo, há elementos daquela polêmica que são surpreendentes: à afirmação já tradicional, segundo a qual não haveria racismo no Brasil, acrescentou-se um discurso que, apoiado em algumas teses de antropólogos, define a ação afirmativa não só como ineficaz (ou inútil), mas também como perigoso instrumento de construção do racismo. Assim, enquanto o diretor de jornalismo da mais importante rede de televisão (privada) publica um livro intitulado *Não somos racistas* (Kamel, 2006), suas pretensões intelectuais e universitárias são "ratificadas" pela introdução escrita por uma antropóloga da Universidade Federal do Rio de Janeiro.[17]

Ora, assim como o recrutamento e a seleção de alunos universitários não pode, por si só, explicar a profundidade da polêmica, o discurso das elites não tem, tampouco, a legitimidade social necessária para bloquear os diferentes projetos de lei para a ação afirmativa. De fato, a oposição às reivindicações do movimento negro e aos projetos de lei do governo Lula (no primeiro e no segundo mandato) é transversal e ecoa também entre os grupos de esquerda, em todos os níveis. Há resistências importantes também dentro do governo, de seu principal partido (o Partido dos Trabalhadores, PT) e também no seio da extrema esquerda.[18]

Se deixamos de lado as argumentações grosseiramente conservadoras, da defesa da meritocracia, a rejeição das políticas afirmativas baseia-se numa dupla afirmação: o Brasil é um país no qual a mestiçagem generalizada não impede as discriminações, mas, por um lado, o Brasil limita drasticamente as discriminações e, por outro, a ação afirmativa só fará agravar e amplificar as dimensões raciais daquelas clivagens. É o mesmo que dizer que a ação afirmativa terminará por explicitar as dimensões racistas das discriminações. Em vez de combater, reforçará o racismo. Ainda pior, a ação afirmativa e o Estatuto da Igualdade Racial reintroduziriam o racismo no Brasil, e isto mediante políticas de inspiração norte-americana, ou seja, baseadas num modelo segregacionista que nada tem a ver com o modelo de mestiçagem típico do Brasil. Exemplo forte, aí, é o dossiê dedicado a este debate em uma revista universitária. São sete artigos, três dos quais mais ou menos favoráveis, três contrários e um que oferece uma abordagem intermediária. Mas o que interessa é que os autores "favoráveis" são, em dois casos, professores estrangeiros que trabalham em universidades norte-americanas; e, dos dois brasileiros, um é economista do Banco Mundial. Isso quase a confirmar que se trata de uma nova geração de ideias alienígenas, vindas do estrangeiro, "ideias fora do lugar" (Schwarz, 1972).

Ora, se abstraímos as manipulações políticas e o papel dos veículos de mídia como oposição sistemática ao primeiro governo não saído dos círculos tradicionais da elite, o discurso mobilizado é o mesmo que constitui a base do pensamento literário e sociológico brasileiro. Republicano. Um pensamento que, depois dos gaguejos do início do século XX,[19] foi se afirmando com força nos anos 1930, com Vargas e o Estado Novo (1937). Este discurso termina numa espécie de paradoxo: o combate ao racismo constituiria ameaça à mestiçagem, a qual não apenas distingue o Brasil dos países onde reina a herança do segregacionismo anglo-saxônico, mas impede absolutamente que se decida quem é branco, quem é negro e quem é seja o que for. Voltemos ao dossiê que já citamos, representativo destes impasses e paradoxos. Fabio W. Reis, professor emérito da Universidade Federal de Minas Gerais, depois de fustigar "o artificialismo da referência a uma identidade africana", por setores do movimento negro — o que é o mesmo que afirmar que existiriam identidades "naturais" —, prossegue: "Trata-se da velha questão racial brasileira. Ela introduz, para começar, o difícil problema 'técnico' (...) de determinar quem é negro e quem não é". O que nos leva diretamente, diz ele, "ao ponto ao qual se fixaram dramaticamente os equívocos do movimento negro. Pois sua postura combativa, dedicada a fixar fronteiras claras entre as raças para mobilizar os negros para a luta, levou a adotar critérios de definição racial oriundos do racismo dos EUA" (Reis, 2004:136-7). Pois bem, o verdadeiro racismo é apenas o norte-americano e, além disto, não se pode saber, no Brasil, quem é negro e quem não é. Em outro artigo do mesmo dossiê, uma socióloga extrai consequências da mesma ideia: "O preço de uma iminente tensão racial, que se observa hoje nos contextos nos quais foram introduzidas as políticas de ação afirmativa, pode ser muito alto para um país como o Brasil, cuja ontologia racial não se estrutura conforme os padrões rígidos da classificação racial" (Grin, 2004:151-2).[20] Com o quê, afinal, estamos diante de uma verdadeira chantagem, sob a ameaça dos "perigos" de explosão social a que a ação afirmativa poderia nos levar.

De um lado, quatro anos depois deste artigo, constata-se que não houve qualquer enfrentamento racial nas universidades que aplicaram a política de cotas. De outro, se não fossem trágicas, afirmações como a que anteriormente se lê soariam ridículas: que risco corre uma democracia racial na qual, para usar um único exemplo, em 2007, só no estado do Rio de Janeiro, a polícia matou 1.700 pessoas em confrontos armados?![21] E afinal chegamos ao juízo final, enunciado, desta vez, por dois antropólogos da Universidade Federal do Rio de Janeiro: "Falar de afro-descendentes no contexto brasileiro é imaginar um Brasil ontologicamente dividido entre brancos e negros. A construção de um Brasil de duas raças implica necessariamente a rejeição da mestiçagem e da democracia racial como valores positivos."[22]

Um outro paradoxo aparece, simetricamente aos apontados anteriormente, de um lado, no identitarismo de alguns setores do movimento negro e, de outro, nas justificativas da ação afirmativa que opõem as trajetórias socioeconômicas dos negros brasileiros às dos imigrados estrangeiros. Segundo este discurso, o "sucesso" dos brasileiros oriundos dos imigrantes europeus, japoneses ou médio-orientais seria devido a ações afirmativas que lhes teriam assegurado privilégios, num momento em que os escravos estavam excluídos do mercado de trabalho. Na conjunção destes dois argumentos, o identitarismo "negro" perde o que nele poderia haver de dimensão funcional para organizar o movimento antirracismo e expõe-se ao risco de aparecer como imagem especular do mecanismo do poder.

Embora eticamente não se possa comparar as duas posições, esses discursos de setores do movimento negro são usados como confirmação especular da chantagem pronunciada pela retórica simploriamente antropológica da suposta "democracia racial" brasileira. Assim, o recuo identitário explicita sua dimensão negativa, exatamente, na medida em que se apresenta como um discurso especular do discurso do poder e associa a condição dos negros brasileiros ao horizonte de impotência de uma opressão totalizante. Glissant diria que à identidade de raiz única do opressor procura-se opor uma outra raiz única. Neste horizonte, somos completamente prisioneiros da dialética escravo-senhor. *Grosso modo*, esse discurso opera assim: no momento da abolição, os negros libertos teriam sido abandonados a eles mesmos; a "prova" deste abandono seria, precisamente, que teriam sido substituídos, no mercado de trabalho, pelos trabalhadores internacionais imigrados para cá. A desgraça dos antigos escravos seria devida à "exclusão" do emprego, no momento em que o emprego passava para o regime do trabalho assalariado. O cúmulo do cinismo escravista ou racista teria sido a exclusão dos antigos escravos, impedidos de ter acesso ao emprego assalariado, que a abolição da escravatura permitiria criar e multiplicar.

De maneira inversa, a inserção comparativamente mais eficaz dos trabalhadores chegados pelos potentes fluxos da migração internacional teria sido resultado, dizem alguns militantes do movimento negro, de políticas afirmativas que visavam aos estrangeiros. A desgraça de uns seria causada pela felicidade de outros e *vice-versa*! Daí a considerar os imigrantes como obstáculos à emancipação dos negros ou, mesmo, como uma das principais causas de os negros serem discriminados, o caminho é muito curto. Esquece-se de mencionar que, na realidade, estávamos sempre falando de migrações e que a verdadeira clivagem dizia respeito às determinações potentes da migração. Glissant o apreende com potência, traçando uma tipologia tripla do migrante: o migrante armado da colonização camponesa na América do Norte, o migrante de família ou doméstico da América do Sul [sem os quais "os conquistadores nem teriam conseguido industrializar sua conquista" (Glissant, 2007:79-80)] e, diante deles, os africanos escravizados, a figura do *migrante nu*, que nem dispunha da esperança do retorno ao país natal, a não ser na forma do suicídio.

Por este caminho, o identitarismo deixa de ser um momento específico da construção de novas relações de força; e converte-se em fim em si. Este desdobramento, se não as justifica, parece, ao menos, dar certa legitimidade — ainda que indireta — às críticas que se fazem às políticas de "discriminação positiva" e, de qualquer modo, corre o risco de deixar que escorra pelo ralo toda e qualquer abordagem que se tente fazer em termos de mestiçagem.

Ora, os desafios dessa construção ocorrem justamente na primeira metade do século XX. Um período marcado, ao mesmo tempo, pela abolição tardia da escravatura (em 1888) e pelas diferentes vagas das migrações internacionais. Não é acaso, portanto, que os artigos da história da literatura ou, mais em geral, da crítica dedicada ao modernismo destaquem tão fortemente esse contexto. E isso na esteira dos trabalhos de Roberto Schwarz e em seu clássico "As ideias fora do lugar", já citado.

Assim, faz-se referência a um país que se modernizava e dispunha "de um excesso de terras e de uma falta de população, nenhuma indústria ou cidade povoada e manufatureira (...)" (Abdalla Jr. e Cara, 2006:55). O enigma da modernização assumia, então, as feições de uma abolição da escravatura que parecia fazer da importação do estrangeiro uma corrente de ideias que não encontravam sua "autêntica" inserção numa sociedade patriarcal, a qual, por sua vez, parecia incapaz de livrar-se de um período escravista muito longo. "Mesmo que se tivessem libertado do espectro da escravatura formal, nossos críticos tinham de enfrentar as massas de quase-cidadãos lançados à rua, misturados com emigrados que, há muito tempo, chegavam clandestinamente, no bojo do tráfico reativado depois do final dos anos 1930, aumentando o já grande número de desclassificados sociais" (*apud* Cara, 2006:56).[23] Aí se faz referência à situação dos anos 1930, quando o governo Vargas já havia bloqueado os fluxos de imigrantes.[24]

Como podemos escapar destas armadilhas especulares? Como sair dos termos desta série de paradoxos? A volta ao Manifesto Antropófago pode oferecer abordagem inovadora do debate atual em torno da luta (e das políticas) contra o racismo? Ao mesmo tempo, o debate atual sobre o racismo e a mestiçagem no Brasil pode ajudar a ver a potência do movimento antropófago no devir-Brasil do mundo (por exemplo, nas *banlieues* parisienses)? Será enfim que o Manifesto Antropófago pode nos ajudar a refletir sobre como apreender de outro modo as mesmas questões, nas metrópoles pós-coloniais de um país continental?

Conclusões precárias

MundoBraz, o devir-Sul do mundo, contra "o Sul que venceu"

Com certeza, os antropófagos foram militantes entusiastas de uma visão da brasilidade determinada pelas dinâmicas da mestiçagem e, desta perspectiva, Oswald continuamente referia-se a *Casa-grande & senzala*, obra fundamental da nova sociologia de Gilberto Freyre. Como dissemos, as referências a Freyre são numerosas, Oswald cita sobretudo este livro. Quando fala de trabalhos posteriores do mesmo autor, sobre a alimentação nos engenhos de cana, o faz com certa ironia.[25] Mas nada que permita supor que se distanciasse das teses de Gilberto Freyre.

Há três elementos do discurso sobre a mestiçagem desenvolvido por Oswald que se encontram também em Gilberto Freyre e em outros sociólogos que renovaram, de modo hegemônico a partir dos anos 30, a abordagem da questão étnica brasileira. Em primeiro lugar, há o tema específico da colonização portuguesa e suas características específicas. Ao retomar — mas positivamente — as pesquisas de Paulo Prado, Sérgio Buarque de Holanda e Freyre —, Oswald reafirma a dimensão "africana" e mestiça dos portugueses. O segundo elemento é a mestiçagem das três raças e encontra na antropologia sua dimensão específica no contexto de um discurso mais geral. O terceiro elemento nos parece ser a intuição, que já aparece em Gilberto Freyre — desde seu artigo de 1922 —, de diferençar herança escravagista norte-americana e herança luso-brasileira. O texto que talvez mais concentra estes elementos é de

1943 (portanto, já claramente exposto à hegemonia já instalada da obra de Freyre) e foi publicado em O *Estado de S.Paulo*: "Aqui foi o Sul que venceu." Com a potência de sempre, Oswald toma pelo avesso a significação da guerra de secessão norte-americana e retoma os temas caros a Freyre, fortemente influenciado pelo pensamento escravista clássico do Sul dos EUA.[26] Mas enquanto a sociedade patriarcal da "Luisiânia latina, católica e mestiça" foi vencida, aqui o Sul venceu; aqui, a "cultura agrária e sentimental" foi o teatro da "boa vontade e do *melting-pot*". Enfim, "no continente americano, o Brasil é o sul sensível e cordial que venceu" (Andrade, 2004:108).

É absolutamente claro que Oswald aposta na mestiçagem, e, para fazê-lo, ele mitiga — acompanhando muito de perto a pauta de Gilberto Freyre — toda a análise do sistema escravista e colonial do qual ela se originou. Esta preocupação aparece claramente nos últimos parágrafos, nos quais se pergunta se, em algum lugar do Brasil meridional, sobretudo em São Paulo, as teses racistas de Oliveira Viana encontraram alguma confirmação. Para Oliveira Viana, o Brasil teria sabido manter uma muralha racista (branca) no *caldeamento* (a sopa da mestiçagem); para responder-lhe pela negativa, Oswald lembra que "São Paulo, antes de ser parque industrial, foi o café e, portanto, a fazenda e a terra" (Andrade, 2004:111).

De fato, ao acompanhar Freyre de perto, Oswald perde parte importante de sua potência. Neste caso, é obrigado a pôr, no coração da brasilianidade de São Paulo, a tradição patriarcal e escravista das fazendas de café. E perde — ou deixa temporariamente de lado — a originalidade de sua argumentação, que é moderna e antimoderna, ao mesmo tempo. Uma outra modernidade que Oswald havia visto e vivido no cadinho das línguas e das raças de todo o planeta em que se convertera a metrópole paulista, metrópole antropófaga que continuava o caldeamento, depois da metade do século XIX, mediante a captura de fluxos de milhões de migrantes internacionais.

Ora, se as referências sistemáticas que Oswald faz a Freyre podem explicar-se, talvez, pela conjuntura política da luta contra o nazismo e seus adeptos racistas nos trópicos, elas não põem no mesmo plano político e teórico os dois movimentos. Há diferenças importantes. A primeira é política. A mestiçagem oswaldiana era uma postura de combate, era um campo revolucionário, campo de uma outra modernidade; para Freyre, a mestiçagem é terreno de uma conciliação, da gestão fina de um "luxo de contradições", da *hybris* das relações carnais que aproximavam a Senzala à Casa-grande, a escrava, ao senhor. A segunda diferença tem a ver com a própria questão da crítica ao racismo, no específico terreno da raça. Como alguns críticos destacaram, sobretudo Ricardo Benzaquen de Araújo, no belo livro dedicado à obra de Gilberto (Araújo, 2005), Freyre não abandona, de modo algum, o terreno biológico da análise da raça. Sua operação é bem mais sutil. Ricardo reconstitui as diferentes abordagens do quebra-cabeça da constituição do "povo" brasileiro depois da abolição, classificadas em duas grandes posições. Uma delas é abertamente racista; via a mestiçagem como obstáculo que se tinha de superar; e a "solução" seria o branqueamento que poderia ter sido determinado pelas migrações europeias. A segunda é radicalmente antirracista (e, acrescentaríamos, antropófaga), que inverte a pergunta e afirma a positividade da mestiçagem entendida como eliminação de qualquer dimensão biológica e natural da raça; esta posição recusa até o conceito de raça!

Ora, Gilberto Freyre posicionou-se numa terceira via, intermédia, entre a monogenia racista do determinismo biológico e a poligenia culturalista. Desenvolveu, portanto, uma terceira abordagem, fortemente influenciada pela antropologia de Franz Boas, pela qual a dimensão biológica permanece aberta às determinações do *milieu*. A raça não desaparece: torna-se artificial ou histórica; passa a ser resultado, mais que causa: biopoder.

Assim, afinal, podemos voltar, como conclusão deste capítulo, ao debate atual em torno do racismo e das políticas afirmativas no Brasil. A operação que Freyre permitirá e que se consolidará na ideologia oficial da harmonia racial (ou democracia racial) implica capturar a dinâmica monstruosa da mestiçagem para, sem negar o "luxo das contradições que a caracteriza", fixá-la em torno de uma nova raça e contribuir para o "caminho" brasileiro em direção à constituição de uma tecnologia de segurança, de uma nova e adequada população para um poder arcaico (de vida e de morte) que não dispunha da inflexão disciplinar para preparar os corpos a compor aquela população que será o meio ambiente do biopoder. Resultado do meio natural e cultural (os trópicos e o patriarcado escravista, dito suave e gentil, dos portugueses e dos latinos em geral), a nova raça não se torna menos mestiça, aquela mesma que serve à elite brasileira para continuar a dizer que o racismo não existe: 'somos todos pardos", somos todos cinzentos! O objetivo de Freyre (e, sobretudo, devido do uso sistemático que se faz de sua obra) era precisamente reduzir a multiplicidade a um; e, *en passant*, livrar-se do modernismo eugenista e antiprodutivo de um republicanismo demasiadamente positivista.

Nada a ver com Oswald. Para ele, a *hybris* monstruosa da relação entre o escravo e o senhor não é em si libertária e, portanto, não "salva" o regime patriarcal. Ao contrário, o monstro é o terreno que não se pode recusar; o monstro é o campo de combate. Para Oswald, era preciso despertar a "'rocha viva' que Euclides sentiu na Stalingrado *jagunça* de Canudos" (Andrade, 1943b:56).[27] Esta rocha viva da nova "raça" do *Sertão* existia porque lutava em Canudos, onde nada havia nem de natural nem, muito menos, de harmonioso. Não é por acaso que, justamente, ao fazer referência à atualidade de *Os sertões*, Oswald explicite suas diferenças, já em 1943, em relação a Gilberto Freyre. "Havia [em Freyre] uma tendência ao *luso*, com o objetivo de elevar o branco suspeito da primeira América ao padrão de nacionalidade. Uma espécie de réplica e contraponto ao orgulho mameluco dos paulistas de quatrocentos anos. Ambos não percebendo que os neoimigrados — sírios, italianos, judeus — trazem para cá milênios ricos de civilização e de atividade criativa e, sobretudo, o brasão simples do trabalho" (Andrade, 1943a:120).

A dinâmica da mestiçagem é constituinte, biopolítica e, portanto, exatamente o oposto de sua fixação em qualquer novo conjunto homogêneo, biopoder. Sua ontologia é prática, máquina ontológica na qual transformação e libertação se juntam em um materialismo das relações, mas também da ação. Aqui, a virtualidade é uma possibilidade de mudança, de construção. O possível não deixa nenhuma mediação entre positivo e negativo, ele é transformação.

O território do monstro é o do devir, da multiplicação de cores, e não o da redução ao cinzento atrás do qual se organizam as modulações cromáticas do biopoder. "Devir", dizem Deleuze e Guattari, "é um rizoma, não uma árvore classificatória. Em um devir, temos sempre uma matilha, um bando, uma população, um povoamento, enfim, uma multiplicidade" (1982:292-3).

É a contínua multiplicação das cores, contra a imagem grisalha do povo mestiço, que caracteriza a mestiçagem. Os jovens negros e mestiços que lutam e produzem para a ação afirmativa constituíram, neste campo, uma inovação crítica, ao mesmo tempo, do discurso oficial da democracia racial e do multiculturalismo que, durante décadas, representava o baluarte defensivo do movimento negro. O arco-íris de cores do Brasil encontra na atualidade da luta antropófaga um novo horizonte constituinte. Aqui, na teorização política e histórica da mestiçagem universal como linha de fuga, não há nenhuma ambígua valorização do sistema patriarcal da escravidão "latina". Glissant é, nesse ponto também, luminoso: "Sim, essa escravidão monstruosa (...) foi mais do que positiva, mas do fato exclusivo dos que a subiram e contra a oposição obstinada dos que dela se beneficiaram" (Glissant, 2007:139).

O que interessa não é a ambiguidade da vitória do Sul, como exaltação de seu modelo patriarcal. O que interessa é o Sul como radicalidade antropófaga, como processo de constituição pós-nacional. Não um Brasil, mas muitos Brasis. MundoBraz: devir-Sul do mundo. O devir-Sul do mundo contra o "Sul que aqui ganhou"!

DO IM-MUNDO AO MUNDO, DO LIXO AO LUXO

Voltemos ao debate inicial sobre "brasilianização" do mundo. Há passagem extremamente rica e interessante do artigo de Arantes sobre a "fratura brasileira do mundo". A única voz que o filósofo paulista cita como crítica da tese da "brasilianização" é a do antropólogo Roberto da Matta.

Da Matta enfatiza que "a hierarquia e a tipificação da estrutura social do Brasil indicam um modo de integração social que tem seus pontos positivos. Nesses sistemas, conjugamos os opostos e aceitamos os paradoxos da vida com mais tranquilidade". O antropólogo pergunta em seguida: "Seria esse modo de relacionamento incompatível com uma sociedade viável em termos de justiça social?", para responder "Acho que não. Pelo contrário, penso que talvez haja mais espaço para que estes sistemas híbridos e brasilianizados sejam autenticamente mais democráticos que estas estruturas rigidamente definidas, nas quais tudo se faz com base no sim ou no não" (Matta, 1997, apud Arantes, 2001:326).

Pertinentemente, o filósofo vê na "réplica [as teorias da 'brasilianização'] do autor de *Carnaval, malandro e heróis*" (Matta, 1997) a repercussão de um "contraponto nostálgico de Gilberto Freyre", quer dizer, daquela "visão" que lhe "permitiu apresentar uma imagem em ruptura com a obsessão complexada de ajustar o país à marcha da civilização. [Um] desrecalque antiburguês [antecipado pela] revelação modernista de que a modernidade pode ser plural, que nada nos obrigava a alinhar com a bisonha modernolatria dos futuristas europeus" (Arantes, 2001:327).[28]

Ao mesmo tempo, Arantes coloca um "enorme porém", resumido no paradoxo que separa Mário de Andrade do Gilberto Freyre com relação a esses mesmos temas. O que Gilberto definia como um "luxo de antagonismos", lembra Arantes, Mário "costumava dizer" que era "uma imundície de contrastes". Por trás do "luxo" há na realidade o lixo, diz Arantes em uma referência a Oswald de Andrade: "Esse mundo aberto, no qual se destacaria a contribuição milionária de nossas idiossincrasias, obviamente não veio" (Arantes, 2001:328).[29] Pior, o mundo como um todo perdeu sua capacidade de fazer mundo: ele parece ter ganho, diz Jean-Luc Nancy, somente a capacidade de multiplicar à potência de seus meios uma proliferação do im-mundo (Nancy, 2002:16).

Com efeito, o filósofo paulista tem como referência as visões dialéticas dos dilemas do Brasil. Ele se refere ironicamente a Oswald e pensa no "balanceio caprichoso entre ordem e desordem" do qual falava Antonio Candido para definir "a dialética da malandragem" como traço básico de uma sociedade brasileira "na qual uns poucos livres trabalhavam e os outros flauteavam ao deus-dará colhendo as sobras do parasitismo, dos expedientes (...) da sorte ou do roubo miúdo. Suprimindo o escravo", continuava Candido, "Manuel Antônio suprimiu quase totalmente o trabalho; suprimindo as classes dirigentes, suprimiu os controles do mando". Para Candido, a dialética da malandragem torna impossível a clivagem ética: "na limpidez transparente de seu universo sem culpa, entrevemos o contorno de uma terra sem males definidos, regida por uma encantadora neutralidade moral". A crítica dialética da ordem e da desordem assume o hibridismo brasileiro como um dilema a ser resolvido: "não querendo constituir um grupo homogêneo e, em consequência, não precisando defendê-lo asperamente, a sociedade brasileira se abriu com maior largura à penetração dos grupos dominados ou estranhos. E ganhou em flexibilidade o que perdeu em inteireza e coerência" (Antonio Candido, 1970:67-89).[30] Roberto Schwarz, comentando o artigo de Candido, fala da existência de uma dialética da ordem e da desordem como constante cultural do Brasil (Schwarz, 1977b).

Mas aqui está a questão: a relação entre ordem e desordem não é dialética e, por isso, Da Matta consegue apreender o Brasil de maneira bem mais dinâmica e plural que Arantes, Candido e Schwarz: "O Brasil ultrapassa os dualismos nele contidos. Entre nós, a lógica exclusiva do dentro ou fora; do certo ou errado; do homem ou mulher; do casado ou separado; de Deus ou Diabo; do preto ou branco não ajuda muito. Pois sempre existe um terceiro termo ou um elemento mediador. Isso é muito claro na discussão sobre nosso racismo, porque entre a oposição negro e branco há uma multidão de tipos intermediários e não um espaço vazio, como no caso dos sistemas discriminatórios sul-africano e americano" (Matta, 2004:23-4). Contudo, Da Matta não resolve essa análise em uma fácil apologia, mas aponta para as dificuldades específicas dessa situação onde tudo depende das relações e do contexto: "A consequência disso — conforme o sistema de quotas tem mostrado", diz ele, "— é a dificuldade de enfrentar ou até mesmo de perceber o nosso preconceito que tem, em certo sentido, pelo fato de ser variável, uma enorme invisibilidade. Na realidade, acabamos por desenvolver o preconceito de ter preconceito, conforme disse Florestan Fernandes numa frase lapidar" (Matta, 2004:23-4). O problema de Da Matta não está em apreender o que ele chama de pioneirismo brasileiro no "reconhecimento da ambiguidade como elemento crítico de qualquer sociabilidade", mas no horizonte de um contratualismo fraco (liberal) no qual ele a coloca: como conciliação, "caminho (intermediário) entre a técnica, o individualismo, o mercado e essa modernidade fundada nos direitos individuais e em tudo o que vem de casa". Os tipos intermediários que rompem o binarismo dialético (do poder e da crítica) se resumem em uma improvável terceira via, aquela que ele vislumbra, para além do "primado cego do individualismo como valor absoluto (e do) primado igualmente cego da sociedade e do coletivo que esmaga a criatividade humana e sufoca o conflito e a chama das contribuições pessoais" (Matta, 2004:73). Nessa perspectiva, a ruptura da dialética atola-se em um relativismo liberal e fraco, incapaz de encontrar sua força e significação: o que sobra, atrás da esquina do mercado (individualismo) e da porta da sociedade (holismo), entre a casa e a rua, é na realidade a figura do Leviatã hobbesiano, ou seja, de um monstro que reduziu os muitos dentro dos órgãos de um corpo social subordinado à cabeça do soberano (Szaniecki, 2007).

Com efeito, o elemento de reflexão que interessa diz respeito ao fato de que o lixo e o luxo, como bem o expressa o carnaval e, conhecidamente, o representou o carnavalesco Joãozinho Trinta, mantêm entre si uma relação muito próxima que vai nos dois sentidos. É no lixo que há a riqueza e a significação. Ora, como o diz Eduardo, o caminho nos dois sentidos não é o mesmo: não é o caminho da dialética, mas do devir. A partir disso e nesse sentido, podemos dizer que os pobres são a fonte de toda a riqueza, que não há luxo sem lixo, que não há arte sem resistência, que a riqueza está nos pobres.

Essa dinâmica pode ser capturada e negada e, dessa maneira, a dialética (da malandragem) pode ser reimposta. Mas a restauração da dialética tem um custo desmedido, ou seja, a redução do luxo a lixo, da riqueza proliferante da mestiçagem a miséria cinzenta do "povo mestiço", da mestiçagem à "imundície de contrastes", da potência dos pobres à impotência da pobreza, da riqueza potente dos pobres à pobreza de sentido dos ricos e seu "insensato" mundo das finanças. A dialética não é a fonte da dinâmica, mas a marca de um poder que funciona por meio dela, pela cafetinagem, como um parasita. Como analisa Suely Rolnik, inspirada em Lazzarato (2002), "o combustível do luxo do capitalismo mundial contemporâneo [é] a força invenção" da própria vida (Rolnik, 2002:113). Há sim uma clivagem inconciliável entre, por um lado, o devir-luxo do lixo, da riqueza dos pobres, a criação do mundo (MundoBraz), e, por outro, a redução do luxo a lixo, o immundo da pobreza dos ricos (brasilianização). Não se trata de um dualismo, mas de um complexo tabuleiro de tensões: não há síntese possível entre "brasilianização" e MundoBraz!

Aliás, só nessa perspectiva podemos chegar a romper o binarismo, fraco ou forte que seja, das análises da guerra civil que bloqueia o processo de democratização brasileiro e torna impotentes as redes sociais nas grandes cidades do país. A violência, como os antropólogos bem assinalam, é proporcional aos níveis de incerteza social, às angústias que paralisam as relações sociais, a como essas angústias renovam socialmente o maravilhamento diante da existência do mundo.[31] Algo que é proporcional, como nos lembra Appadurai, à sensação social de "não acabamento", à procura do refúgio numa identidade (Appadurai, 2006:20-24): a identidade podendo ser nacional, étnica ou aquela igualmente mortífera do comando do narcotráfico ou, mais simplesmente, de uma torcida de futebol. Ou seja, há uma correlação evidente, quase linear, entre a condição pós-moderna entendida como precarização das relações sociais e de trabalho — a "brasilianização" do mundo — e a difusão da violência urbana, justamente nas formas de guerra generalizada e insensata que têm como paradigma a grande Rio de Janeiro.

Michel Misse fala de uma guerra particular entre "mercados ilícitos que transacionam mercadorias orgiásticas (corpos, luxúrias, drogas e armas) e mercadorias políticas (extorsão e corrupção praticada com base no excesso de poder de agentes do Estado)" (Misse, 2006). Estamos naquela zona de indistinção onde a violência (e até o terrorismo) se encontra com os diferentes fluxos ilícitos globais (Appadurai, 2006:48-9). A guerra é uma ordem permanente, bem nos termos do "Estado de exceção" descrito por Negri e Hardt ou por Giorgio Agamben. Achille Mbembe fala de uma paisagem na qual a ordem (a regularidade, a previsibilidade, a rotina e o próprio dia a dia) se organiza em torno do fato ou da perspectiva da violência (Mbembe, 2003). Mas essa é a condição da Lei e de suas díades morais que articulam a oposição transcendente entre o bem e o mal. Como lembra Deleuze a partir de Spinoza, a tirania precisa da tristeza das almas cuja paixão é a miséria e a impotência, os sentimentos de escravo. São essas paixões tristes que se tornam culto da morte (Deleuze, 1981:38-9).

Mas essa não é a única dinâmica. Se a fragmentação da linha do progresso difunde e confunde as relações entre centro e periferia, isso não acontece porque os "periféricos", os marginais seriam "inúteis ou descartáveis". Pelo contrário, "o pouco-caso" com os que seriam "inúteis para o mundo" (ver Arantes, 2006:311) é uma mistificação de um novo regime de exploração que funciona exatamente pelo não reconhecimento da "utilidade" deles, quer dizer, da dimensão produtiva de suas próprias vidas. Assumir o capitalismo neoliberal como anarquia do mercado, como "capitalismo desorganizado" (Arantes, 2006:298), significa muito simplesmente pensar que os problemas do capitalismo seriam suas "insuficientes" formas de poder (ou de não poder), quando na realidade o capitalismo, sobretudo aquele neoliberal e financeiro, é inseparável do Estado e da política, mesmo que (e inclusive *porque*) essa política apareça sob as formas da "descrença" e do "vazio político". O que aparece como "vazio" da política é a crise da representação. Essa crise não implica o desaparecimento da política, mas sua reformulação. Limitar-se a denunciá-la significa ficar preso a ela. O "capital-cassino" que a crise financeira global nos mostra não é nem uma aberração fictícia nem um capital sem Estado. Pelo contrário, o Estado, suas funções de "emprestador" de última instância nos aparece nitidamente como a outra face do mercado e o capitalismo financeiro como o modo de ser do capital contemporâneo.

É necessário apreender as novas linhas de conflito, por onde passa a produção de subjetividade na medida em que a exploração investe a vida enquanto tal (as populações) e não se limita mais aos corpos dos indivíduos serializados na ordem fabril. De nada adianta querer simplificar esse desafio político e teórico dentro do esquema binário que nos obrigaria a assumir o eclipse da política e, ao mesmo tempo, a ter como uma única perspectiva a nostalgia impotente de um retorno seu pelas vias de sua configuração disciplinar e estatal, alimentada por um efetivo "futuro" de progresso industrial, de um capitalismo que não seria mais "fictício" e não funcionaria mais como um "cassino".

Precisamos estar dentro (e contra) dessa nova condição. A complexidade desta "condição" está na dimensão modular das relações sociais e de poder. Uma fluidez que desafia a construção ética na medida em que, como enfatiza Appadurai, aqueles que sonham e os que odeiam não formam dois grupos separados, mas "uma única e mesma pessoa: assim o ódio pela América está diretamente ligado ao desejo de fazer parte dela" (Appadurai, 2006:176-7): os meninos pobres e negros que participam da guerra do tráfico sonham em integrar os modos de vida e de consumo dos *playboys* que odeiam. Aqueles que odeiam a sociedade hierarquizada e a assaltam violentamente querem participar dela e, embora pareçam inúteis e descartáveis, são a fonte de sua riqueza! *A fa-*

vela não amedronta por causa de sua fraqueza, mas por causa de sua potência. Os conservadores "antenados" entenderam perfeitamente essa passagem, até o ponto de conseguir disfarçar sua retórica como se ela fosse progressista. Assim, houve um momento em que até Arnaldo Jabor se deixava levar por uma certa liberdade de estilo e apreendia, no sucesso dos *rappers* MC Racionais, a dimensão dramática mas viva do devir-Brasil do mundo e do devir-mundo do Brasil, Mundo-Braz!: "Os *Racionais* engolem o rap e iniciam uma nova 'antropofagia' espontânea. Assim como os tropicalistas comeram o internacionalismo pop, os *Racionais* comeram os restos de São Paulo e vomitaram o lixo reciclado". O colunista conservador tem a lucidez de ver que "o que os faz importantes não é serem fracos; é serem fortes. O que os faz importantes não é o que dizem, é o fato de estarem aí" (Jabor, 1998). Claro, essa força das "margens" só interessa ao colunista na medida em que ela continue... nas margens. Se ela ocupa os salões do Planalto, ela se torna claramente insuportável e objeto do preconceito mais rasteiro. O mesmo podemos dizer do romance etnográfico de Paulo Lins, *Cidade de Deus*, ou do documentário da Cufa sobre os "meninos do tráfico" da mesma favela. É o que analisa, em termos extremamente adequados, Rodrigo Guéron (2008), quando fala do samba como uma das expressões artísticas mais potentes e ao mesmo tempo um dos maiores clichês da cidade do Rio de Janeiro.

Estamos falando da vida e de sua imanência: a imanência, uma vida! No primeiro capítulo do segundo livro que dedica a Spinoza, Deleuze (1970) nos fala da "Vida de Spinoza" a partir da apropriação que uma vida filosófica faz das virtudes ascéticas "humildade, pobreza e castidade". Nesse horizonte, o filósofo se encontra muito próximo do pobre: pela sua condição comum de pobre, mas também e sobretudo pelo uso nada ascético que eles fazem dessas virtudes ascéticas. Com efeito, "humildade, pobreza, castidade se tornam (...) os efeitos de uma vida particularmente rica e superabundante, suficientemente potente por ter conquistado o pensamento e ter subordinado qualquer outro instinto" (Deleuze, 1970:9). Michel Foucault não falava de outra coisa quando dizia que, "no século XX, qualquer homem que descobre ou inventa, qualquer homem que muda alguma coisa no mundo, o conhecimento ou a vida dos homens, é, de alguma maneira, um filósofo" (Foucault, 1994:580). Nessa qualificação dos modos de existência temos uma ética, ou seja, a potência do conhecimento capaz de fazer a diferença entre o bom e o ruim. O horizonte dessa potência é o amor pela liberdade (Foucault, 1994:38-9).

As análises inovadoras de Adalton Marques (2008) sobre "relações políticas entre presos do sistema penitenciário do estado de São Paulo" confirmam e desdobram esse terreno alternativo de reflexão. A partir do estudo dos depoimentos de um dos supostos membros da organização "criminosa" denominada Primeiro Comando da Capital (PCC) e do trabalho etnográfico de campo, Adalton nos permite apreender um movimento dos presos capaz de produzir um referencial ético dentro do "lixo" de sua condição social e penal. Não se trata da construção de nenhum mito em torno dos supostos valores políticos da transgressão "criminal", mas da dimensão produtiva e vital da resistência dos prisioneiros enquanto são presos, enquanto são "lixo" social. No lixo encontramos, pois, um luxo de produção ética, constituição por parte dos prisioneiros de "regras de convívio" que não reproduzem a hierarquia de poder que os esmaga. Descrevendo a figura do preso interrogado [pela CPI do tráfico de armas], Marques diz que "Marcos [é um] teórico das próprias relações de força nas quais está inserido e é capaz de captar o próprio *poder* que o captou, *poder* esse que lhe jogou luzes — o mostrou — transformando-o em um *infame* (Foucault), ou quem sabe cedendo-lhe a *glória* (Deleuze)" (Marques, 2008). O monstro é o terreno de batalha de produção dramática dos sentidos. Assim, o marco ético, que os prisioneiros definem como ter ou não ter o "proceder", constitui "parte significativa da experiência cotidiana, distinguindo presos de acordo com seus históricos no 'crime', diferenciando artigos criminais, alicerçando resoluções de litígios entre presos, estabelecendo modos de se portar na chegada à prisão, modos de utilização do banheiro, modos de se portar durante os dias de visita, modos de se despedir do cárcere etc."[32] Nessa experiência cotidiana assim estruturada, constitui-se um movimento de "primos e irmãos", um sistema de alianças e filiações que enfrenta, ao mesmo tempo, "as injustiças do Estado" e o "estado de coisas que vigora nas relações entre os prisioneiros". A luta política contra o Estado (quer dizer, contra o sistema prisional) é uma política de "reabilitação e reforma" alicerçada no "proceder pelo certo". Cabe perguntarmos, o que é o "certo"?

Nas próprias palavras de Marcos Willians Herbas Camacho (o "Marcola"), o "certo" é o que não reproduz a hierarquia do poder, ou seja, uma rede de socialização que funciona sem liderança. Trata-se de uma situação que a antropóloga Karina Biondi define, parafraseando Pierre Clastres, como "impossibilidade de exercer a chefia" (*apud* Marques, 2008a:15). Nos termos de Marcos Willians, em suas declarações aos parlamentares: "a coisa [as ações de retaliação realizadas pelo PCC e seus aliados que chegaram, em 2006, a paralisar a Grande São Paulo][33] foi tomando proporções incontroláveis justamente por não ter uma liderança, o senhor entende? (...) Fugiu ao controle total de todo mundo, justamente por não ter tido controle" (Marques, 2008:20).[34] O mesmo esforço tem sido realizado por Maria Elisa Pimentel (2007), em sua tentativa corajosa de apreender, no horror da guerra do narcotráfico carioca, uma dinâmica da resistência, algo que seria uma narcofavela, "um lado certo da vida errada".[35]

O DEVIR-MUNDO DO BRASIL E O DEVIR-BRASIL DO MUNDO

Voltemos a nossa reflexão sobre o deslocamento da relação do Brasil ao mundo. No cerne do devir-Brasil do mundo, temos um devir-mundo do Brasil que é um devir-Bolívia do Brasil e um único e universal processo de mestiçagem que Glissant chama de *"créolisation"* (Corsini, 2008). Ao mesmo tempo, Glissant enfatiza: "uma das belezas da mestiçagem é que o interesse de suas mesclas é sempre porvir. De nada adianta recapitular ou analisar, a não ser com objetivos práticos, os resultados de uma mestiçagem. A felicidade está no próprio processo" (Glissant, 2007:88-9). A mestiçagem é uma dinâmica constituinte que *não poderia ser fixada* em uma identidade homogênea (mesmo que esta seja "mestiça"!). O percurso de *"créolisation"* não tem fim, sua ação não tem nem finalidade, nem moral" (Glissant, 2007:91). O artista plástico Edson Barrus realizou, no âmbito da instalação "cão mulato" um *auto-portrait* fotográfico que intitulou "eu sou imoral".

Esses dois movimentos são estritamente contemporâneos e explicitam os impasses e os desafios que desenham a condição "brasileira" contemporânea: por um lado, o esgotamento dos principais mecanismos de integração social se traduz na endemicidade das dinâmicas da informalidade, do racismo, da desigualdade, da violência que fecham o horizonte da transformação social: o Brasil é aqui o pesadelo do mundo e... do Brasil, um mundo iluminado pelos fogos de periferias dos subúrbios franceses, mas também e sobretudo pelas balas traçantes das favelas cariocas, como em qualquer cidade iraquiana ou palestina. Aqui, o devir é travado, reduzido às determinações identitárias dos ódios xenófobos das microguerras apontadas por Appadurai, aquelas que estriam o espaço das periferias cariocas, como descrevem Celso Athayde e MV Bill (2007) ou Paulo Lins (1997). O tornar-se mundo do Brasil alimenta-se negativamente (e paradoxalmente) do tornar-se Brasil do mundo: o futuro do Brasil aparece niilisticamente como biopoder, o "migrante nu" é nesse caso a figura prototípica da vida nua, vida importante. Mais uma vez, o futuro do Brasil é, nesse lado... o próprio Brasil e sua herança escravagista e colonial: "brasilianização", colonialidade do poder.

Por outro lado, as redes da mobilização produtiva, a mestiçagem e todo tipo de hibridização, sampleamento e mixagem já indicam um caminho que coloca o Brasil na frente das transformações democráticas que atravessam o mundo como um todo. Transformações que são levadas pelo excesso universal de miscigenação e que encontram a potência do migrante africano trazido para as Américas. Aqui, o desafio de toda libertação aparece necessariamente como "liberdade da mescla, da mestiçagem, da 'créolisation'" (Glissant, 2007: 42). Aqui a luta é biopolítica, o devir é um devir-mulher: desde o *"Fann, Maujé te, pa fé yche pou lês claves"*[36] até as "repúblicas de mulheres, amantes e (...) alforriadas mantidas, escravas reunidas para os banhos, domésticas escutando os segredos das sinhás" (Glissant, 2007:66). Nesse segundo eixo, o devir-mundo do Brasil se desdobra no que Nancy chama de "devir-mundo do mundo". Nesse devir, o mundo se afasta com firmeza e de maneira absoluta de qualquer estatuto de objeto para ser ele mesmo o sujeito de sua mundialidade. Aqui são as lutas inovadoras do movimento negro, as políticas de cotas e a potência das cosmologias ameríndias que desenham novos planos de imanência, novas linhas de fuga fora da separação instrumental entre homem e natureza, sujeito e objeto. Aqui, o devir-Brasil do mundo e o devir-mundo do Brasil se desdobram no horizonte do devir-Sul do mundo e do devir-mundo do Sul. O devir-Sul é a negação ativa e constituinte da clivagem norte-sul e, pois, da própria noção de Sul, é negação do Sul e do Norte e ao mesmo tempo afirmação de um horizonte não eurocêntrico e, pois, não antropocêntrico. O devir-Sul é o agenciamento aimará-Bolívia-Piqueteros-Imigrantes, são as periferias de El Alto, Rio de Janeiro e Buenos Aires que explodem em South Central (Los Angeles) e nas *banlieues* parisienses. O conflito não opõe mais o Sul ao Norte, mas os atravessa. A alternativa entre o devir-Sul e o eurocentrismo antropocêntrico não é uma oposição fechada, mas a abertura em direção a uma multiplicidade ilimitada.

NOTAS

1. Para a apresentação detalhada de cada uma delas, ver Deleuze e Parnet (1996:151ss.).
2. Sobre a sociedade como um "gás", ver Deleuze (1990).
3. Uma primeira versão desses parágrafos foi publicada na revista *Lugar Comum*, n°s 23-24, 2008.
4. Grifos nossos.
5. Referência aos índios da terra do pau-brasil.
6. Não é nosso objetivo reconstruir o conjunto dos trabalhos de análise e crítica da obra de Oswald de Andrade. Nos limitamos a um exemplo, no qual aparece claramente a tentativa de recortar a obra em fases diferentes e contraditórias, e fazer, de certo modo, um balanço do fracasso. É o caso de Benedito Nunes, que vê na trajetória de Oswald uma espécie de parêntese (o da militância marxista), em torno do qual haveria abjurações, rupturas e retornos (ver Nunes, 1971, e Nunes, 2001:7).
7. As frases irônicas sobre Ricardo Cassiano e Plínio Salgado estão entre as mais citadas, além daquelas compostas pelas mixagens linguísticas, isto é, elas mesmas marcadas pela "riqueza dos erros milionários" dos quais Oswald falava.
8. Modernistas reunidos nos movimentos Verde Amarelo e Anta, entre os quais Cassiano Ricardo, Plínio Salgado e Menotti del Picchia.
9. Oswald faz referência ao capítulo dos Ensaios de Montaigne "Aos canibais" em "O antropófago" (Andrade, 1950b, *apud* Boaventura, 1991:255).

10. Ver também Viveiros de Castro (2007b:12).
11. Um dos membros do movimento modernista, suíço de origem.
12. A relação entre Roberto Schwarz, marxista fortemente influenciado pela Escola de Frankfurt, e o modernismo antropófago de Oswald mereceria artigo inteiro. Digamos que Schwarz e os marxistas em geral eram muito fortemente "incomodados" pela deriva modernista, que viam como uma espécie de conciliação estética de elementos negativos do passado e do progresso. Nunca ultrapassaram o pensamento binário. De qualquer modo, com Oswald de Andrade, Schwarz mantém uma posição positiva (é o caso, por exemplo, de Schwarz, 1987). Mas sobre o tropicalismo — movimento político-cultural dos anos 1960, fortemente inspirado pela antropofagia de Oswald de Andrade — Schwarz desenvolverá uma crítica extremamente violenta: "Sobre o fundo ambíguo da modernização, a divisa entre sensibilidade e oportunismo, entre crítica e integração, é incerta" (Schwarz, 1970:30).
13. Ver sobre isto Jaccoud e Beghin (2003); Martins (2003); Henriques (2001). Ver também Hasenbalg e Silva (2003, sobretudo Costa, 2003, naquele volume).
14. Ver Telles (2003).
15. Fazemos referência aqui à difusão de métodos de cálculo de índices de desenvolvimento humano e aos trabalhos da escola de Amartya Sen. Para o debate no Brasil, ver Scalon (2004).
16. A Universidade Federal da Bahia, vale anotar, é uma das que implantou um sistema de cotas.
17. Ver Maggie e Fry (2004).
18. Ver, por exemplo, o dossiê "Racismo, cotas e lutas sociais", revista *Crítica Marxista*, Editora Revan, nº 24, 2007, Campinas.
19. O primeiro artigo de Gilberto Freyre que apreendia de modo positivo a sociedade patriarcal e escravista brasileira data de 1922 e foi publicado nos EUA: "Social Life in Brazil in the Middle of the Nineteenth Century", *Hispanic American Historical Review*, 1922.
20. Observe-se o rigor do movimento: a única referência bibliográfica a um artigo que se quer acadêmico aparece num livro da própria autora, anunciado como "no prelo"!

21. Para uma população de 12 milhões de habitantes. Não se fala do conjunto dos assassinados, a maioria dos quais são jovens negros e/ou mestiços.
22. Ver Maggie e Fry (2004:158).
23. Salete Cara cita o historiador Luis Felipe de Alencastro.
24. Sobre esses temas, nos permitimos remeter a Cocco e Negri (2007).
25. Em 1943, Oswald faz referência a uma retirada estratégica, por Gilberto Freyre, o qual, "tendo estabelecido uma espécie de compromisso cultural com os EUA [teve de] refugiar-se na comida. O bolo o preocupa. Tortas com 24 gemas de ovos frescos!" (Andrade, 1943:120).
26. John Calhoun, George Fitzhug, Edumund Ruffin, que defendiam o *way-of-life* patriarcal das fazendas sulistas.
27. Em Oswald, bem como na história constituinte da liberdade, não há aquela dicotomia que Silviano Santiago ... ver entre "subversão estética" e "a crítica da estrutura econômica da sociedade" (Santiago, 2004:31). O marxismo não é necessariamente teleológico.
28. A referência é ao movimento antropófago de Oswald de Andrade, que discutimos no capítulo 4. Sobre os mesmos temas, ver também a crítica de Souza (2003) a Da Matta. Para Souza, o problema não é o jeitinho, mas o que seria uma "subcidadania".
29. Para uma interessante apresentação das nuances entre Oswald e Mario do movimento modernista brasileiro no que diz respeito à noção de "erro" (idiossincrasia para Arantes) enquanto "desvio e transgressão ao modelo imposto", ver Santiago (2004:29-30).
30. Devo a Barbara Szaniecki a indicação desse desdobramento do debate "dialético" sobre malandragem e a crítica de Da Matta.
31. Sobre os sentimentos de maravilhamento e sublime no marco das transformações contemporâneas do trabalho, ver Virno (2008).
32. Em Marques (2008), o autor reconstitui o substrato ético nas longas declarações de Marcos Willians Herbas Camacho (dito "Marcola") à Comissão Parlamentar de Inquérito (CPI) do Tráfico de Armas, realizada em 8 de junho de 2006. Depois do trecho citado, o autor continua: "Mas essa é só uma parte

da história; seu uso como substantivo: *o proceder* é um atributo daquele que tem sua experiência prisional considerada pelos outros presos como estando em consonância ao proceder (substantivo). Um indivíduo nessa condição é denominado "cara de proceder", "sujeito homem", "ladrão" etc., possuindo, portanto, os requisitos para viver num espaço denominado de "convívio". No mesmo sentido (adjetivo), mas tomando o exemplo contrário, o "proceder" é aquilo que falta ao indivíduo que é exilado no espaço "seguro", ou morto em decorrência de um "debate" (Marques, 2006:9-11).

33. Ver uma reconstrução desse episódio em Arantes (2007a:304).
34. Situação confirmada pelas declarações de um dos supostos chefes de uma facção de presos inimiga do PCC: "Hoje, (...) o PCC está sem comando, na realidade. Todo mundo está mandando." Essa declaração tem uma credibilidade específica, pois o Geleião é o único sobrevivente da cúpula da facção inimiga, tendo sido os dois outros assassinados pelo PCC exatamente por ter hierarquizado a dinâmica do movimento (o "Partido") e reproduzido assim as mesmas dinâmicas de poder, com abusos, extorsões etc. aos presos.
35. O trabalho de Maria Elisa é interessante e criativo, embora a opção por articular comando e resistência entre os termos de narcotráfico e narcofavela mantenha algumas ambiguidades.
36. Em francês: "Femme, mange de la terre, ne fais pas d'enfant pour l'esclavage" [Mulher, coma terra, não faça crianças para a escravidão] (Glissant, 2007:66).

Bibliografia

ABDALA JR., Benjamin e CARA, Salete de Almeida (orgs.) (2006), *Moderno de nascença. Figurações críticas do Brasil*, Boitempo, São Paulo.

AGAMBEN, Giorgio (1995), *Homo Sacer. Il potere sovrano e la nuda vita*, Boringhieri, Turim.

_____ (1998), *Quel che resta di Auschwitz, L'archivio e il testimone*, Boringhieri, Turim.

_____ (2002), *L'ouvert. De l'homme et de l'animal*, Rivages, Paris.

_____ (2003), *Stato di eccezione*, Cf. tradução francesa: *État d'exception: Homo Sacer II.1*, Seuil, Paris.

_____ (2006), *Qu'est-ce qu'un dispositif?*, Rivages, Paris.

ALENCAR, José de (1867), *Cartas a favor da escravidão*, edição organizada por Jamis Parron, Hedra, João Paulo (2008).

ALTAMIRA, César (2008), *Os marxismo do novo século*, Civilização Brasileira, Rio de Janeiro.

ANDERSON, Perry (2007), "Jottings on the conjuncture", *New Left Review*, n. 48, novembro-dezembro.

ANDRADE, Oswald de (1923), "O esforço intelectual do Brasil contemporâneo", *in* Boaventura (1991).

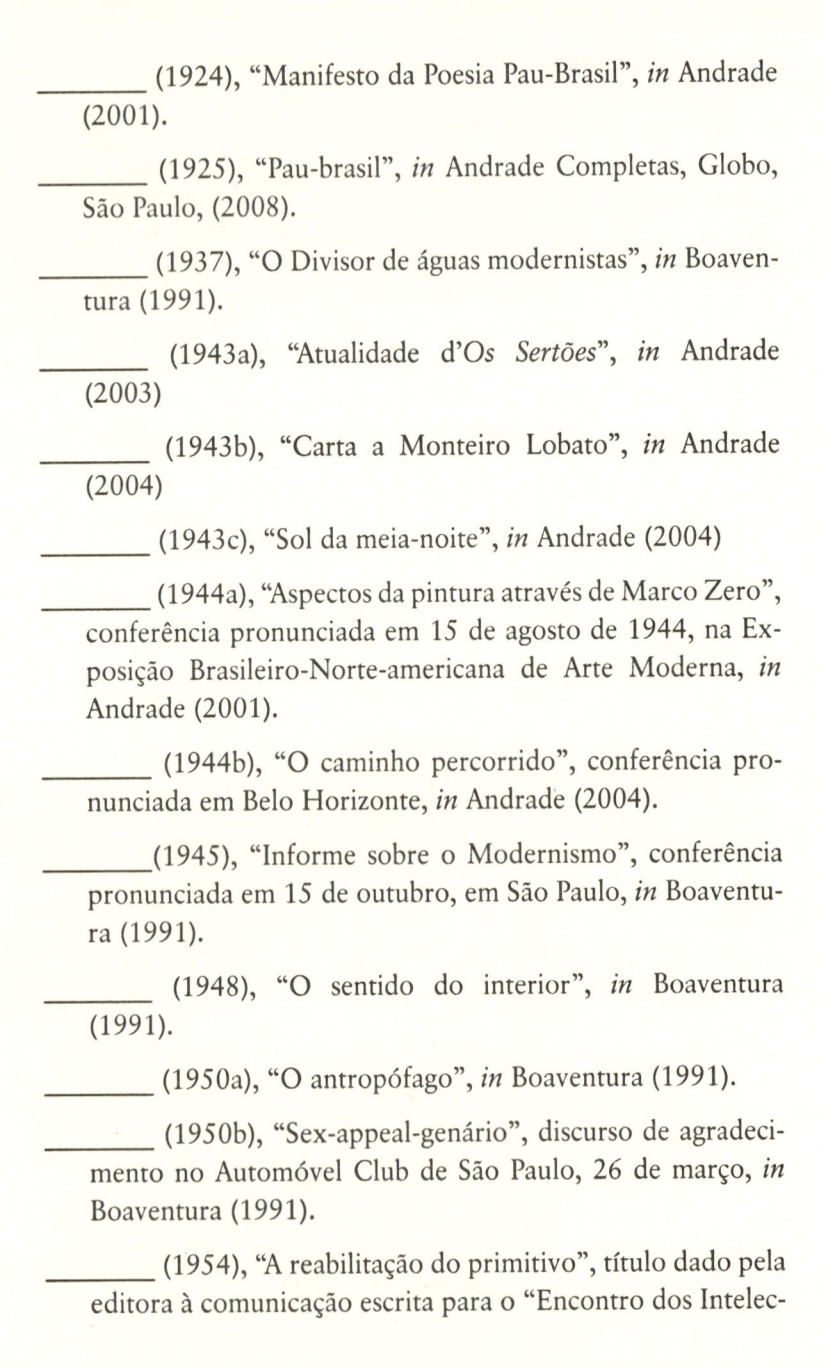

_____ (1924), "Manifesto da Poesia Pau-Brasil", *in* Andrade (2001).

_____ (1925), "Pau-brasil", *in* Andrade Completas, Globo, São Paulo, (2008).

_____ (1937), "O Divisor de águas modernistas", *in* Boaventura (1991).

_____ (1943a), "Atualidade d'*Os Sertões*", *in* Andrade (2003)

_____ (1943b), "Carta a Monteiro Lobato", *in* Andrade (2004)

_____ (1943c), "Sol da meia-noite", *in* Andrade (2004)

_____ (1944a), "Aspectos da pintura através de Marco Zero", conferência pronunciada em 15 de agosto de 1944, na Exposição Brasileiro-Norte-americana de Arte Moderna, *in* Andrade (2001).

_____ (1944b), "O caminho percorrido", conferência pronunciada em Belo Horizonte, *in* Andrade (2004).

_____(1945), "Informe sobre o Modernismo", conferência pronunciada em 15 de outubro, em São Paulo, *in* Boaventura (1991).

_____ (1948), "O sentido do interior", *in* Boaventura (1991).

_____ (1950a), "O antropófago", *in* Boaventura (1991).

_____ (1950b), "Sex-appeal-genário", discurso de agradecimento no Automóvel Club de São Paulo, 26 de março, *in* Boaventura (1991).

_____ (1954), "A reabilitação do primitivo", título dado pela editora à comunicação escrita para o "Encontro dos Intelectuais", Rio de Janeiro, enviada ao pintor Di Cavalcanti, que deveria lê-la, *in* Boaventura (1991).

_____ (2003), *Feira das Sextas, Obras completas*, Globo, Rio de Janeiro.

_____ (2004), *Ponta de Lança, Obras completas*, Globo, Rio de Janeiro.

ANTONIO CANDIDO (1970), "Caracterização das memórias de um sargento de milícias", *Revista do Instituto de Estudos Brasileiros*, n° 8, São Paulo.

_____ [1969] (2006), "Literatura e subdesenvolvimento", *in A educação pela noite e outros ensaios*, Ouro sobre azul, Rio de Janeiro (inicialmente publicado em francês, na revista *Cahiers d'Histoire Mondiale*, Unesco, XII, 4, 1970).

APPADURAI, Arjun (2007), *Géographie de la colère,* Paris, Payot.

(trad. francesa de *Fear of Small Numbers* (2006), Duke University Press).

ARANTES, Paulo (2001), "A fratura brasileira do mundo. Visões do laboratório brasileiro da mundialização", *in* Fiori e Medeiros (2001).

_____ (2004), "Fim de jogo", entrevista à *Folha de S.Paulo*, julho (republicada em Arantes, 2007a).

_____ (2005a), "A crise: perguntas e respostas no calor da hora", entrevista concedida a *Mundo*, em agosto de 2005, republicada em Arantes 2007a).

_____ (2005b), "O governo Lula acabou?". Resposta à entrevista da *Revista Caros Amigos*, n° 102, setembro, republicada em Arantes 2007a).

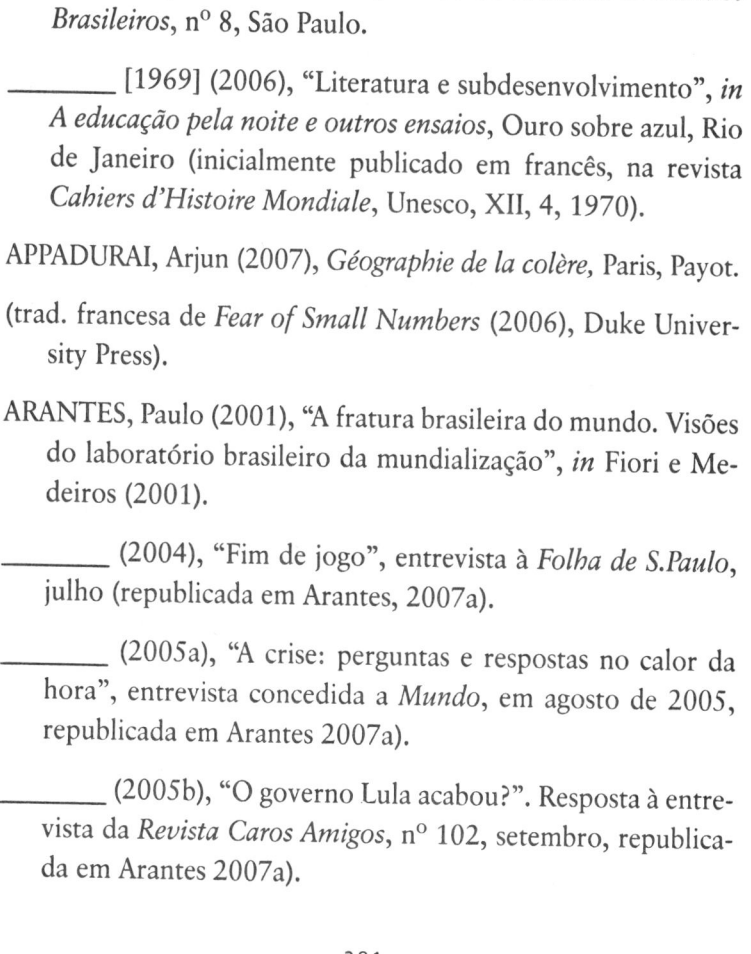

_____ (2006a), "Duas vezes pânico na cidade", inicialmente publicado na revista *Punto de Vista*, Buenos Aires, n° 85, agosto; republicado em Arantes (2007a).

_____ (2006b), "Nação e reflexão", *in* Abdala Jr. e Cara (2006).

_____ (2007a), *Extinção*, Boitempo, São Paulo.

_____ (2007b), "O que é ser de esquerda", *Revista Caros Amigos*, n. 121, abril, São Paulo.

ARAÚJO, Ricardo Benzaquen de [1994] (2005), *Guerra e paz: Casa-grande & senzala e a obra de Gilberto Freyre nos anos 30* (1994), Editora 34, São Paulo, 2a. ed.

ARNT, Ricardo A. e SCHWARTZMAN, Stephan (1992), *Um artifício orgânico: Transição na Amazônia e ambientalismo*, Rocco, Rio de Janeiro.

ARRIGHI, Giovanni (2007), *Adam Smith en Pekín: origines y fundamentos del siglo XXI*, Akal, Madrid.

BAKHTIN, Mikhail (1970) *La poétique de Dostoijevski*, Seuil-Points, Paris.

BARROS Ricardo Paes de; CARVALHO, Mirela de; FRANCO, Samuel; MENDONÇA Rosane (2006), *Consequências e causas imediatas da queda recente da desigualdade de renda brasileira*, Texto para Discussão n° 1201, Ipea, Rio de Janeiro.

BECK, Ulrich (1999), *What Is Globalization?*, Polity Press, Cambridge.

_____ (2000), *The Brave New World of Work*, Cambridge University Press, Cambridge.

BENTES, Ivana (2002), "Imagem, pensamento e resistência", *in* PACHECO, Anelise; COCCO, Giuseppe; VAZ, Paulo (2002).

BENTO PRADO JR. (2005), "A França e a 'brasilianização' do mundo", Tendências/Debates, *Folha de S.Paulo*, 12 de novembro.

BERARDINELLI, Alfonso (2007), "Prefazione", *in* Pasolini (2007).

BERNSTEIN, Richard (1995), "Books of the Times. An American Manifesto for a Desirable Future", *The New York Times*, 5 de julho.

BLOCH, Ernst (1978), *L'athéisme dans le Christianisme* (1968), Gallimard, Paris.

BOAVENTURA, Maria Eugênia (org.) (1991). *Oswald de Andrade, estética e política, Obras completas*, Editora Globo, São Paulo.

BOLTANSKI, Luc e CHIAPELLO, Eve (1999), *Le nouvel esprit du capitalisme*, Gallimard, Paris.

BOUTANG, Yann Moulier (1998), *De l'esclavage au salariat. Économie historique du salariat bridé*, PUF, Paris.

_____ (2007), *Le capitalisme cognitif. La nouvelle grande transformation*, Ed. Amsterdam, 2a. ed., Paris.

BOVE, Laurent (2004), Exposé, Séminaire de *Multitudes*, 2 de outubro, *compte rendu* do 5 de outubro de 2004.

_____(2008), "Vivre contre un mur. Diagnostic sur l'état de notre nature en régime de terreur ordinaire", *Multitudes*, n. 33.

CAMACHO, Oscar Vega (2006), "Qué es democracia? Las metamorfoses de la política en Bolívia", *in* Chávez 2006.

CANCLINI, Nestor Garcia (1995), *Consumidores e cidadãos*, Ed. UFRJ, Rio de Janeiro.

CARA, Salete de Almeida (2006). "Esqueletos vivos e argumentos indecorosos", *in* Abdala Jr. e Cara (2006).

CASTELL, Robert (2008), "Travailler plus, pour gagner quoi?", *Le Monde*, 9 de julho.

CASTELLS, Manuel (1999), *The Information Age: Economy, Society and Culture (v. 1-3)*, Blackwell Pub, Londres.

CEDEPLAR (s/d), "Primeiros Resultados da análise da linha de base da pesquisa de avaliação de Impacto do Programa Bolsa-Família", produto da pesquisa *"Avaliação do Impacto do Programa Bolsa-Família — AIBF"*, contratada pelo MDS e realizada pelo Centro de Desenvolvimento e Planejamento Regional, UFMG.

CHATEAU, Jean-Yves (2004), "Présentation", *in* Simondon (2004)

CHÁVEZ, Marxa e alii (2006), *Sujeitos y formas de la transformación política en Bolívia*, Ed. Tercera piel, La Paz.

CLASTRES, Pierre (2003), *A sociedade contra o Estado*, Cosac & Naify, São Paulo.

CLIFFORD, James (1988), *The Predicament of Culture: Twentieth Century Ethnography, Literature, and Art*, Harvard University Press, Cambridge, Massachusetts.

COCCO, Giuseppe (2000a), *Trabalho e cidadania*, Cortez, São Paulo.

_____ (2000b), "Introdução", *in* Negri e Lazzarato (2000).

_____ (2007), "Do quebra-cabeça do desenvolvimento à constituição do comum", *in* Feldman e Fernandes (orgs.) (2007).

_____ (2008), "Democracia e socialismo na era da subsunção real: a construção do comum", *in* Genro *et al.* (2008).

COCCO, Giuseppe e NEGRI, Antonio (2005). "A insurreição das periferias", *Valor Econômico*, 23 de dezembro.

_____ (2006) "O trabalho de luto". Caderno *Mais*, *Folha de S.Paulo*, 9 de abril.

COCCO, Giuseppe *et al.* (orgs) (2005) *Capitalismo cognitivo*, DP&A, Rio de Janeiro.

CORSINI, Leonora (2007), *Êxodo constituinte: Multidão, democracia e migrações*, Tese de Doutorado, Escola de Serviço Social, UFRJ, Rio de Janeiro.

_____ (2008), "A potência da hibridação: Edouard Glissant e a creolização", Lugar Comum, n° 25-26, Universidade Nômade — Epopers, Rio de Janeiro.

_____ (2008a), "Entre o migrante e o nômade — intermezzo", *Lugar Comum*, n° 23-24, E-Papers, Rio de Janeiro.

CUNHA, Euclides da [1904] (1966), "Entre o Madeira e o Javarí", *in Contrastes e confrontos*, Obra completa, vol. 1, Rio de Janeiro, Aguilar.

DAVIS, Mike (2006a), *Planeta favela*, Boitempo, São Paulo (orig. Planet o of Slums, 2006, Verso, Londres).

_____ (2006b), "Planeta de favelas", *in* SADER, Emir (org.) (2006).

DELEUZE, Gilles (1981), *Spinoza. Philosophie pratique*, Éditions de Minuit, Paris.

_____ (1986), "Foucault et les prisons", *in* Propos recueillis par P. Rabinow et Keith Gandall in *History of the Present 2* (republicado *in* Deleuze, (2003:261).

_____ (1986), Foucault, Éditions de Minuit, Paris.

_____ (1990), "Post-Scriptum sur les sociétés de contrôle", *L'Autre Journal*, n. 1.

_____ (1994), *Une mort inacceptable*, prefácio a Foucault (1994:8).

_____ (2002), *L'île deserte et autres textes*, *Textes et Entretiens 1953-1974*, David Lapoujade (org.), Ed. De Minuit, Paris.

_____ (2003), *Deux Regimes de Fous*, *Textes et Entretiens 1975-1995*, David Lapoujade (org.), Ed. De Minuit, Paris.

DELEUZE, Gilles e GUATTARI, Félix (1972-73), *L'anti-oedipe, Capitalisme et schizophrénie 1*, Minuit, Paris.

_____ (1977) *Kafka: por uma literatura menor*. Imago, Rio de Janeiro.

_____ (1982) *Mille Plateaux*, Minuit, Paris (1997) (Mil Platôs. Capitalismo e esquizofrenia, v. 4. São Paulo: Editora 34).

_____ (1991), *Qu'est-ce que la philosophie*, Minuit, Paris.

DELEUZE, Gilles e PARNET, Claire [1977] (1996), *Dialogues*, Flammarion, Paris.

_____ (2002), *L'île deserte et autres textes*, *Textes et entretiens 1953-1974, par David Lapoujade*, Ed. De Minuit, Paris.

DESCOLA, Philippe (2005), *Par-delà nature et culture*, Gallimard, Paris.

DONZELOT, Jacques (2004), "La ville à trois vitesses: relegation, périrubanisation, gentrification", *Esprit*.

ESCOBAR, Arturo (2005), "O lugar da natureza e a natureza do lugar: globalização ou pós-desenvolvimento", *in* Lander (2005).

FARINELLI, Franco (2003), *Geografia: un'introduzione ai modelli del mondo*, Einaudi, Turim.

FELDMAN, Sarah e FERNANDES, Ana (orgs.) (2007), *O urbano e o regional no Brasil contemporâneo*, Unesp, Edufba, Salvador.

FIORI, José Luís e MEDEIROS, Carlos (orgs.) (2001), *Polarização mundial e crescimento*, coleção Zero à Esquerda, Vozes, Petrópolis.

FISCHBACH, F. (2005) *La production des hommes. Marx avec Spinoza*, PUF, Paris.

FITOUSSI, Jean-Paul (2008), "Le capitalisme sous tente à oxygène", *Le Monde*, 30 de outubro de 2008.

_____ e LAURENT, Éloi, *La nouvelle écologie politique*, Seuil, Paris.

FOUCAULT, Michel (1994), *Dits et Écrits III*, Gallimard, Seuil, EHESS, Paris.

_____ (1994a), "La folie, l'absence d'oeuvre", *Table ronde*, n. 196, *Situation de la Psychiatrie*, *in* Foucault (1994:414).

_____ (1997), *Il faut défendre la société, Cours au College de France. 1976*, Hautes Études, Gallimard, Seuil, Paris.

_____ (2004), *Sécurité, Territoire, Population, Cours au Collège de France, 1977-78*, Ed. Hautes Études, Gallimard, Seuil, Paris.

_____ (2008), (trad.) "Introduction à l'Anthropologie de Kant", *in* KANT (1964), *Anthropologie du point de vue pragmatique*, Vrin, Paris.

_____ (2009) *Le courage de la vérité — cours ou collège de France*, 1984, Ed. Hautes Etudes, Gallimard, Seuil.

FRANKE, Anselm (org.) (2007), *B-Zone. Becoming Europe and Beyond*, Actar, Berlim.

FUMAGALLI, Andréa (2007), *Bioeconomia e capitalismo cognitivo, Verso un nuovo paradigma di accumulazione*, Carocci, Milão.

FURLANG, Andy (2007), Memorandum para o Parlamento do Reino Unido.

_____ (2008), "Selected Commitee on Economics Affairs", consultado em 4 de agosto de 2008, www.pubblications. parliement.uk.

FURLONG e KELLY (2005), "The Brazilianization of youth transitions in Austrália and UK", *Australian Journal of Social Issues*, vol. 40 (2).

GALBRAITH, J.K. (1961), *The Affluent Society*, trad. francesa, *L'ère de l'opulence*, Calmann-Lévy, Paris (1987), *A sociedade afluente*, Pioneira, São Paulo.

GENRO, Tarso et al. (2008), *O mundo real: Socialismo na era pós-neoliberal*, L&PM, Porto Alegre.

GEORGESCU-ROEGEN, Nicholas (1966), *Analytical Economics: Problems and Issues*, Cambridge-Londres, Harvard University Press.

GHORRA-GOBIN, Cynthia (2004), "L'étalement de la ville américaine. Quelles politiques?", *Esprit*,.

GLISSANT, Edouard (2007), *Mémoires des esclavages*, Gallimard-La documentation Française, Paris.

GLOWZEWSKI, Bárbara (2008), "Guattari et l'anthropologie: aborigènes et territoires existentiels", *Multitudes*, n. 34, Paris.

GORZ, André (1997), *Misères du présent, Richesse du Possible*, Galilée, Paris.

GRIN, Monica (2004), "Experimentos em ação afirmativa: versão crítica em dois tempos", Dossiê Ação Afirmativa, *Econômica*, Revista do Programa em Pós-Graduação da Universidade Federal Fluminense, vol. 6, nº 1.

GUÉRON, Rodrigo (2008), "Puissance de la samba, clichês de la samba. Lignes de fuite et captures à Rio", *in* Szaniecki e Collin (2008).

GUIMARÃES, Samuel Pinheiro (2008), Entrevista, *Valor-Econômico*, 14 de julho.

HARVEY, David (2004), *O novo imperialismo*, Loyola, São Paulo, 2004.

HASENBALG, Carlos e SILVA, Nelson do Valle (orgs.) (2003), *Origens e destinos: desigualdades sociais ao longo da vida*, Topbooks, Rio de Janeiro.

HENDRICKSON, David (1995), resenha de LIND, Michael (1995), *The Next American Nation: The New Nationalism and the Fourth American Revolution*. The Free Press, Nova York. *In* Revista *Foreign Affairs*, 1995 (e em http://www.foreignaffairs.org/19950701fabook4561/michael-lind/the-next-american-nation-the-new-nationalism-and-the-fourth-american-revolution.html.

HENRIQUES, Ricardo (2001), *Desigualdade racial no Brasil: Evolução das condições de vida na década de 90*, Ipea, Textos para a discussão n. 809, Rio de Janeiro.

HOBSBAWM, Eric (2008), "Dois impérios: duas lógicas", *Le Monde Diplomatique Brasil*, novembro, São Paulo.

IEDI (Instituto de Estudos para o Desenvolvimento Industrial) (2008). *Análise*, 21 de maio.

JABOR, Arnaldo (1998), "Racionais MC's são os 'manos' contra os 'playboys'", jornal *O Globo*, segundo caderno, 18 de agosto.

JACCOUD, Luciana e BEGHIN Nathalie (orgs.) (2003). *Desigualdades raciais no Brasil: Um balanço da intervenção governamental*, Brasília, DF, Ipea.

JAGUARIBE, Helio (2003), "Brasil: longo e curto prazo", jornal *O Globo*, 3 de junho.

_____ (2008), "O 'jardim antropológico' é uma insensatez", Tendências e Debates, *Folha de S.Paulo*, 26 de abril.

KAMEL, Ali (2006), *Não somos racistas*, Nova Fronteira, Rio de Janeiro.

KANT, Emmanuel (1964), *Anthropologie du point de vue pragmatique*, trad. Michel Foucault, Vrin, Paris.

KOOLHAAS, Rem; BOERI, Stefano *et al.* (2002), *Mutations*, Arc en Revê Centre d'Architecture, Bordeaux.

_____ LANDA, Manuel De (2000), A thousand years of non-linear history, Swerve, Nova York.

LANDER, Edgardo (org.) (2005), *A colonialidade do saber. Eurocentrismo e Ciências Sociais*. Perspectivas latino-americanas, Clacso, Buenos Aires.

LANGER, André (2004), "Pelo êxodo da sociedade salarial", *Cadernos IHU*, ano 2, n. 5, São Leopoldo.

LATOUR, Bruno (1997), *Nous n'avons jamais été modernes. Essai d'anthropologie symétrique*, La Découverte, Paris.

_____ (2007), "L'avenir de la Terre impose un changement radical des mentalités", *Le Monde*, 4 de maio.

LAZZARATO, Maurizio (2002), *Puissances de l'invention. La psychologie économique de Gabriel Tarde contre l'économie politique*, Les Empêcheurs de tourner en rond, Paris.

_____ (2006), *As revoluções do capitalismo*, Civilização Brasileira, coleção A Política no Império, Rio de Janeiro.

LEVI, Primo, (1988), *É isto um homem?*, Rocco, Rio de Janeiro (1958).

LEVI, Primo e CAMON, Ferdinando (1991), *Conversations avec Primo Levi* (1987), Gallimard, Paris.

LÉVI-STRAUSS, Claude (1955), *Tristes tropiques*, Plon-Poche, Paris.

_____ (1973), *Antropologia estrutural II*, Tempo Brasileiro, Rio de Janeiro.

LÉVY, Maurice e JOUYET, Jean-Pierre (2006), *L'économie de l'immateriel: la croissance de demain*, Rapport de la Commission sur l'économie de l'immatériel, Ministère de l'Économie et des Finances, Paris.

LIND, Michael (1995), *The Next American Nation*, Free Press Paperbacks, Nova York.

LINERA, Álvaro Garcia (org.) (2004), *Sociología de los movimientos sociales en Bolívia*. Estructuras de movilización, repertórios culturales y acción política, Diakronia, Oxfam, La Paz.

LINS, Paulo (1997), *Cidade de Deus*, Companhia das Letras, São Paulo.

_____ (2007), *Falcão, mulheres do tráfico*, Objetiva-Cufa, Rio de Janeiro.

LIPIETZ, Alain e BENKO, Georges (orgs.) (1992), *Les Régions qui gagnent*, PUF, Paris.

MAGGIE, Yvonne e Fry, Peter Fry (2004), "Cotas raciais: construindo um país dividido?", Dossiê Ação Afirmativa, *Econômica*, Revista do Programa em Pós-Graduação da Universidade Federal Fluminense, vol. 6, n° 1.

MARAZZI, Christian (2008), http://multitudes.samizdat.net/ Lammortanento-del-corpo-macchina, consultado em 3 de outubro.

MARICATO, Ermínia (2006), "Pósfácio" a Davis 2006.

MARTINS Roberto B. (2003), *Desigualdades e discriminação de gênero e de raça no mercado brasileiro de trabalho no final do século XX*, relatório apresentado à OIT, Brasil, abril.

MARX, Karl (1971), *Un chapitre inédit du Capital*, trad. Dangeville, Paris. _____ (1989), *Capítulo sexto inédito de O capital*, Cortez, São Paulo.

_____ (2003), *Manuscritos econômico-filosóficos*, Martin Claret, São Paulo (citados como *Manuscritos de 44*).

MATTA, Roberto Da (1997), *Carnaval, malandro e heróis: para uma sociologia do dilema brasileiro*, Rocco, Rio de Janeiro.

_____ (2004), *O que é o Brasil?*, Rocco, Rio de Janeiro.

MARQUES, Adalton (2008), "Proceder" e relações políticas entre presos do Estado de São Paulo: diferenças de conceituação e diferenças de juízo numa inquirição da CPI do Tráfico de Armas", Encontro do NUFEP/UFF (PRONEX e FINEP), Porto Seguro (BA), 5 de julho de 2008.

_____ (2008), *"Faxina" e "pilotagem": dispositivos (de guerra) políticos no seio da administração prisional*, in revista *Lugar Comum*, E-paper e Universidade Nômade, Rio de Janeiro.

MATOS, Claudia (1982), *Acertei no milhar. Samba e malandragem no tempo de Getulio*, Paz e Terra, Rio de Janeiro.

MBEMBE, Achille (2003), "Necropolitics", *Public Culture*, 15 (1).

MENCHEN, Denise (2008), "Multi é alvo de ação por usar chineses em obra no Rio", *Folha de S.Paulo*, 13 de agosto.

MENDES, Alexandre (2008), "Crítica do sistema penal moderno", Lugar Comum, Estudos de Mídia, cultura e democracia, n. 23-24, E-papers, Rio de Janeiro.

MEZZADRA, Sandro (2008), *La condizione Postocoloniale. Storia e politica nel presente globale*, Ombre Corte, Verona.

MIGNOLO, Walter (2005), "A colonialidade de cabo a rabo: o Hemisfério Ocidental no Horizonte conceitual da Modernidade", *in* Lander (2005).

MISSE, Michel (2006), "Profunda e antiga acumulação de violência", *Folha de S.Paulo*, 20 de maio.

MONGIN, Olivier (2004), "La mondialisation et les metamorphoses de l'urbain. Mégacités, *Villes Globales* et métropoles", *Esprit*, Paris.

NANCY, Jean-Luc (2002), *La création du monde ou la mondialisation*, Galilée, Paris.

NEGRI Antonio e LAZZARATO, Maurizio (2000). *Trabalho imaterial*, DP&A, Rio de Janeiro.

NEGRI, Antonio (1979), *Anomalia Selvaggia*, Feltrinelli, Milão.

_____ (1990), *Arte e Moltitudo*, Giancarlo Politi Editore, Milão.

_____ (1990a), "Polizeiwissenschaft", Futur Antérieur, nº 1, L'Harmattan, Paris.

_____ (1992), *Spinoza Sovversivo, Variazioni (in)attuali*, Antonio Pellicani, Roma.

_____ (2001), "Il mostro politico. Nuda vita e potenza", *in* Ubaldo Fadini (*et al.*), *Desiderio del Mostro. Dal circo al laboratório, alla política, manifestolibri*, Roma.

_____ (2003), *Kairòs, Alma Vênus, Multitudo*, DP&A, Rio de Janeiro.

_____ (2006), *La fabrique de porceleine*, Stock, Paris.

_____ (2007), *Jó, a força do escravo*, Record, Rio de Janeiro.

NEGRI, Antonio e COCCO, Giuseppe (2005) *GlobAL: biopolítica e luta em uma América Latina globalizada*, Record, Rio de Janeiro.

NEGRI, Antonio e HARDT, Michael (2000) *Empire*, Harvard (trad. bras. 2001, *Império*, Record, Rio de Janeiro).

NEYRAT, Frédéric (2007), "À l'ombre des minorités séditieuses", *La Revue Internationale des Livres et des Idées*, setembro-outubro, n. 1, Ed. Amestardam, Paris, p. 7-10.

NUN, José (1969), "Sobrepoblación relativa, ejercito industrial de reserva y masa marginal", *Revista Latinoamericana de Sociologia*, n. 2. México.

NUNES, Benedito (1971), "Ponta de Lança", *in* O Estado de S. Paulo, Suplemento literário, São Paulo, 21 de novembro (publicado também em Andrade, 2000).

_____ (2001), "A antropofagia ao alcance de todos", *in* Andrade 2000.

OLIVEIRA, Francisco de (2003), *Crítica da razão dualista. O ornitorrinco*, Boitempo, São Paulo.

_____ (2009), "Quo Vadis Capitalismus?" *in Le Monde Diplomatique Brasil*, maio de 2009.

OSFA *et al.* (2006), *Fadaiat, Libertad de movimiento + libertad de conocimiento*, Málaga.

PACHECO, Anelise; COCCO, Giuseppe; VAZ, Paulo (2002), *O trabalho da multidão*, Griphus e Museu da República, Rio de Janeiro.

PÁDUA, José Augusto (1987), "Natureza e projeto nacional: as origens da ecologia política no Brasil", *in* Arnt e Schartzman (1992).

PALMER, Todd (2008), "La girafe et l'éléphant sont les garants de l'association entre un acacia et une fourmi", revista *Science*, 12 de janeiro.

PALUANI, Leda (2008), *Brasil Delivery*, São Paulo, Boitempo.

PASOLINI, Pier Paolo [1973] (2007), *Coletanea Scritti Corsari*, Nuova Biblioteca Garzanti.

_____ [1973] (2007), "Il folle slogan dei jeans Jesus", 17 de maio ("Analisi linguística di uno slogan", *Il Corriere della Sera*, com título "Il folle slogan dei jeans Jesus"), *in* Pasolini (2007).

_____ [1975] (2007a), "Sviluppo e progresso", *in* Pasolini (2007).

_____ [1975] (2007b), "Sacer" (*Il Corriere della Sera*, 30 de janeiro 1975), *in* Pasolini (2007).

PEIXOTO JR., Carlos Augusto (2008), *O corpo e o devir-monstro*, palestra apresentada na Série de Colóquios: Cultura, Trabalho e Natureza na Globalização, Rede Universidade Nômade — Fundação Casa de Rui Barbosa, Rio de Janeiro, 8 de agosto.

PELBART, Peter Pál (1998), *O tempo não-reconciliado*, Perspectiva, São Paulo.

_____ (2001), *Potência da vida, Poder sobre a vida*, texto apresentado ao Seminário "O Trabalho da Multidão", Rio de Janeiro, 27 a 28 de janeiro de 2001.

_____ (2002), "A comunidade dos sem comunidade", *in* Pacheco, Cocco e Vaz (orgs.), *O trabalho da multidão*, Gryphus, Rio de Janeiro.

_____ (2003), *Vida capital: Ensaios de biopolítica*, Iluminuras, São Paulo.

_____ (2008), *A vida desnuda*, palestra apresentada na Série de Colóquios: Cultura, Trabalho e Natureza na Globalização, Fundação Casa Rui Barbosa e Rede Universidade Nômade, Rio de Janeiro, 31 de outubro.

PIMENTEL, Maria Elisa (2007), *O lado certo da vida errada, um estudo sobre o tráfico de drogas sob o comando do império*, tese de doutorado em Serviço Social, Escola de Serviço Social da UFRJ, Rio de Janeiro.

POCHMANN, Márcio (2008), "Os retrocessos do atual modelo", *Le Monde Diplomatique*, versão brasileira.

PRADO, Paulo (2000), Poesia Pau-brasil (1924), *in Andrade* (2000).

QUIJANO, Aníbal (2005), "Colonialidade do poder, eurocentrismo e América Latina", *in* Lander (2005).

RAMIREZ, Pablo Mamani (2006), "Gobiernos barriales y su poder: Guerra del gás en El Alto-Bolivia", *in* Chávez (2006).

REBISCOUL, Antoine (2006), *La perturbation de la "gouvernance" par les immatériels*, paper apresentado ao Seminário

Internacional Capitalismo Cognitivo: Comunicação, Linguagem e Trabalho, 6 de dezembro, CCBB, Rio de Janeiro.

REIS, Fabio W. (2004), "Democracia racial e ação afirmativa-Comentário ao artigo de Jonas Zoninsein, *Econômica*, Revista do Programa em Pós-Graduação da Universidade Federal Fluminense, vol. 6, nº 1.

RIBEIRO Carlos Antonio Costa (2003), "Estrutura de classes, condições de vida e oportunidades", *in* Hasenbalg e Silva (2003).

ROLNIK, Suely (2002), "A vida na berlinda", *in* Pacheco, Cocco e Vaz (orgs.) (2002).

RULLANI, Enzo (2004), *La fabbrica dell'immateriale. Produrre valore con la conoscenza*, Carocci, Milão.

SADER, Emir (org.) (2006). *Contragolpes*. Seleção de Artigos da *New Left Review*, São Paulo, Boitempo.

SAFATLE, Vladimir (2004), "O momento brasileiro da dialética. Novo livro de Paulo Arantes reconcilia reflexão filosófica e "teoria crítica" brasileira", *Correio Braziliense*, 4 de setembro.

SAID, Edward W. (1996), *Orientalismo: o Oriente como Invenção do Ocidente* (1978), Companhia das Letras, São Paulo.

SAMPAIO, Simone Sobral (2006), *Foucault e a resistência*, Ed. da UFG, Goiânia.

SANTIAGO, Silviano (1997), *Crítica cultural, crítica literária: desafios do fim de século*, Congresso LASA, 17 a 19 de abril, Guadalajara, México.

_____ (2000), "Sobre plataformas e testamentos" (1991), *in* Andrade (2004).

_____ (2004), *O cosmopolitismo do pobre*, UFMG, Belo Horizonte.

SANTOS, Laymert Garcia dos (2003), *Politizar as novas tecnologias. O Impacto sócio-técnico da informação digital e genética*, Editora 34, São Paulo.

_____(2007), "A exceção à regra", prefácio, *in* Arantes (2007a).

SARDAN, Jean-Paul Olivier de (s/d), *Les trois approches en anthropologie du développement*, IRD, Paris.

SASSEN, Saskia (2001), *The Global City: New York, London, Tokyo*, Princeton University Press.

SCALON, Celi (org.) (2004), *Imagens da desigualdade*, Editora UFMG e Iuperj, Belo Horizonte-Rio de Janeiro.

SCHAEFFER, Jean-Marie (2007), *La fin de l'exception humaine*, Gallimard, Paris.

SCHWARZ, Roberto (1970), *Cultura e política, 1964-1969*, Paz e Terra, São Paulo, publicado inicialmente sob o título "Remarques sur la culture et la politique au Brésil, 1964-1969", *Les Temps Modernes*, n. 288, Paris).

_____ (1977a), "As ideias fora do lugar": *Ao vencedor as batatas*, Duas Cidades, São Paulo (publicado inicialmente como "Dépendance nationale, déplacement d'idéologies, littérature", *L'Homme et la Société*, n. 26, Paris, 1972).

_____ (1977b), "Pressupostos, salvo engano, de *Dialética da malandragem*", *in Que horas são? Ensaios*, Companhia das Letras, São Paulo (também *in* www.pacc.ufrj/literária/schwarz).

_____ (1987), "A carroça, o bonde e o poeta modernista", *in Que horas são? Ensaios*, Companhia das Letras, São Paulo.

_____ (1999), "Cidade de Deus", *in Sequências Brasileiras*, Companhia das Letras, São Paulo.

_____ (2006), "Cuidado com as ideologias alienígenas", entrevista de 1976, *in* Abdala Jr. e Cara (orgs.) 2006.

SERRES, Michel (1978), *La traduction* (Hermes III), Minuit, Paris.

_____ (2001), *Hominescence*, Flammarion, Fólio, Paris.

SIGMUND, Paul E. (1974) "Brazilianization of the Hemisphere?", *Worldview Magazine*, 1º de setembro.

SILVA, Gerardo (2007), *Uma aventura própria da cidade*, tese de doutorado em sociologia, Iuperj, Rio de Janeiro.

SIMONDON, Gilbert (2004), *Deux leçons sur l'animal et l'homme*, Ellipses, Paris.

SLOTERDJIK, Peter (2006), *Derrida, un Égyptien*, Maren Sell, Paris.

_____ (2000), *La domestication de l'être*, Mille et Une Nuit, Paris.

SOTO, Hernando de (2000), *The Mystery of Capital. Why Capitalism Triumphs in the West and Fails Everywhere Else*, Basic Books, Nova York.

SOUZA, Jessé de (2003), *(Não)reconhecimento e subcidadania ou o que é a (final) ... ser gente*, ANPOCS, GT Projeto Social.

SUNDARAM, Ravi (1996), "'About the Brazilianization of India', An Interview with Ravi Sundaram by Geert Lovink", *in* http://www.heise.de/tp/r4/artikel/1/1047/2.html, consultado em 4 de julho de 2008

SUPLICY, Eduardo Matarazzo (2002), *Renda de cidadania: A saída é pela porta*, Cortez, São Paulo.

SWITKES, Glenn (2008), Entrevista. *Revista IHU-OnLine*, 3 de junho.

SZAJMAN, Abram (2007), "Lei natural impõe reformas", *in Folha de S.Paulo*, 2 de janeiro.

SZANIECKI, Barbara (2007), *A estética da multidão*, Civilização Brasileira, Rio de Janeiro.

_____ (2008), "D'autres monstres possibles", *in* SZANIECKI, Barbara e COLLIN, Michelle (orgs.), "Ville productive, luttes et subjectivités", *Multitudes*, Paris n. 33, verão, p. 189-196.

TELLES, Edward (2003), *Racismo à brasileira: uma nova perspectiva sociológica*, Relume Dumará, Rio de Janeiro.

VIANA, Hermano (2007), *Central da periferia*, http://www.overmundo.com.br/banco/central-da-periferia-texto-de-divulgacao, consultado em 30 de outubro de 2008.

VIEIRA, Padre Antonio [1857] (s/d), "Sermão do Espírito Santo" (em http://etnografianovirtual.blogspot.com/2008/01/sermo-do-esprito-santo.html, visitado dia 25 de outubro de 2008).

VIEIRA DE MELLO, (1963), *Desenvolvimento e cultura. O problema do estetismo no Brasil*, São Paulo, Nacional.

VIRNO, Paolo (2002), *Scienze sociali e "Natura umana". Facoltá di linguaggio, invariante biológico, rapporti di produzione*, Rubbettino, Cosenza.

_____ (2008), *Virtuosismo e revolução*, Civilização Brasileira, Rio de Janeiro.

VIVEIROS DE CASTRO, Eduardo (1986), *Araweté: os deuses canibais*, Jorge Zahar/Anpocs, Rio de Janeiro.

_____ (1992), "Prefácio" a Arnt e Schwartzman, (1992).

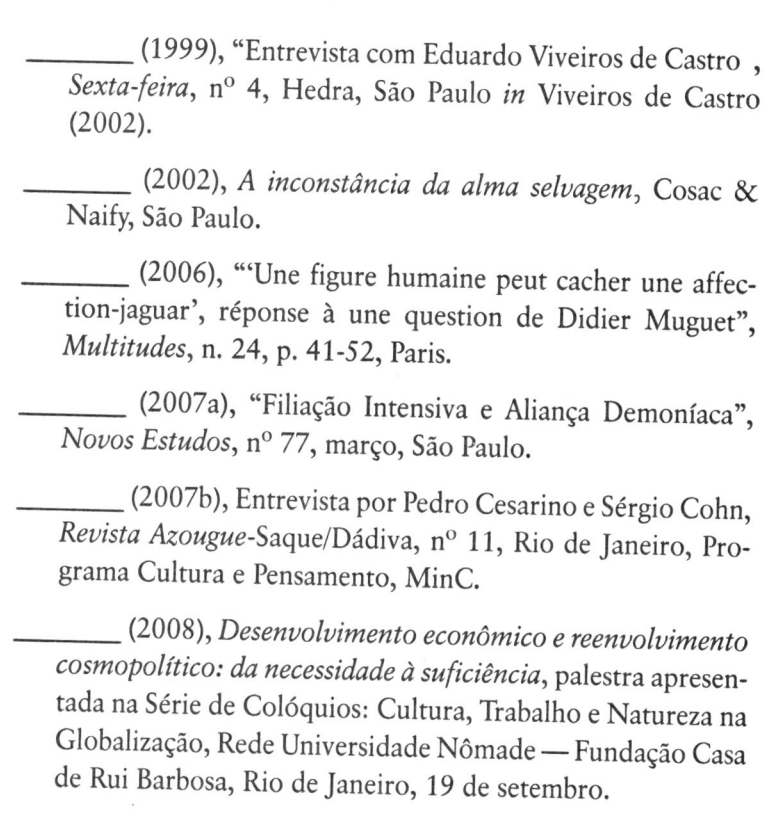

_____ (1999), "Entrevista com Eduardo Viveiros de Castro , *Sexta-feira*, nº 4, Hedra, São Paulo *in* Viveiros de Castro (2002).

_____ (2002), *A inconstância da alma selvagem*, Cosac & Naify, São Paulo.

_____ (2006), "'Une figure humaine peut cacher une affection-jaguar', réponse à une question de Didier Muguet", *Multitudes*, n. 24, p. 41-52, Paris.

_____ (2007a), "Filiação Intensiva e Aliança Demoníaca", *Novos Estudos*, nº 77, março, São Paulo.

_____ (2007b), Entrevista por Pedro Cesarino e Sérgio Cohn, *Revista Azougue*-Saque/Dádiva, nº 11, Rio de Janeiro, Programa Cultura e Pensamento, MinC.

_____ (2008), *Desenvolvimento econômico e reenvolvimento cosmopolítico: da necessidade à suficiência*, palestra apresentada na Série de Colóquios: Cultura, Trabalho e Natureza na Globalização, Rede Universidade Nômade — Fundação Casa de Rui Barbosa, Rio de Janeiro, 19 de setembro.

WAGNER, Roy (1981), *The Invention of Culture*. University of Chicago Press, Chicago e Londres.

Este livro foi composto na tipologia ClassGaramond BT,
em corpo 11/14, e impresso em papel off-white 80g/m²,
no Sistema Cameron da Divisão Gráfica
da Distribuidora Record.